DR. OETKER

DIE BESTEN PARTYREZEPTE

VON A–Z

DR. OETKER

DIE BESTEN PARTYREZEPTE

VON A–Z

Abkürzungen

EL	=	Esslöffel
TL	=	Teelöffel
Msp.	=	Messerspitze
Pck.	=	Packung/Päckchen
g	=	Gramm
kg	=	Kilogramm
ml	=	Milliliter
l	=	Liter
evtl.	=	eventuell
geh.	=	gehäuft
gestr.	=	gestrichen
TK	=	Tiefkühlprodukt
°C	=	Grad Celcius
Ø	=	Durchmesser

Kalorien-/Nährwertangaben

E	=	Eiweiß
F	=	Fett
Kh	=	Kohlenhydrate
kcal	=	Kilokalorie
kJ	=	Kilojoule

Ein mit diesem Symbol gekennzeichnetes Rezept ist eine Partysuppe oder ein Partytopf.

Hinweise zu den Rezepten

Lesen Sie bitte vor der Zubereitung – besser noch vor dem Einkaufen – das Rezept einmal vollständig durch. Oft werden Arbeitsabläufe oder -zusammenhänge dann klarer.

Zutatenliste

Die Zutaten sind in der Reihenfolge ihrer Bearbeitung aufgeführt.

Arbeitsschritte

Die Arbeitsschritte sind einzeln hervorgehoben, in der Reihenfolge, in der sie von uns ausprobiert wurden.

Backofeneinstellung

Die in den Rezepten angegebenen Backtemperaturen und -zeiten sind Richtwerte, die je nach individueller Hitzeleistung des Backofens über- oder unterschritten werden können.
Bitte beachten Sie deshalb bei der Einstellung des Backofens die Gebrauchsanweisung des Herstellers und machen Sie nach Beendigung der angegebenen Backzeit eine Garprobe.

Zubereitungszeiten

Die Zubereitungszeit beinhaltet nur die Zeit für die eigentliche Zubereitung, die Backzeiten sind gesondert ausgewiesen. Längere Wartezeiten wie z. B. Kühlzeiten sind ebenfalls nicht mit einbezogen.

Vorwort

Jetzt geht die Party richtig los! Und zwar mit vielseitigen und köstlichen Rezepten. Diese kulinarischen Highlights werden Ihre Gäste nicht vergessen und einen Anlass, um eine Party zu feiern, gibt es immer wieder.

Die abwechslungsreichen Rezepte sind ohne großen Aufwand zuzubereiten, also genau das Richtige für alle Gastgeber, die nicht lange in der Küche stehen möchten und lieber mit ihren Gästen die Party genießen wollen. Dafür sind die über 100 Partysuppen und -töpfe genau das Richtige.

Und weil es bei Ihnen immer so lecker schmeckt, wird es nun öfter die ein oder andere Party geben!

Antipasti-Buffet | Dauert länger

12 Portionen

Pro Portion:
E: 22 g, F: 25 g, Kh: 28 g, kJ: 1792, kcal: 427

Für Bruschetta:

12	*Tomaten (etwa 1,2 kg)*
2 Bund	*Basilikum*
3	*Knoblauchzehen*
4 EL	*Olivenöl*
	Salz, frisch gemahlener Pfeffer
24 Scheiben	*geröstetes Ciabatta-Brot*

Für gefüllte Champignonköpfe:

24	*große Champignons*
2 EL	*Olivenöl*
1	*große Zwiebel*
1	*Tomate*
1	*Zucchini (etwa 200 g)*
1 EL	*Olivenöl*
	Salz
	frisch gemahlener Pfeffer
¼ TL	*gerebelter Thymian*

Für gefüllte Artischockenböden:

3 Dosen	*Artischockenböden (Abtropfgewicht je etwa 500 g)*
2	*große Zwiebeln*
200 g	*Champignons*
2	*grüne Paprikaschoten (je etwa 150 g)*
3 EL	*Speiseöl*
	Salz
	frisch gemahler Pfeffer

Für Mozzarella-Tomaten:

5 Pck.	*Mozzarella-Käse (je 125 g)*
1 kg	*Tomaten*
2 Bund	*Basilikum*
3 EL	*Balsamico-Essig*
6 EL	*Olivenöl*
	frisch gemahlener Pfeffer

Zubereitungszeit: 2 ½ Std.

1. Für Bruschetta Tomaten waschen, abtropfen lassen, kreuzweise einschneiden und kurz in kochendes Wasser legen. Anschließend mit kaltem Wasser abschrecken, enthäuten, vierteln und die Stängelansätze herausschneiden. Fruchtfleisch würfeln.

2. Basilikum abspülen, trockentupfen und die Blättchen von den Stängeln zupfen, grob hacken.

3. Knoblauchzehen abziehen, fein würfeln und mit Tomatenwürfeln und Basilikum mischen. Mit Olivenöl vermengen, mit Salz und Pfeffer würzen und auf den gerösteten Brotscheiben anrichten.

4. Für gefüllte Champignonköpfe die Champignons putzen, vorsichtig die Stiele herausdrehen. Öl in einer Pfanne erhitzen und die Köpfe darin braten. Stiele fein würfeln.

5. Zwiebel abziehen und in feine Würfel schneiden. Tomate und Zucchini waschen und trockentupfen. Tomate vierteln und den Stängelansatz herausschneiden. Tomate entkernen und in Würfel schneiden. Von der Zucchini die Enden abschneiden. Zucchini fein würfeln.

6. Öl in einer Pfanne erhitzen. Gewürfelte Champignonstiele, Zwiebel-, Zucchini- und Tomatenwürfel darin bissfest dünsten, mit Salz, Pfeffer und Thymian würzen. Die Champignonköpfe mithilfe eines Teelöffels mit der Mischung füllen.

7. Für gefüllte Artischockenböden die Artischockenböden in einem Sieb abtropfen lassen. Zwiebeln abziehen und fein würfeln. Champignons putzen und in Würfel schneiden.

8. Paprikaschoten halbieren, entstielen, entkernen und die weißen Scheidewände entfernen. Schoten waschen, abtropfen lassen und würfeln. Öl in der Pfanne erhitzen. Zwiebel-, Paprika- und Champignonwürfel darin anbraten, mit Salz und Pfeffer würzen und in die Artischockenböden füllen.

9. Für Mozzarella-Tomaten den Mozzarella gut abtropfen lassen. Tomaten waschen, abtropfen lassen, halbieren und die Stängelansätze herausschneiden.

Tomaten in Scheiben schneiden. Basilikum abspülen, trockentupfen und Blättchen von den Stängeln zupfen. Mozzarella in Scheiben schneiden.

10. Tomatenscheiben nebeneinander auf eine große Platte legen, darauf jeweils eine Mozzarellascheibe legen. Diese mit Essig und Öl beträufeln, mit Pfeffer bestreuen und mit Basilikumblättern garnieren.

Apfelauflauf | Raffiniert

12 Portionen

Pro Portion:
E: 12 g, F: 24 g, Kh: 94 g, kJ: 2709, kcal: 647

3 kg säuerliche Äpfel, z. B. Boskop
3 EL Zitronensaft
2 EL Wasser
2 helle, fertig gekaufte Biskuitböden (Wiener Boden, je 400 g)
1 l Milch
10 Eier (Größe M)
120 g Zucker
½ Fläschchen Bittermandel-Aroma
200 g abgezogene, gestiftelte Mandeln
80 g Amarettini (italienisches Makronengebäck)
80 g Butter

Zubereitungszeit: 60 Min.
Backzeit: 50–60 Min., je Form

1. Äpfel schälen, vierteln, entkernen und in Achtel schneiden. Zitronensaft mit Wasser verrühren und die Äpfel damit beträufeln.

2. Die Böden von 2 runden Auflaufformen (Ø 28–30 cm, gefettet) mit je einem Biskuitboden (jeweils alle 3 Lagen in eine Form) auslegen.

3. Milch mit Eiern verschlagen. Zucker und Aroma unterrühren.

4. Apfelachtel dachziegelartig auf den Biskuitböden (in den Formen) verteilen, mit den Mandeln bestreuen und Amarettini belegen. Eiermilch darüber gießen. Butter in Flöckchen darauf setzen. Die Formen nacheinander (bei Heißluft zusammen) auf dem Rost in den Backofen schieben.

Ober-/Unterhitze: etwa 180 °C (vorgeheizt)
Heißluft: etwa 160 °C (nicht vorgeheizt)
Gas: Stufe 2–3 (nicht vorgeheizt)
Backzeit: 50–60 Minuten je Form.

Beilage: Vanille- oder Fruchteis und steif geschlagene Sahne.

Abwandlung: Statt mit Biskuitböden können Sie den Auflauf auch mit 500 g Löffelbiskuits zubereiten.

Apfel-Fleisch-Spießchen | Einfach

16 Stück (8 Portionen)

Pro Portion:
E: 27 g, F: 30 g, Kh: 19 g, kJ: 1876, kcal: 448

800 g Gehacktes (halb Rind-, halb Schweinefleisch)
2 Zwiebeln
2 Eier (Größe M)
6–8 EL Semmelbrösel
Salz, frisch gemahlener Pfeffer
1–2 TL Paprikapulver edelsüß
2 EL Rosinen
200 g durchwachsener Speck
4 mittelgroße feste Äpfel (etwa 400 g)
40 g zerlassene Butter

Zum Garnieren:
einige Basilikumblättchen

Außerdem:
16 Holz- oder Schaschlikspieße
evtl. Grillschalen

Zubereitungszeit: 45 Min.
Grillzeit: etwa 12 Min.

1. Gehacktes in eine Schüssel geben. Zwiebeln abziehen und in kleine Würfel schneiden. Zwiebelwürfel, Eier, Semmelbrösel, Salz, Pfeffer und Paprikapulver zum Gehackten geben. Die Zutaten gut vermengen. Rosinen unterkneten. Aus der Gehacktesmasse mit angefeuchteten Händen kleine Bällchen formen.

2. Speck in große Würfel schneiden. Äpfel waschen, abtrocknen, halbieren, entkernen und in Achtel schneiden. Apfelachtel mit Butter bestreichen.

3. Abwechselnd Fleischbällchen, Speckwürfel und Apfelachtel auf Spieße stecken.

4. Die Spieße auf den heißen Grill (evtl. in gefettete Grillschalen) legen und unter mehrmaligem Wenden etwa 12 Minuten grillen.

5. Die Spieße mit Basilikumblättchen garniert servieren.

Beilage: Curryreis und verschiedene Dips.

Asiatischer Schweinefleischtopf |

Raffiniert

8 Portionen

Pro Portion:
E: 34 g, F: 18 g, Kh: 64 g, kJ: 2456, kcal: 584

1 kg Schweinenacken ohne Knochen
Salz
frisch gemahlener Pfeffer
6 EL Speiseöl
500 g Langkorn- und Wildreis, gemischt
Salzwasser
2 grüne Paprikaschoten (etwa 500 g)
50 g getrocknete Mu-Err-Pilze (schwarze, chinesische Baumpilze)
2 Dosen Sojabohnenkeimlinge (Abtropfgewicht je 170 g)
2 Dosen Bambussprossen (Abtropfgewicht je 170 g)
1 Topf frischer Koriander
2 rote Chilischoten
200 ml Fleischbrühe
400 ml sweet & sour-Sauce (Fertigprodukt, Asialaden)
2 EL Sojasauce

Zubereitungszeit: 85 Min.

1. Schweinenacken unter fließendem kalten Wasser abspülen, trockentupfen und in kleine dünne Scheiben schneiden. Mit Salz und Pfeffer bestreuen.

2. Die Hälfte des Speiseöls in einer großen Pfanne erhitzen. Fleischscheiben in 2 Portionen von beiden Seiten darin anbraten, herausnehmen und warm stellen.

3. Reis in kochendes Salzwasser geben, zugedeckt zum Kochen bringen und nach Packungsanleitung garen. Den garen Reis in ein Sieb geben, mit kaltem Wasser übergießen und abtropfen lassen.

4. Paprika halbieren, entstielen, entkernen, die weißen Scheidewände entfernen. Die Schoten waschen, trockentupfen und in Streifen schneiden. Mu-Err-Pilze in Wasser einweichen. Sojabohnenkeimlinge und Bambussprossen in einem Sieb abtropfen lassen. Bambussprossen in Streifen schneiden.

5. Koriander abspülen und trockentupfen. Die Blättchen von den Stängeln zupfen. Chilischoten abspülen, trockentupfen, halbieren, entkernen und in kleine Würfel schneiden.

6. Restliches Speiseöl in einem Bräter erhitzen. Paprikastreifen darin andünsten. Sojabohnenkeimlinge, Bambussprossen, Reis und die eingeweichten abgetropften Pilze hinzufügen. Brühe hinzugießen und kurz aufkochen lassen. Sweet & sour Sauce, Sojasauce und Chiliwürfel unterrühren. Mit Salz und Pfeffer abschmecken, unter Rühren nochmals erhitzen.

7. Warm gestellte Fleischscheiben unterheben. Den Schweinefleisch-Topf mit Korianderblättchen garniert servieren.

Atlantikzungenröllchen „Kreolische Art“ | Etwas aufwändiger

12 Portionen

Pro Portion:
E: 31 g, F: 11 g, Kh: 9 g, kJ: 1102, kcal: 263

24 TK-Atlantikzungenfilets (je etwa 80 g)
1 Staudensellerie (etwa 500 g)
2 rote Paprikaschoten (je 200 g)
1 Bund Frühlingszwiebeln (etwa 250 g)
2–3 Knoblauchzehen
1 Glas grüne Oliven in Scheiben (Abtropfgewicht 170 g)
4 EL Olivenöl
1 Pck. stückige Tomatensauce (450 g)
800 ml Gemüsebrühe oder Fischfond
Salz
frisch gemahlener Pfeffer
1–2 Msp. Chiliflocken

Außerdem:
24 oder 48 kleine Holzstäbchen

Zubereitungszeit: 1 Std., ohne Auftauzeit
Garzeit: 20–30 Min.

1. Atlantikzungenfilets nach Packungsanleitung auftauen lassen.

2. Den Staudensellerie putzen, die harten Außenfäden abziehen, Staudensellerie waschen und abtropfen lassen. Staudensellerie in etwa 1 cm lange Stücke schneiden. Paprikaschoten halbieren, entstielen, entkernen und die weißen Scheidewände entfernen. Schoten waschen, abtropfen lassen und würfeln. 1–2 Esslöffel Paprikawürfel beiseite stellen. Frühlingszwiebeln putzen, waschen, abtropfen lassen und in 1–2 cm lange Stücke schneiden. Knoblauch abziehen und in Scheiben schneiden. Oliven in einem Sieb abtropfen lassen.

3. Öl in einem großen Topf erhitzen. Selleriestücke und Paprikawürfel darin andünsten. Frühlingszwiebelstücke, Knoblauch- und Olivenscheiben dazugeben. Die Zutaten etwa 10 Minuten dünsten. Tomatensauce und Brühe oder Fond hinzugießen. Mit Salz, Pfeffer und Chiliflocken herzhaft würzen.

4. Gemüsemischung in eine große Auflaufform oder einen Bräter geben.

5. Atlantikzungen evtl. längs halbieren, unter fließendem kalten Wasser abspülen, trockentupfen und mit Salz bestreuen. Filets mit der Hautseite nach innen zu Röllchen aufrollen. Röllchen mit einem Holzstäbchen feststecken. Fischröllchen auf das Gemüse legen, mit den beiseite gelegten Paprikawürfeln bestreuen. Die Form oder den Bräter zugedeckt auf dem Rost in den Backofen schieben.

Ober-/Unterhitze: etwa 200 °C (vorgeheizt)
Heißluft: etwa 180 °C (vorgeheizt)
Gas: Stufe 3–4 (vorgeheizt)
Garzeit: 20–30 Minuten.

Beilage: Langkornreis oder Weißbrot.

Tipp: Anstelle von Atlantikzungen können auch Schollen- oder Seezungenfilets verwendet werden.

Auflauf von grünen Nudeln mit Shrimps und Schinken | Raffiniert

8 Portionen

Pro Portion:
E: 32 g, F: 31 g, Kh: 62 g, kJ: 2773, kcal: 663

4 l Wasser
4 TL Salz
750 g grüne Bandnudeln

300 g gekochter Schinken
4 Tomaten
2 Zwiebeln
200 g Garnelen

400 ml Schlagsahne
1 Becher (150 g) Crème fraîche
6 Eier (Größe M)
250 ml (¼ l) Milch
Salz
frisch gemahlener Pfeffer
frisch geriebene Muskatnuss
80 g geriebener Parmesan-Käse

Zubereitungszeit: 50 Min.
Backzeit: etwa 50 Min.

1. Wasser in einem großen Topf mit geschlossenem Deckel zum Kochen bringen. Dann Salz und Nudeln zugeben. Die Nudeln im geöffneten Topf bei mittlerer Hitze nach Packungsanleitung kochen lassen, dabei zwischendurch 4–5-mal umrühren.

2. Anschließend die Nudeln in ein Sieb geben, mit heißem Wasser abspülen und abtropfen lassen.

3. Schinken in Würfel schneiden. Tomaten waschen, abtrocknen, die Stängelansätze herausschneiden. Tomaten in Würfel schneiden. Zwiebeln abziehen und in kleine Würfel schneiden.

4. Garnelen kurz unter fließendem kalten Wasser abspülen und trockentupfen. Nudeln, Garnelen, Schinken-, Tomaten- und Zwiebelwürfel mischen und in eine flache große Auflaufform oder in eine Fettfangschale geben.

5. Sahne mit Crème fraîche, Eiern und Milch verrühren. Mit Salz, Pfeffer und Muskat würzen. Die Sauce auf der Nudel-Tomaten-Garnelen-Masse verteilen. Die Form auf dem Rost oder die Fettfangschale in den Backofen schieben.

Ober-/Unterhitze: etwa 180 °C (vorgeheizt)
Heißluft: etwa 160 °C (nicht vorgeheizt)
Gas: Stufe 2–3 (nicht vorgeheizt)
Backzeit: etwa 50 Minuten.

6. Den Auflauf nach etwa 45 Minuten Garzeit mit Parmesan-Käse bestreuen und überbacken.

Tipp: Den Auflauf nach der Hälfte der Garzeit mit Backpapier zudecken.

Aufläufe im Glas | Einfach

12 Stück

Pro Stück:
E: 12 g, F: 19 g, Kh: 9 g, kJ: 1066, kcal: 255

Für die Aufläufe:

300 g	*TK-Erbsen*
300 g	*geräucherter Putenbrustaufschnitt*
1 Glas	*Sojabohnen-Keimlinge (Abtropfgewicht 160 g)*
½ TL	*Sambal Oelek*
1 TL	*dunkles Sesamöl*
250 ml (¼ l)	*Milch*
4	*Eier (Größe M)*
	Salz
	frisch gemahlener Pfeffer

Für die Sauce:

300 g	*Salatmayonnaise*
100 g	*Curryketchup*
2–3 EL	*Naturjoghurt*

Außerdem:

12	*ofenfeste Auflaufförmchen oder Einmachgläser (je etwa 150 ml Inhalt)*

Zubereitungszeit: 40 Min., ohne Auftauzeit
Garzeit: etwa 35 Min.

1. Für die Aufläufe Erbsen auftauen lassen. Putenbrustaufschnitt in kleine Stücke schneiden. Sojabohnen-Keimlinge in einem Sieb abtropfen lassen.

2. Erbsen, Putenbrustaufschnitt und Sojabohnen-Keimlinge mit Sambal Oelek und Sesamöl in einer Schüssel mischen. Die Mischung in den 12 Förmchen (gefettet) verteilen.

3. Milch und Eier verschlagen, mit Salz und Pfeffer würzen und in die Förmchen gießen. Die Förmchen mit Glasdeckeln oder Alufolie zudecken.

4. Die Förmchen in eine Fettfangschale stellen, die Fettfangschale in den Backofen schieben und etwa 2 cm hoch mit heißem Wasser füllen.

Ober-/Unterhitze: etwa 200 °C (vorgeheizt)
Heißluft: etwa 180 °C (nicht vorgeheizt)
Gas: Stufe 3–4 (nicht vorgeheizt)
Garzeit: etwa 35 Minuten.

5. In der Zwischenzeit für die Sauce Mayonnaise mit Ketchup und Joghurt verrühren. Die Aufläufe heiß oder kalt in den Förmchen servieren. Die Sauce dazureichen.

Backofensuppe | Einfach

8 Portionen

Pro Portion:
E: 34 g, F: 37 g, Kh: 28 g, kJ: 2553, kcal: 610

1 kg	*Putenbrust*
6 EL	*Sojasauce*
2 EL	*Currypulver*
	Salz
	frisch gemahlener Pfeffer
1 Dose	*Pfirsichhälften (Abtropfgewicht 490 g)*
2 Gläser	*Champignonscheiben (Abtropfgewicht je 315 g)*
300 g	*TK-Erbsen*
1 l	*Schlagsahne*
2 Pck.	*Currysauce mit Paprikastücken (für je 250 ml Wasser)*
200 ml	*Curry-Ketchup*
500 ml (½ l)	*Gemüsebrühe*

Zubereitungszeit: 110 Min.

1. Putenbrust unter fließendem kalten Wasser abspülen, trockentupfen und zuerst in Scheiben, dann in Streifen schneiden. Die Fleischstreifen mit Sojasauce und Currypulver mischen, in einen großen Bräter geben und mit wenig Salz und Pfeffer bestreuen.

2. Pfirsichhälften in einem Sieb abtropfen lassen, in Spalten schneiden und hinzufügen. Champignonscheiben in einem Sieb abtropfen lassen und mit den Erbsen ebenfalls hinzufügen.

3. Sahne mit Currysaucenpulver verrühren, mit Ketchup und Gemüsebrühe mischen, ebenfalls in den Bräter geben und alles umrühren. Den Bräter auf dem Rost in den Backofen schieben.

Ober-/Unterhitze: etwa 200 °C (vorgeheizt)
Heißluft: etwa 180 °C (nicht vorgeheizt)
Gas: Stufe 3–4 (nicht vorgeheizt)
Garzeit: etwa 90 Minuten.

Bierknacker-Salat | Würzig

8 Portionen

Pro Portion:
E: 21 g, F: 34 g, Kh: 22 g, kJ: 2112, kcal: 505

10	*Bierknacker oder dünne Rauchenden (etwa 500 g)*
2 kleine Köpfe	*Eisbergsalat*
2 Bund	*Frühlingszwiebeln*
3	*rote Zwiebeln*
2 Bund	*Radieschen*

Für die Sauce:

100 ml	*Weinessig*
	Salz
etwas	*Zucker*
	frisch gemahlener schwarzer Pfeffer
125 ml (⅛ l)	*Maiskeimöl*
3	*Laugenbrezeln*

Zubereitungszeit: 45 Min.

1. Bierknacker oder Rauchenden in dünne Scheiben schneiden und in eine große Schüssel geben.

2. Vom Eisbergsalat welke Blätter entfernen, Köpfe halbieren, in grobe Stücke zerteilen und zu den Wurstscheiben geben.

3. Frühlingszwiebeln putzen, waschen und in Ringe schneiden. Zwiebeln abziehen, halbieren und in dünne Scheiben schneiden. Radieschen putzen, waschen, vierteln und mit den Zwiebeln zum Salat geben.

4. Für die Sauce Essig mit Salz, Zucker und Pfeffer verrühren, Öl unterschlagen und die Sauce mit den Salatzutaten vermengen.

5. Kurz vor dem Servieren die Brezeln in etwa ½ cm dicke Scheiben schneiden und unter den Salat heben.

Birnen-Ananas-Auflauf | Fruchtig

12 Portionen

Pro Portion:
E: 9 g, F: 39 g, Kh: 53 g, kJ: 2574, kcal: 615

2 Dosen Birnenhälften (Abtropfgewicht je 450 g)
2 Dosen Ananasscheiben (Abtropfgewicht je 500 g)
1 l Schlagsahne
10 Eier (Größe M)
120 g Rohrzucker (brauner Zucker)
1 Fläschchen Rum-Aroma

100 g Kokosraspel
150 g Rosinen

Für die Formen:
40 g Butter

Zubereitungszeit: 35 Min.
Backzeit: 40–50 Min. je Form

1. Birnenhälften und Ananasscheiben in einem Sieb abtropfen lassen. Birnenhälften jeweils längs in 3 Spalten schneiden. Ananasscheiben halbieren.

2. Sahne und Eier verschlagen. Zucker und Aroma hinzugeben. Kokosraspel unterrühren.

3. Birnenspalten und Ananashälften abwechselnd reihenförmig in 2 große, flache Auflaufformen (gefettet) einschichten, mit Rosinen bestreuen. Jeweils die Hälfte der Eier-Kokos-Sahne hinzugießen. Die Formen nacheinander (bei Heißluft zusammen) auf dem Rost in den Backofen schieben.

Ober-/Unterhitze: etwa 180 °C (vorgeheizt)
Heißluft: etwa 160 °C (nicht vorgeheizt)
Gas: Stufe 2–3 (nicht vorgeheizt)
Backzeit: 40–50 Minuten je Form.

Tipp: Nach Belieben den Auflauf mit Minze- oder Melisseblättchen garnieren. Birnenhälften und Ananasscheiben können auch in Würfel geschnitten und gemischt in die Auflaufformen gefüllt werden.

Bohnenauflauf | Einfach

12 Portionen

Pro Portion:
E: 62 g, F: 27 g, Kh: 48 g, kJ: 2874, kcal: 687

2 kg TK-Dicke Bohnen
4 große Zwiebeln (300 g)
200 g durchwachsener Speck
1 Bund glatte Petersilie
250 g roher gewürfelter Schinken

Für die Sauce:
5 Eier (Größe M)
250 g saure Sahne
250 g Crème fraîche
300 g geriebener Käse, z. B. Gratin-Käse
Salz, frisch gemahlener Pfeffer
1 TL Paprikapulver edelsüß

Zubereitungszeit: 55 Min.
Garzeit: etwa 35 Min.

1. Bohnen in einem Topf nach Packungsanleitung bissfest kochen. Anschließend in einem Sieb abtropfen lassen.

2. Zwiebeln abziehen und fein würfeln. Speck in Würfel schneiden und in einer Pfanne auslassen. Zwiebelwürfel darin andünsten. Petersilie abspülen, trockentupfen und die Blättchen von den Stängeln zupfen. Einige Blättchen zum Garnieren beiseite legen, restliche Blättchen fein hacken und unter die Speck-Zwiebel-Masse rühren. Bohnen mit der Speck-Zwiebel-Masse und den Schinkenwürfeln mischen und in eine Fettfangschale geben.

3. Für die Sauce Eier, saure Sahne, Crème fraîche und etwa zwei Drittel des Käses verrühren, mit Salz und Pfeffer würzen. Die Sauce auf der Bohnenmasse verteilen. Restlichen Käse darüber streuen.

4. Die Fettfangschale in den Backofen schieben.

Ober-/Unterhitze: etwa 200 °C (vorgeheizt)
Heißluft: etwa 180 °C (nicht vorgeheizt)
Gas: Stufe 3–4 (nicht vorgeheizt)
Garzeit: etwa 35 Minuten.

5. Den Bohnenauflauf mit den beiseite gelegten Petersilienblättchen garnieren.

Beilage: Bohnenauflauf kann zu allem kurz Gebratenem, wie Filetsteaks, Rumpsteaks oder Schweinefilet serviert werden.

Bohnenauflauf nach Cowboy-Art | Deftig

10–12 Portionen

Pro Portion:
E: 16 g, F: 12 g, Kh: 41 g, kJ: 1425, kcal: 338

3 Dosen Gemüsemais (Abtropfgewicht je 140 g)
1,5 kg fest kochende Kartoffeln
4 Dosen gebackene Bohnen (Baked Beans, Einwaage je 420 g)
300 ml Wasser
200 g Zwiebeln
4–5 Knoblauchzehen
3 EL Speiseöl, z. B. Olivenöl
600 g Tomaten, Salz
frisch gemahlener Pfeffer
1–2 Msp. Chilipulver
300 g halbierte Frühstücksspeckscheiben (Bacon)

Zubereitungszeit: 20 Min.
Garzeit: etwa 60 Min. je Form

1. Mais in einem Sieb abtropfen lassen. Kartoffeln waschen, schälen, abspülen, abtropfen lassen, in dünne Scheiben schneiden. Kartoffelscheiben mit den gebackenen Bohnen (mit der Flüssigkeit) und Wasser vermischen, in 2 hohe Auflaufformen geben.

2. Zwiebeln und Knoblauch abziehen und in kleine Würfel schneiden. Speiseöl in einer Pfanne erhitzen. Zwiebel- und Knoblauchwürfel darin andünsten.

3. Tomaten waschen, abtropfen lassen, halbieren und die Stängelansätze entfernen. Tomaten in größere Stücke schneiden.

4. Zwiebel-, Knoblauch- und Tomatenstücke mit dem Mais unter die Kartoffel-Bohnen-Mischung rühren. Mit Salz, Pfeffer und Chili würzen. Die Formen nacheinander (bei Heißluft zusammen) auf dem Rost in den Backofen schieben.

Ober-/Unterhitze: etwa 200 °C (vorgeheizt, unteres Drittel)
Heißluft: etwa 180 °C (nicht vorgeheizt)
Gas: Stufe 3–4 (nicht vorgeheizt, unteres Drittel)
Garzeit: etwa 60 Minuten je Form.

5. Nach etwa 40 Minuten Garzeit den Auflauf umrühren. Die Speckscheiben auf dem Auflauf verteilen und den Auflauf weitere 20 Minuten garen.

Bohnensalat mit Kasseler | Raffiniert

8–10 Portionen

Pro Portion:
E: 22 g, F: 26 g, Kh: 23 g, kJ: 1749, kcal: 417

800 g Kasselerrücken (ohne Knochen)
4 EL Speiseöl, z. B. Rapsöl
50 g Honig
frisch gemahlener Pfeffer
4 Dosen weiße Riesenbohnen (Abtropfgewicht je 250 g)
2 Gläser Gewürzgurken (Abtropfgewicht 185 g)
1 Bund Schnittlauch

Für die Sauce:
3–4 EL weißer Balsamico-Essig
125 ml (⅛ l) Gurkenflüssigkeit
Salz
125 ml (⅛ l) Speiseöl, z. B. Rapsöl

1 Kopf Friséesalat

Zubereitungszeit:
40 Min., ohne Abkühl- und Durchziehzeit

1. Kasseler unter fließendem kalten Wasser abspülen, trockentupfen und in Würfel schneiden. Öl in einer Pfanne erhitzen. Die Fleischwürfel in zwei Portionen jeweils 8–10 Minuten darin braten und mit Honig und Pfeffer würzen. Die Fleischwürfel abkühlen lassen.

2. Riesenbohnen in ein Sieb geben, kalt abspülen und abtropfen lassen. Gewürzgurken ebenfalls in einem Sieb abtropfen lassen, dabei die Gurkenflüssigkeit auffangen und 125 ml (⅛ l) für die Sauce abmessen. Die Gurken in Scheiben schneiden.

3. Bohnen, Gewürzgurkenscheiben und Kasselerwürfel in einer großen Schüssel mischen. Schnittlauch abspülen, trockentupfen und in Röllchen schneiden.

4. Für die Sauce Balsamico-Essig und abgemessene Gurkenflüssigkeit mit Salz und Pfeffer verrühren. Öl unterschlagen. Sauce und Schnittlauchröllchen mit den übrigen Salatzutaten in der Schüssel mischen und etwa 20 Minuten durchziehen lassen.

5. Friséesalat putzen, kalt abspülen, trockenschleudern und in kleine Stücke zupfen. Den Friséesalat zu den übrigen Zutaten in die Schüssel geben und vorsichtig untermischen.

Bohneneintopf mit Oliven | Klassisch

12 Portionen

Pro Portion:
E: 22 g, F: 9 g, Kh: 56 g, kJ: 1716, kcal: 410

1,2 kg	*fest kochende Kartoffeln*
2 Bund	*Majoran*
1 Bund	*Frühlingszwiebeln*
4 EL	*Olivenöl*
1 l	*Gemüsebrühe*
	Salz
	frisch gemahlener Pfeffer
2 Dosen	*weiße Bohnen (Einwaage je 800 g)*
240 g	*schwarze Oliven ohne Stein*

Zubereitungszeit: 90 Min.

1. Kartoffeln waschen, schälen, abspülen und in kleine Würfel schneiden. Majoran und Frühlingszwiebeln putzen, abspülen, abtropfen lassen, klein schneiden.

2. In einem großen Topf Olivenöl erhitzen und Kartoffelwürfel und klein geschnittene Frühlingszwiebeln darin andünsten.

3. Gemüsebrühe hinzugießen und 30 Minuten schwach kochen lassen. Während des Kochens den Eintopf mit Majoran, Salz und Pfeffer würzen.

4. Bohnen mit Sud und Oliven dazugeben. Den Eintopf noch weitere 15 Minuten kochen lassen und gegebenenfalls noch etwas abschmecken.

Tipp: Dazu in Knoblauchöl geröstetes Weißbrot reichen.

Bohnensuppe mit Lammfleisch I

Gut vorzubereiten

12 Portionen

Pro Portion:

E: 10 g, F: 30 g, Kh: 3 g, kJ: 1412, kcal: 337

300 g durchwachsener, geräucherter Speck
4 EL Speiseöl
400 g Lammfleisch (ohne Knochen)
5 mittelgroße Zwiebeln
3 Möhren
100 g junge grüne Bohnen
1 Zucchini (etwa 250 g)
2 l heiße Gemüsebrühe
1 TL gerebeltes Bohnenkraut
1 TL gerebelter Majoran
1 kleine Peperoni
Salz
frisch gemahlener Pfeffer
geriebene Muskatnuss
1 Becher (150 g) Crème fraîche
fein geschnittener Schnittlauch

Zubereitungszeit: 50 Minuten

1. Speck in feine Würfel schneiden und in erhitztem Öl anbraten. Speckwürfel herausnehmen und beiseite stellen.

2. Lammfleisch unter fließendem kalten Wasser abspülen, trockentupfen, evtl. von den Sehnen befreien, Fleisch in feine Streifen schneiden und in dem Speckfett anbraten. Aus der Pfanne nehmen und warm stellen.

3. Zwiebeln abziehen, fein würfeln und in dem Speckfett etwas anbräunen. Möhren putzen, schälen, waschen und in Würfel schneiden. Bohnen abfädeln, die Enden abschneiden, waschen und in Stücke schneiden. Von den Zucchini die Enden abschneiden, Zucchini waschen und in Würfel schneiden.

4. Das Gemüse zu dem Fleisch geben, etwa 5 Minuten dünsten, Gemüsebrühe hinzugießen und etwa 20 Minuten garen lassen.

5. Bohnenkraut und Majoran unterrühren. Peperoni halbieren, entkernen, waschen, fein hacken und in die Suppe geben.

6. Die Suppe mit den Gewürzen abschmecken und auf Tellern anrichten. Jeweils 1 Teelöffel Crème fraîche in die Suppe geben und mit Schnittlauch bestreut servieren.

Bohnensuppe, Rheinische I

Gut vorzubereiten

8 Portionen

Pro Portion:
E: 23 g, F: 17 g, Kh: 19 g, kJ: 1366, kcal: 256

800 g Dicke Rippe
2 ½ l kaltes Salzwasser
1 Gemüsezwiebel (etwa 100 g)
2 EL Speiseöl
600 g fest kochende Kartoffeln
1 kg TK-grüne-Bohnen
1 Bund Bohnenkraut
etwas Kräuteressig
Salz
frisch gemahlener Pfeffer
etwas Zucker

Zubereitungszeit: 100 Min.

1. Die Dicke Rippe unter fließendem kalten Wasser abspülen, trockentupfen und in 3 Stücke schneiden. Die Stücke in das Salzwasser geben und zum Kochen bringen.

2. In der Zwischenzeit Gemüsezwiebel abziehen und würfeln. Öl in einer Pfanne erhitzen, die Zwiebelwürfel darin andünsten und zu dem Fleisch in die Brühe geben. Alles etwa 50 Minuten kochen lassen.

3. Kartoffeln waschen, schälen, abspülen und in kleine Würfel schneiden. Kartoffelwürfel und Bohnen hinzugeben, alles wieder zum Kochen bringen und noch 20 Minuten kochen lassen.

4. Dann das Fleisch herausnehmen, klein schneiden und zurück in die Suppe geben. Bohnenkraut kalt abspülen, trockentupfen und grob hacken. Die Suppe mit Essig, Salz, Pfeffer, Zucker und Bohnenkraut würzen.

Tipp: Nach Belieben 200 g durchwachsenen Speck in Würfel schneiden, in einer Pfanne auslassen und zu der Suppe reichen.

Bohnensuppe, Serbische I

Dauert länger
8 Portionen

Pro Portion:
E: 38 g, F: 14 g, Kh: 26 g, kJ: 1672, kcal: 400

1 kg	*Hohe Rippe vom Rind*
1½ l	*kochende Fleischbrühe*
8	*Zwiebeln*
4	*Knoblauchzehen*
je 2	*rote und grüne Paprikaschoten*
2 Stangen	*Porree (Lauch)*
250 g	*Knollensellerie*
1 große Dose (800 g)	*geschälte Tomaten*
1 große Dose	*weiße Bohnen (Abtropfgewicht 500 g)*
	Salz, frisch gemahlener Pfeffer
	Cayennepfeffer
	Paprikapulver rosenscharf

Zubereitungszeit: 2½ Std.

1. Hohe Rippe unter fließendem kalten Wasser abspülen, in die kochende Fleischbrühe geben, wieder zum Kochen bringen und das Fleisch in 1½–2 Stunden gar kochen lassen.

2. In der Zwischenzeit Zwiebeln und Knoblauch abziehen und würfeln. Paprikaschoten halbieren, entstielen, entkernen, die weißen Scheidewände entfernen, die Schoten waschen und in Streifen schneiden.

3. Porree putzen, die Stangen längs halbieren, gründlich waschen und in Streifen schneiden. Sellerie putzen, schälen, waschen und würfeln.

4. Das gare Fleisch aus der Brühe nehmen und etwas abkühlen lassen. Das vorbereitete Gemüse in die Brühe geben, alles wieder zum Kochen bringen und 10–15 Minuten kochen lassen.

5. Tomaten mit Hilfe einer Gabel in der Dose etwas zerkleinern, mit den weißen Bohnen (beides mit der Flüssigkeit) hinzufügen, wieder zum Kochen bringen und noch 2–3 Minuten kochen lassen.

6. Die Suppe mit Salz, Pfeffer, Cayennepfeffer und Paprikapulver würzen. Das Fleisch würfeln, wieder in die Suppe geben und miterhitzen.

Beilage: Roggenbrot.

Tipp: Die Suppe nach Belieben mit Petersilie bestreuen.

Bologneser Reistopf I

Preiswert–einfach

8 Portionen

Pro Portion:
E: 39 g, F: 33 g, Kh: 52 g, kJ: 2789, kcal: 666

5 EL	*Speiseöl*
1,5 kg	*Gehacktes (halb Rind-, halb Schweinefleisch)*
5	*mittelgroße Zwiebeln*
	Salz
	frisch gemahlener Pfeffer
	Paprikapulver edelsüß
	gerebelter Oregano
500 g	*Langkornreis*
70 g	*Tomatenmark*
1½ l	*Fleischbrühe*
je 1	*rote und gelbe Paprikaschote*
300 g	*TK-Erbsen*

Zubereitungszeit: 65 Min.
Garzeit: etwa 30 Min.

1. Speiseöl in einem Topf erhitzen. Gehacktes evtl. in 2 Portionen hinzufügen, unter ständigem Rühren darin anbraten, dabei die Fleischklümpchen mit einer Gabel zerdrücken.

2. Zwiebeln abziehen, in kleine Würfel schneiden, zu dem Gehackten geben und mit andünsten. Mit Salz, Pfeffer, Paprika und Oregano würzen.

3. Reis hinzufügen und kurz mit andünsten. Tomatenmark unterrühren. Brühe hinzugießen. Die Zutaten zum Kochen bringen und zugedeckt bei schwacher Hitze etwa 20 Minuten kochen lassen.

4. Paprika halbieren, entstielen, entkernen, die weißen Scheidewände entfernen. Die Schoten waschen, abtropfen lassen und in kleine Würfel schneiden.

5. Paprikawürfel und Erbsen in den Reistopf geben, zum Kochen bringen und etwa 10 Minuten mitgaren lassen. Mit Salz, Pfeffer und Paprika abschmecken, evtl. noch etwas Wasser hinzufügen.

Tipp: Den Bologneser Reistopf mit Paprikastreifen und Basilikum garnieren.

Bunte Bohnensuppe I

Schnell zubereitet

12 Portionen

Pro Portion:
E: 26 g, F: 18 g, Kh: 52 g, kJ: 2071, kcal: 495

2	*gelbe Paprikaschoten (etwa 400 g)*
4	*Knoblauchzehen*
5 EL	*Speiseöl*
800 ml	*Gemüsebrühe*
1 Dose	*Kidney-Bohnen (Einwaage 800 g)*
1 kleine Dose	*Kidney-Bohnen (Einwaage 400 g)*
2 Pck.	*TK-Kräuter der Provence*
	Salz
	frisch gemahlener Pfeffer

400 ml	*Schlagsahne*
1 Dose	*weiße Bohnen (Einwaage 800 g)*
1 Dose	*grüne Bohnenkerne (Flageolets, Einwaage 800 g)*

Zubereitungszeit: 60 Min.

1. Paprikaschoten halbieren, entstielen, entkernen, die weißen Scheidewände entfernen, Schoten waschen und in kleine Würfel schneiden. Knoblauch abziehen und fein würfeln.

2. Öl in einem großen Topf erhitzen, Knoblauch- und Paprikawürfel darin andünsten, Gemüsebrühe dazugießen, etwa 10 Minuten kochen lassen.

3. Kidney-Bohnen abgießen und zu den Paprikawürfeln geben. Kräuter hinzufügen, die Suppe mit Salz und Pfeffer würzen und etwa 20 Minuten unter gelegentlichem Rühren kochen lassen.

4. Sahne, weiße Bohnen und grüne Bohnenkerne dazugeben, weitere 10 Minuten leicht kochen lassen und gegebenenfalls noch etwas abschmecken.

Tipp: Bereiten Sie auch einmal eine scharfe Tomaten-Bohnensuppe zu. Dazu 2 Zwiebeln abziehen, würfeln und mit den Knoblauch- und Paprikawürfeln andünsten. Anstelle von Sahne 400 g passierte Tomaten hinzufügen und die Suppe mit Cayennepfeffer kräftig abschmecken.

Börsenhäppchen | Mit Alkohol

10 Stück

Pro Stück:
E: 5 g, F: 2 g, Kh: 22 g, kJ: 711, kcal: 170

10 Scheiben	*Weißbrot*
3 EL	*Weinbrand*
	frisch gemahlener Pfeffer
20	*grüne Salatblätter (z. B. Friséesalat oder Lollo Bionda)*
5	*mittelgroße Tomaten*
	Salz
5 Scheiben	*Ananas (aus der Dose)*
10 Scheiben	*durchwachsener Speck*
2 EL	*Speiseöl*
10 TL	*Weinbrand*
10	*grüne Oliven, mit Paprika gefüllt*

Zubereitungszeit: 40 Min.

1. Weißbrot toasten, mit Weinbrand beträufeln und mit Pfeffer bestreuen.

2. Salatblätter waschen und trockentupfen. Jeweils 2 Salatblätter auf eine Toastbrotscheibe legen.

3. Tomaten waschen, abtrocknen und die Stängelansätze herausschneiden. Tomaten in dünne Scheiben schneiden und auf den Salatblättern verteilen, mit Salz und Pfeffer würzen.

4. Ananasscheiben in einem Sieb abtropfen lassen und halbieren. Die halbierten Ananasscheiben mit je einer Scheibe Speck umwickeln, evtl. feststecken.

5. Speiseöl in einer Pfanne erhitzen. Darin die mit Speck umwickelten Ananasscheiben von beiden Seiten etwas anbraten.

6. Jede Brotscheibe mit 1 Speck-Ananas-Scheibe belegen und mit einem Holzstäbchen feststecken. Die Speck-Ananas-Scheiben mit jeweils 1 Teelöffel Weinbrand beträufeln. Die Oliven auf die Enden der Holzstäbchen stecken. Sofort servieren.

Tipp: Sie können die Börsenhäppchen auch als Fingerfood reichen. Aus Weißbrotscheiben runde Taler (Ø etwa 5 cm) ausstechen. Dann wie unter Punkt 1–3 beschrieben weiterarbeiten. Abgetropfte Ananasscheiben in je 4 Stücke schneiden, mit je einer halben Scheibe Speck umwickeln und mit Punkt 5 fortfahren.

Brathähnchensalat | Schnell

10–12 Portionen

Pro Portion:
E: 45 g, F: 23 g, Kh: 19 g, kJ: 1945, kcal: 465

2 Köpfe Eisbergsalat
2 Dosen Ananasstücke (Abtropfgewicht je 340 g)
2 Dosen Mandarinen (Abtropfgewicht je 175 g)
3 Kiwis
3 gebratene, abgekühlte Hähnchen vom Grill (je etwa 1 kg)

Für das Dressing:
250 g Salatmayonnaise
4–6 EL Tomatenketchup
4 EL Orangensaft
100 g Naturjoghurt (1,5% Fett)
1–2 TL flüssiger Honig
Salz
frisch gemahlener Pfeffer
1–2 Msp. Chilipulver

Zubereitungszeit: 40 Min.

1. Salat putzen, in mundgerechte Stücke schneiden, waschen und gut abtropfen lassen. Ananas und Mandarinen abtropfen lassen. Kiwis schälen, halbieren und in Scheiben schneiden.

2. Das Hähnchenfleisch vom Knochen lösen, evtl. enthäuten und in Stücke schneiden.

3. Für das Dressing Mayonnaise mit Ketchup, Orangensaft und Joghurt verrühren, mit Honig, Salz, Pfeffer und Chilipulver abschmecken.

4. Salatstücke mit Ananasstücken, Mandarinen und Hähnchenfleisch vermischen. Salat auf Tellern anrichten und mit den Kiwischeiben garniert servieren. Dressing darauf träufeln.

Bratkartoffelsalat mit Lamm und Tsatsiki | Raffiniert

10–12 Portionen

Pro Portion:
E: 28 g, F: 29 g, Kh: 35 g, kJ: 2168, kcal: 517

4 Lammrückenfilets (Lammlachse, je etwa 300 g)
4 Knoblauchzehen
2 rote Peperoni
6 EL Olivenöl
1–2 TL gerebelter Thymian

2 kg kleine neue Kartoffeln

Für das Tsatsiki:
1 kg Naturjoghurt (10% Fett)
2–3 EL Olivenöl
Salz, frisch gemahlener Pfeffer
1 Salatgurke
6 Knoblauchzehen

2 Bund Frühlingszwiebeln
6 EL Olivenöl

Zubereitungszeit: 55 Min., ohne Marinierzeit

1. Lammfilets unter fließendem kalten Wasser abspülen und trockentupfen. Filets in große Würfel schneiden und in eine flache Schale legen. Knoblauch abziehen und in kleine Würfel schneiden. Peperoni halbieren, entstielen, entkernen, abspülen, trockentupfen und würfeln.

2. Olivenöl mit Knoblauch-, Peperoniwürfeln und Thymian verrühren. Die Marinade mit den Lammfiletwürfeln mischen und kalt gestellt etwa 1 Stunde marinieren.

3. Kartoffeln gründlich waschen, mit Wasser bedeckt zum Kochen bringen, zugedeckt in 20–25 Minuten gar kochen. Kartoffeln abgießen, mit kaltem Wasser abschrecken, abtropfen lassen und warm stellen.

4. Für das Tsatsiki den Joghurt in eine Schüssel geben, Olivenöl unterrühren, mit Salz und Pfeffer würzen. Gurke schälen, halbieren, entkernen und auf einer Haushaltsreibe grob raspeln. Knoblauch abziehen und in kleine Würfel schneiden. Gurkenraspel und Knoblauchwürfel unter den Joghurt rühren. Tsatsiki beiseite stellen.

5. Frühlingszwiebeln putzen, waschen, abtropfen lassen und in Ringe schneiden. Olivenöl in einer großen Pfanne erhitzen. Kartoffeln halbieren und unter mehrmaligem Wenden darin anbraten. Zwiebelringe unterrühren und kurz mitbraten, mit Salz und Pfeffer bestreuen. Kartoffeln mit den Zwiebelringen aus der Pfanne nehmen und auf einer großen Platte anrichten.

6. Lammfiletwürfel aus der Marinade nehmen, in die Pfanne geben, von allen Seiten gut anbraten, evtl. mit Salz bestreuen und etwa 5 Minuten ruhen lassen.

7. Lammfiletwürfel auf den Kartoffeln verteilen. Beiseite gestelltes Tsatsiki in Klecksen darauf geben und sofort servieren.

Tipp: Salat mit frischem Majoran, Oregano oder Thymian garnieren.

Brokkoli-Käse-Suppe I

Schnell zubereitet

12 Portionen

Pro Portion:
E: 11 g, F: 14 g, Kh: 6 g, kJ: 851, kcal: 203

1,5 kg Brokkoli
2,25 l (2¼ l) Gemüsebrühe
600 g Sahne-Schmelzkäse
3 Pck. helle Sauce (für je 250 ml Flüssigkeit)
frisch gemahlener Pfeffer
geriebene Muskatnuss

Zubereitungszeit: 30 Min.

1. Vom Brokkoli Blätter entfernen, den Brokkoli waschen, den Strunk schälen, klein schneiden und Brokkoli in Röschen teilen. Gemüsebrühe zugedeckt zum Kochen bringen und Brokkoli etwa 5 Minuten darin garen.

2. Knapp die Hälfte des Brokkolis (Röschen) mit einer Schaumkelle entnehmen und auf einem Sieb abtropfen lassen. Die andere Hälfte zusammen mit der Brühe pürieren, Käse hinzufügen und darin unter Rühren auflösen.

3. Saucenpulver mit einem Schneebesen in die Suppe rühren, Suppe aufkochen lassen und mit Pfeffer und Muskatnuss würzen.

4. Vor dem Servieren zurückgelegte Brokkoliröschen in der Suppe kurz erwärmen.

Brot mit Käsefüllung I

Beliebt – dauert länger

12 Portionen

Pro Portion:
E: 14 g, F: 13 g, Kh: 36 g, kJ: 1351, kcal: 323

Für den Teig:
500 g Weizenmehl
1 Pck. (42 g) Frischhefe
1 EL Zucker
250 ml
(¼ l) lauwarme Milch
1 gestr. TL Salz
60 g weiche Butter

Für die Füllung:
50 g getrocknete Tomaten
3 Frühlingszwiebeln (70 g)
200 g Feta-Käse
150 g Schichtkäse
1 Ei (Größe M)
100 g geriebener Emmentaler-Käse
frisch gemahlener Pfeffer

1 Eiweiß
3 EL kaltes Wasser
2 EL Sonnenblumenkerne

Zubereitungszeit: 40 Min.,ohne Teiggehzeit
Backzeit: 40–50 Min.

1. Für den Teig das Mehl in eine Rührschüssel sieben und in die Mitte eine Mulde drücken. Die Hefe zerbröckeln, in die Mulde geben und mit Zucker bestreuen. Milch über die Hefe gießen. Milch, Hefe und Zucker mit einem Teil des Mehls verrühren, zugedeckt an einem warmen Ort 10–15 Minuten gehen lassen.

2. Salz und Butter in kleinen Stücken auf den Mehlrand in die Schüssel geben. Die Zutaten mit Handrührgerät mit Knethaken zuerst auf niedrigster, dann auf höchster Stufe in etwa 5 Minuten zu einem Teig verarbeiten. Den Teig zugedeckt an einem warmen Ort so lange gehen lassen, bis er sich sichtbar vergrößert hat.

3. Für die Füllung Tomaten in eine Schüssel geben, mit kochendem Wasser übergießen, kurz ziehen lassen, dann in ein Sieb geben und abtropfen lassen.

4. Frühlingszwiebeln putzen, waschen, abtropfen lassen und in feine Ringe schneiden. Feta-Käse in kleine Stücke schneiden oder zerbröseln. Getrocknete Tomaten in kleine Würfel schneiden und mit Schichtkäse, Feta-Käse und Ei verrühren. Emmentaler-Käse und Zwiebelringe unterheben. Die Füllung mit Pfeffer würzen und kalt stellen.

5. Den Teig auf der bemehlten Arbeitsfläche kurz durchkneten und zu einem Quadrat (etwa 40 x 40 cm) ausrollen. Das Teigquadrat diagonal so auf ein Backblech (30 x 40 cm, mit Backpapier belegt) legen, dass eine Spitze nach unten zeigt und der Teig überhängt.

6. Die Füllung in der Mitte des Quadrates verteilen. Die Ecken des Quadrates zur Mitte hin über die Füllung legen, dabei die Teigkanten etwa 1 cm überlappen lassen. Die Füllung sollte ganz bedeckt sein, zugedeckt nochmals etwa 15 Minuten an einem warmen Ort gehen lassen.

7. Eiweiß mit Wasser verquirlen, die Teigoberfläche damit bestreichen und mit Sonnenblumenkernen bestreuen. Das Backblech in den Backofen schieben.

Ober-/Unterhitze: etwa 180 °C (vorgeheizt)
Heißluft: etwa 160 °C (nicht vorgeheizt)
Gas: Stufe 2–3 (nicht vorgeheizt)
Backzeit: 40–50 Minuten.

Cabanossi-Auflauf | Beliebt

12 Portionen

Pro Portion:
E: 25 g, F: 29 g, Kh: 27 g, kJ: 2068, kcal: 493

6	*dicke Möhren (etwa 800 g)*
1,4 kg	*fest kochende Kartoffeln*
3 Stangen	*Porree (Lauch, etwa 600 g)*
1 Dose	*Sauerkraut (Abtropfgewicht 770 g)*
650 g	*Cabanossi*
	Salzwasser
1 l	*Milch*
10	*Eier (Größe M)*
1–2 TL	*Paprikapulver edelsüß*
	Salz
	frisch gemahlener Pfeffer

Zubereitungszeit: 50 Min.
Garzeit: etwa 60 Min.

1. Möhren putzen, schälen, waschen, abtropfen lassen. Kartoffeln waschen, schälen, abspülen und abtropfen lassen. Möhren und Kartoffeln in Scheiben schneiden. Porree putzen, die Stangen längs halbieren, waschen, abtropfen lassen und in feine Streifen schneiden.

2. Sauerkraut in einem Sieb abtropfen lassen. Cabanossi in Scheiben schneiden.

3. Salzwasser zum Kochen bringen, Kartoffel- und Möhrenscheiben darin etwa 5 Minuten garen, in ein Sieb geben, mit kaltem Wasser übergießen und abtropfen lassen.

4. Milch und Eier verschlagen, mit Paprikapulver, Salz und Pfeffer würzen. Möhren-, Kartoffelscheiben, Porreestreifen, Sauerkraut und Cabanossischeiben vermengen und in eine große, flache Auflaufform oder Fettfangschale geben. Eiermilch darüber gießen. Die Form auf dem Rost oder die Fettfangschale in den Backofen schieben.

Ober-/Unterhitze: etwa 180 °C (vorgeheizt)
Heißluft: etwa 160 °C (nicht vorgeheizt)
Gas: Stufe 2–3 (nicht vorgeheizt)
Garzeit: etwa 60 Minuten.

Beilage: Rustikales Kümmel- oder Zwiebelbaguette.

Abwandlung: Statt der Cabanossi können auch 6 Mettendchen oder Räucherwürstchen verwendet werden. Sie können statt Möhren und Porree auch 5 grüne Paprikaschoten halbieren, entstielen, entkernen und die weißen Scheidewände entfernen. Die Schoten waschen und in Streifen schneiden. Paprikastreifen in kochendem Salzwasser 1–2 Minuten garen. Paprikastreifen in ein Sieb geben und gut abtropfen lassen. Die Paprikastreifen statt Möhren und Porree zum Sauerkraut geben.

Cannelloni mit Ricotta-Spinat-Füllung | Vegetarisch

8–10 Portionen

Pro Portion:
E: 37 g, F: 46 g, Kh: 50 g, kJ: 3207, kcal: 766

240 g Zwiebeln
8 Knoblauchzehen
100 g abgezogene, gestiftelte Mandeln
8 EL Olivenöl
1,4 kg TK-Blattspinat
1 kg Ricotta
Salz, frisch gemahlener Pfeffer
frisch geriebene Muskatnuss
2 Pck. Cannelloni (je 250 g, ohne Vorkochen)
4 Eier (Größe M)
4 EL Weizenmehl
1 l Milch
750 ml (¾ l) Gemüsebrühe
160 g geriebener Parmesan-Käse

Zubereitungszeit: 75 Min., ohne Auftauzeit
Backzeit: 35–40 Min. je Fettfangschale

1. Zwiebeln und Knoblauch abziehen und in kleine Würfel schneiden. Mandeln in einer Pfanne ohne Fett hellbraun rösten, herausnehmen und auf einen Teller legen.

2. 4 Esslöffel von dem Olivenöl in einen großen Topf geben. Zwiebel- und Knoblauchwürfel darin glasig dünsten. Blattspinat hinzufügen und nach Packungsanleitung zubereiten.

3. Mandeln mit 500 g Ricotta gut vermischen und unter den Spinat geben, mit Salz, Pfeffer und Muskat kräftig würzen.

4. Die Spinatmasse in einen Spritzbeutel ohne Tülle geben. Die Cannelloni damit füllen und in 2 Fettfangschalen (mit restlichem Olivenöl ausgestrichen) verteilen.

5. Eier, Mehl und Milch in einen großen Topf geben. Mit einem Schneebesen unter ständigem Rühren zum Kochen bringen, mit Salz, Pfeffer und Muskat würzen. Brühe hinzugießen. Restlichen Ricotta unterrühren. Die Sauce auf den Cannelloni verteilen, mit Käse bestreuen.

6. Die Fettfangschalen nacheinander (bei Heißluft zusammen) in den Backofen schieben.

Ober-/Unterhitze: etwa 200 °C (vorgeheizt)
Heißluft: etwa 180 °C (nicht vorgeheizt)
Gas: Stufe 3–4 (nicht vorgeheizt)
Backzeit: 35–40 Minuten je Fettfangschale.

7. Nach etwa 20 Minuten Backzeit die Backofentemperatur auf

Ober-/Unterhitze: etwa 160 °C,
Heißluft: etwa 140 °C
Gas: Stufe 1–2 reduzieren.

Champignongulasch mit Zuckerschoten | Vegetarisch

8–10 Portionen

Pro Portion:
E: 10 g, F: 19 g, Kh: 8 g, kJ: 1009, kcal: 241

1 kg	*Champignons*
400 g	*Zuckerschoten*
	Salzwasser
4	*mittelgroße Tomaten*
250 g	*getrocknete Tomaten in Öl*
2	*Zwiebeln*
2	*Knoblauchzehen*
8 EL	*Olivenöl*
	Salz
	frisch gemahlener Pfeffer
200 g	*Doppelrahm-Frischkäse*
125 ml (⅛ l)	*Gemüsebrühe*

Zubereitungszeit: 40 Min.
Garzeit: etwa 25 Min.

1. Champignons putzen, mit Küchenpapier abreiben, evtl. kurz abspülen und trockentupfen. Große Champignons evtl. vierteln. Von den Zuckerschoten die Enden abschneiden, evtl. abfädeln, waschen, abtropfen lassen und halbieren.

2. Salzwasser in einem Topf zum Kochen bringen. Die Zuckerschoten darin etwa 3 Minuten garen, in ein Sieb geben, mit eiskaltem Wasser übergießen und gut abtropfen lassen.

3. Tomaten waschen, kreuzweise einschneiden und einige Sekunden in kochendes Wasser legen. Tomaten kurz in kaltem Wasser abschrecken, enthäuten, halbieren, entkernen und Stängelansätze entfernen. Tomatenhälften in Würfel schneiden. Getrocknete Tomaten in Streifen schneiden. Zwiebeln und Knoblauch abziehen, in kleine Würfel schneiden.

4. Jeweils etwas von dem Olivenöl in einer großen Pfanne erhitzen. Champignons portionsweise darin anbraten, mit Salz und Pfeffer würzen und aus der Pfanne nehmen. Zwiebel- und Knoblauchwürfel im restlichen Öl andünsten. Zuckerschoten, Tomatenwürfel und -streifen und Champignons unterheben.

5. Frischkäse zuerst mit Brühe und dann mit dem Gulasch verrühren. Gulasch bei schwacher Hitze unter Rühren langsam erhitzen (nicht mehr kochen lassen), mit Salz und Pfeffer abschmecken.

Beilage: Reis oder Baguette.

Champignon-Zucchini-Auflauf | Einfach

12 Portionen

Pro Portion:
E: 19 g, F: 32 g, Kh: 8 g, kJ: 1663, kcal: 399

1,8 kg	*Zucchini*
750 g	*rote Paprikaschoten*
900 g	*Champignons*
2–3 EL	*Butter oder Margarine*
	Salzwasser, Salz
2 Töpfe	*Basilikum*
12	*Eier (Größe M)*
150 ml	*Milch*
3 Becher (je 150 g)	*Crème fraîche*
	frisch gemahlener Pfeffer
1–2 Msp.	*geriebene Muskatnuss*
5–6	*Knoblauchzehen*
300 g	*geriebener mittelalter Gouda-Käse*

Zubereitungszeit: 60 Min.
Garzeit: etwa 40 Min.

1. Zucchini waschen, abtrocknen und die Enden abschneiden. Zucchini in Scheiben schneiden. Paprikaschoten halbieren, entstielen, entkernen und die weißen Scheidewände entfernen. Die Schoten waschen, abtropfen lassen und in dünne Streifen schneiden.

2. Champignons mit Küchenpapier abreiben, evtl. abspülen, gut abtropfen lassen und in dicke Scheiben schneiden. Butter oder Margarine in einem großen Topf zerlassen, die Champignon- und Zucchinischeiben kurz darin andünsten.

3. Salzwasser in einem Topf zum Kochen bringen und die Paprikastreifen darin blanchieren, in ein Sieb geben, mit kaltem Wasser übergießen und abtropfen lassen. Basilikumblättchen von den Stängeln zupfen. Blättchen abspülen, trockentupfen und in feine Streifen schneiden.

4. Abwechselnd Champignon-, Zucchinischeiben, Paprikastreifen und Basilikum in eine Fettfangschale (gefettet) schichten.

5. Eier mit Milch und Crème fraîche verrühren und mit Salz, Pfeffer und Muskat kräftig würzen. Knoblauch abziehen, durch eine Knoblauchpresse drücken und unterrühren.

6. Die Eiermilch über das Gemüse geben. Gouda darauf streuen und die Fettfangschale in den Backofen schieben.

Ober-/Unterhitze: etwa 200 °C (vorgeheizt)
Heißluft: etwa 180 °C (nicht vorgeheizt)
Gas: Stufe 3–4 (nicht vorgeheizt)
Garzeit: etwa 40 Minuten.

Chicken Wings, mariniert | Gut vorzubereiten

8–10 Portionen

Pro Portion:
E: 43 g, F: 26 g, Kh: 4 g, kJ: 1781, kcal: 426

200 ml Hühnerbrühe
3 EL Tomatenketchup
1 EL brauner Zucker
2 EL Sojasauce
1 EL Speisestärke
1 EL Weinessig
2 TL Sambal Oelek
1 TL Currypulver
2 kg Hähnchenflügel

Zubereitungszeit: 15 Min.
Garzeit: etwa 45 Min.

1. Hühnerbrühe mit Ketchup, Zucker, Sojasauce, Speisestärke, Essig, Sambal Oelek und Curry in einen Topf geben und unter Rühren aufkochen lassen.

2. Hähnchenflügel abspülen, trockentupfen, gegebenenfalls im Gelenk durchtrennen und auf ein Backblech (30 x 40 cm, gefettet, mit Backpapier belegt) legen.

3. Hähnchenflügel dick mit der Sauce bestreichen und das Backblech in den Backofen schieben.

Ober-/Unterhitze: etwa 200 °C (vorgeheizt)
Heißluft: etwa 180 °C (vorgeheizt)
Gas: Stufe 3–4 (vorgeheizt)
Garzeit: etwa 45 Minuten.

4. Die Hähnchenflügel während des Garens gelegentlich mit der restlichen Sauce bestreichen und heiß oder kalt servieren.

Tipp: Mit Baguette, Kartoffelsalat oder Pommes frites und Salat servieren.

Chili con Carne | Einfach

12 Portionen

Pro Portion:
E: 37 g, F: 29 g, Kh: 24 g, kJ: 2271, kcal: 542

200 g	*durchwachsener Speck*
6	*Zwiebeln*
3	*Knoblauchzehen*
1,4 kg	*Rinderhackfleisch*
2 Dosen (je 400 g)	*Tomaten*
2 Dosen (je 400 g)	*Kidneybohnen*
6 EL	*Chilisauce*
2 TL	*Chilipulver*
	Salz
1 Prise	*Zucker*

Zubereitungszeit: 60 Min.

1. Speck in Würfel schneiden und in einem Topf auslassen. Zwiebeln und Knoblauchzehen abziehen, fein würfeln, im Speckfett glasig dünsten lassen. Rinderhackfleisch hinzufügen, unter ständigem Rühren etwa 7 Minuten braten lassen, dabei die Klümpchen mit einer Gabel zerdrücken.

2. Tomaten etwas zerkleinern, mit der Tomatenflüssigkeit, Kidneybohnen, Chilisauce zu dem Gehackten geben.

3. Mit Chilipulver, Salz, Zucker würzen und zum Kochen bringen, zugedeckt etwa 15 Minuten garen.

4. Das fertige Chili con Carne nochmals mit den Gewürzen abschmecken.

Tipp: Paprikawürfel mitgaren.

Chinakohlsalat mit Frischkäse | Schnell

10–12 Portionen

Pro Portion:
E: 12 g, F: 12 g, Kh: 13 g, kJ: 908, kcal: 217

1,8 kg Chinakohl
3 Dosen Mandarinen (Abtropfgewicht je 175 g)
400 g gekochter Schinken

Für die Sauce:
300 g Kräuterfrischkäse
150 ml Schlagsahne
150 ml Mandarinensaft
3–4 EL Weißweinessig
Salz
frisch gemahlener Pfeffer
1 Prise Zucker
etwa 3 EL gemischte gehackte Kräuter, z. B. Basilikum, Petersilie, Schnittlauch

Zubereitungszeit: 40 Min.

1. Chinakohl putzen, halbieren und den Strunk herausschneiden. Den Kohl in schmale Streifen schneiden, waschen und gut abtropfen lassen oder trockenschleudern.

2. Mandarinen in ein Sieb geben und abtropfen lassen, dabei den Saft auffangen und 150 ml abmessen. Schinken in Streifen schneiden.

3. Für die Sauce Frischkäse mit Sahne und Mandarinensaft verrühren und mit Essig, Salz, Peffer und Zucker würzen. Die Kräuter unterrühren.

4. Die Sauce mit den Salatzutaten in einer Schüssel vermischen und den Salat sofort servieren.

Chinakohl-Stew | Mit Alkohol

8 Portionen

Pro Portion:
E: 31 g, F: 28 g, Kh: 4 g, kJ: 1825, kcal: 437

400 g	*Rindfleisch*
400 g	*Lammfleisch*
400 g	*Schweinefleisch*
4	*Zwiebeln*
2	*Knoblauchzehen*
4–5 EL	*Speiseöl*
	Salz
	frisch gemahlener Pfeffer
600 ml	*Wasser oder Fleischbrühe*
1¾ kg	*Chinakohl*
4	*Tomaten*
250 ml (¼ l) –375 ml (⅜ l)	*Wasser oder Fleischbrühe*
250 ml (¼ l)	*Weißwein*

Zubereitungszeit: 2 Std.

1. Alle Fleischsorten unter fließendem kalten Wasser abspülen, trockentupfen und in kleine Würfel schneiden. Zwiebeln abziehen und in Scheiben schneiden. Knoblauch abziehen und durch die Knoblauchpresse drücken.

2. Speiseöl in einem großen Topf erhitzen. Die Fleischwürfel darin portionsweise anbraten und mit Salz und Pfeffer würzen.

3. Zwiebeln und Knoblauch zum Fleisch geben und kurz mitbraten lassen. Wasser oder Brühe hinzufügen, alles zum Kochen bringen und etwa 45 Minuten schmoren lassen.

4. In der Zwischenzeit Chinakohl putzen, den Kohl halbieren und den Strunk herausschneiden. Den Kohl in schmale Streifen schneiden, waschen und gut abtropfen lassen oder trockenschleudern.

5. Tomaten waschen, abtropfen lassen, kreuzweise einschneiden, kurz in kochendes Wasser legen und mit kaltem Wasser abschrecken. Tomaten enthäuten, die Stängelansätze herausschneiden und das Fruchtfleisch vierteln.

6. Tomatenviertel mit Chinakohlstreifen und Wasser oder Brühe zum Fleisch geben. Alles wieder zum Kochen bringen, nochmals mit Salz und Pfeffer würzen und zugedeckt etwa 30 Minuten schmoren lassen.

7. Das Stew vorsichtig umrühren, Weißwein hinzugießen und noch einige Minuten erhitzen.

Curry-Suppentopf | Raffiniert

8 Portionen

Pro Portion:
E: 19 g, F: 16 g, Kh: 8 g, kJ: 1090, kcal: 260

500 g	*Putenbrust*
1	*Zwiebel*
1 Stange	*Porree (Lauch, etwa 300 g)*
100 g	*Butter*
2 EL	*Currypulver*
3 EL	*Weizenmehl*
2 l	*Hühnerbrühe*
1 Becher (150 g)	*Crème fraîche*
	Salz
	frisch gemahlener Pfeffer
2	*Äpfel*
	Saft von
1	*Zitrone*

Zubereitungszeit: 70 Min.

1. Putenbrust unter fließendem kalten Wasser abspülen, trockentupfen und in kleine Würfel schneiden. Zwiebel abziehen und würfeln. Porree putzen, gründlich waschen und in Ringe schneiden.

2. Butter in einem Topf erhitzen. Die Fleischwürfel darin leicht anbraten und herausnehmen. Zwiebelwürfel und Porreeringe in dem verbliebenen Bratfett andünsten.

3. Die Fleischwürfel wieder in den Topf geben. Mit Currypulver und Mehl bestäuben, verrühren und mit Hühnerbrühe auffüllen. Unter gelegentlichem Umrühren zugedeckt bei schwacher Hitze etwa 30 Minuten köcheln lassen.

4. Crème fraîche unterrühren und die Suppe salzen und pfeffern.

5. Äpfel waschen, abtrocknen, vierteln, entkernen, in kleine Spalten schneiden und mit Zitronensaft beträufeln. Die Apfelspalten kurz vor dem Servieren in die Suppe geben und darin erhitzen.

Chinesischer Reisnudelsalat | Schnell

12 Portionen

Pro Portion:
E: 17 g, F: 15 g, Kh: 18 g, kJ: 1153, kcal: 275

600 g Hähnchenbrustfilet
20 g frischer Ingwer
8 EL Sonnenblumenöl
10 EL Sojasauce
frisch gemahlener Pfeffer
Saft von
2 Orangen
300 g Porree (Lauch)
300 g Möhren
Salzwasser
200 g chinesische Reisnudeln
200 g rosé oder weiße Champignons
2 EL Erdnussöl
Salz
150 g geröstete, gesalzene Erdnusskerne

Zubereitungszeit: 45 Min., ohne Durchziehzeit

1. Hähnchenbrustfilet unter fließendem kalten Wasser abspülen, trockentupfen und in dünne Streifen schneiden. Ingwer schälen und fein hacken.

2. Zwei Esslöffel Sonnenblumenöl in einer großen Pfanne erhitzen. Die Fleischstreifen darin unter Wenden kräftig anbraten. 4 Esslöffel Sojasauce hinzufügen, alles kurz aufkochen lassen und mit Pfeffer abschmecken. Das Fleisch mit einer Schaumkelle aus der Pfanne nehmen und erkalten lassen.

3. Orangensaft und Ingwer zu dem Bratfond in die Pfanne geben, zum Kochen bringen und einige Minuten unter Rühren einkochen lassen. Den Orangensud erkalten lassen.

4. Porree putzen, die Stangen seitlich einschneiden, gründlich waschen und abtropfen lassen. Möhren putzen, schälen, waschen und abtropfen lassen. Porree und Möhren zuerst in etwa 6 cm lange Stücke, dann der Länge nach in dünne Streifen schneiden.

5. Salzwasser in einem Topf zum Kochen bringen und die Gemüsestreifen darin blanchieren, dann in ein Sieb geben, mit kaltem Wasser abspülen und abtropfen lassen.

6. Nudeln nach Packungsanleitung mit kochendem Wasser übergießen, etwa 5 Minuten quellen lassen, dann in ein Sieb geben, mit kaltem Wasser abspülen und abtropfen lassen. Nudeln mit einer Küchenschere in mundgerechte Stücke schneiden.

7. Champignons putzen, mit Küchenpapier abreiben, evtl. abspülen, abtropfen lassen und in sehr dünne Scheiben schneiden.

8. Den Orangensud mit Erdnussöl und dem restlichen Sonnenblumenöl verschlagen, mit der restlichen Sojasauce, Salz und Pfeffer abschmecken. Nudeln, Gemüse und Erdnüsse mit der Orangen-Sauce vermengen und etwa 30 Minuten durchziehen lassen. Den Salat vor dem Servieren nochmals umrühren.

Couscous mit Gemüse | Vegetarisch

12 Portionen

Pro Portion:
E: 14 g, F: 15 g, Kh: 53 g, kJ: 1722, kcal: 408

5–6	*Knoblauchzehen*
5–6	*Zwiebeln*
750 g	*Zucchini*
3	*Auberginen (etwa 1 kg)*
12–15	*Fleischtomaten*
750 g	*Kürbis*
600 g	*Möhren*
150 ml	*Olivenöl*
	Salz, frisch gemahlener Pfeffer
2 Döschen	*Safran (je 0,2 g)*
etwas	*gemahlener Zimt*
1 gestr. EL	*Paprikapulver edelsüß*
1–2 EL	*Harissa (afrikanische Gewürzpaste)*
2 Msp.	*gemahlene Gewürznelken*
½–1 TL	*gemahlener Kreuzkümmel (Cumin)*
750 g	*Couscous*
900 ml	*heiße Gemüsebrühe*

Zum Bestreuen:

einige Stängel	*glatte Petersilie*

Zubereitungszeit: 100 Min.

1. Knoblauch und Zwiebeln abziehen und in feine Würfel schneiden. Zucchini und Auberginen waschen, abtrocknen und die Enden abschneiden. Zucchini und Auberginen in Würfel schneiden.

2. Fleischtomaten waschen, abtropfen lassen und Stängelansätze herausschneiden. Fruchtfleisch in Würfel schneiden. Kürbis schälen und entkernen. Möhren putzen, schälen, abspülen, abtropfen lassen und in Würfel schneiden.

3. In einem großen Topf Olivenöl erhitzen, nach und nach Knoblauch, Zwiebeln, Zucchini, Auberginen, Kürbis, Möhren und Tomaten anbraten. Gemüsemischung mit Salz, Pfeffer, Safran, Zimt, Paprika, Harissa, Nelken und Kreuzkümmel würzen, und etwa 15 Minuten bei schwacher Hitze schmoren lassen. Dabei gelegentlich umrühren.

4. Inzwischen Couscous in einen Topf geben, mit heißer Gemüsebrühe übergießen und zugedeckt bei schwacher Hitze etwa 15 Minuten quellen lassen. Petersilie abspülen, trockentupfen. Die Blättchen von den Stängeln zupfen.

5. Couscous mit 2 Gabeln auflockern, auf Teller oder in Schüsseln verteilen und das Gemüse darauf geben. Couscous mit Petersilie garniert servieren.

Dänischer Heringssalat | Schnell

10–12 Portionen

Pro Portion:
E: 18 g, F: 22 g, Kh: 8 g, kJ: 1279, kcal: 305

1,2 kg kleine Tomaten
2 Salatgurken
700 g Eisbergsalat

Für die Sauce:
600 g Schmand
150 g Naturjoghurt
Salz
frisch gemahlener Pfeffer
1–2 TL Currypulver
1 Bund glatte Petersilie

800 g leicht geräucherte Herings- oder Makrelenfilets

Zubereitungszeit: 50 Min.

1. Tomaten waschen, abtrocknen, halbieren. Stängelansätze herausschneiden. Tomaten in Spalten schneiden. Gurken waschen, abtrocknen, der Länge nach halbieren, entkernen und in Scheiben schneiden.

2. Eisbergsalat putzen, vierteln und den Strunk herausschneiden. Die Salatviertel abspülen, abtropfen lassen und in Streifen schneiden. Tomatenspalten, Salatstreifen und Gurkenscheiben in einer Schüssel mischen.

3. Für die Sauce Schmand mit Joghurt verrühren und mit Salz, Pfeffer und Currypulver würzen. Petersilie abspülen, trockentupfen und die Blättchen von den Stängeln zupfen. Blättchen grob hacken. Die Hälfte der Petersilie unter die Sauce rühren. Die Salatzutaten mit der Sauce in der Schüssel mischen.

4. Die Fischfilets in kleine Stücke schneiden und mit dem Salat vermischen. Den Salat mit der restlichen Petersilie bestreuen.

Tipp: Sie können die Herings- oder Makrelenfilets auch durch 600 g Schillerlocken ersetzen.

Eierigel | Für Kinder

16 Stück

Pro Stück: E: 4 g, F: 4 g, Kh: 1 g, kJ: 245, kcal: 58

8 hart gekochte Eier
16 Salamischeiben (Ø 3–4 cm)
einige dünne Salzstangen
etwas Tomatenmark

Zubereitungszeit: 20 Min.

1. Eier pellen, längs halbieren und mit den Schnittflächen auf eine Platte legen.

2. Jede Salamischeibe zur Hälfte einschneiden, zu einer Spitztüte formen und als Igelnase um das spitze Ende der Eihälften legen.

3. Salzstangen in 2–3 cm lange Stifte brechen und als Stacheln in die gewölbte Eiseite stecken, dabei etwa ein Drittel der spitzen Eiseite für das Igelgesicht aussparen. Mit Tomatenmark jeweils 2 Augen auftupfen.

Tipp: Dazu passt ein gemischter Salat und Vollkornbrot.

Dekotipp: Die Igel nicht zusammen auf einer Platte anordnen, sondern für jedes Kind einen Igel als eine Art Platzkärtchen auf den Teller legen.

Eisbergsalat „Alaska“ | Für Kinder

8–10 Portionen

Pro Portion:
E: 2 g, F: 10 g, Kh: 13 g, kJ: 668, kcal: 161

1 großer Kopf	*Eisbergsalat*
2 Dosen	*Mandarinen (Abtropfgewicht je 175 g)*
500 g	*Himbeeren*

Für die Sauce:

2 Becher (je 150 g)	*Crème fraîche*
	Saft von
1	*Zitrone*
4 EL	*Mandarinensaft*
	Salz
	frisch gemahlener Pfeffer
etwas	*Zucker*

Zubereitungszeit: 30 Min.

1. Eisbergsalat putzen und in mundgerechte Stücke schneiden. Salat waschen und gut abtropfen lassen oder trockenschleudern.

2. Mandarinen in einem Sieb abtropfen lassen, dabei den Saft auffangen und 4 Esslöffel davon für die Sauce abmessen. Himbeeren verlesen, vorsichtig abspülen und abtropfen lassen. Eisbergsalat, Mandarinen und Himbeeren in einer Schüssel vorsichtig mischen.

3. Für die Sauce Crème fraîche mit Zitronen- und Mandarinensaft verrühren und mit Salz, Pfeffer und Zucker würzen. Die Sauce getrennt zu dem Salat servieren oder kurz vor dem Verzehr vorsichtig unter die Salatzutaten rühren.

Abwandlung:
Anstatt der Mandarinen aus der Dose können Sie auch frische Orangenfilets nehmen. Anstatt des Eisbergsalates können auch andere Salatsorten, wie z. B. Chicorée- oder Endiviensalat, verwendet werden.

Beilage: Vollkorn-Baguette.

Entenbrustragout mit Orangen |

Mit Alkohol

8–10 Portionen

Pro Portion:
E: 29 g, F: 31 g, Kh: 10 g, kJ: 1883, kcal: 449

4	*Entenbrustfilets (je 350 g)*
	Salz, frisch gemahlener Pfeffer
3 EL	*Speiseöl, z. B. Rapsöl*
3	*Bio-Orangen (unbehandelt, ungewachst)*
1	*Bio-Limette (unbehandelt, ungewachst)*
2 EL	*Tomatenmark*
200 ml	*trockener Rotwein*
500 ml (½ l)	*Geflügelfond oder -brühe*
2 EL	*Himbeergelee*
1 kleines Bund	*Zitronenthymian*
1 EL	*Speiseöl, z. B. Rapsöl*

Zubereitungszeit: 40 Min.
Garzeit: etwa 35 Min.

1. Entenbrustfilets unter fließendem kalten Wasser abspülen und trockentupfen. Jeweils die Haut der Entenbrust abziehen und beiseite legen. Entenbrustfilets in etwa 2 cm große Würfel schneiden, mit Salz und Pfeffer bestreuen.

2. Speiseöl in einer großen Pfanne erhitzen. Fleischwürfel evtl. in 2 Portionen von allen Seiten darin anbraten.

3. Orangen und Limette gründlich waschen, in Spalten schneiden, zu den Fleischwürfeln geben und kurz andünsten.

4. Tomatenmark unterrühren. Nach und nach Rotwein hinzugießen, zum Kochen bringen und etwas einkochen lassen. Anschließend Fond oder Brühe und Gelee hinzugeben, unterrühren und zum Kochen bringen. Das Fleisch zugedeckt bei schwacher Hitze etwa 35 Minuten garen, dabei gelegentlich umrühren.

5. Thymian abspülen und trockentupfen. Einige Stängel zum Garnieren beiseite legen. Von den restlichen Stängeln die Blättchen zupfen. Blättchen zum Ragout geben. Ragout mit Salz und Pfeffer abschmecken.

6. Beiseite gelegte Entenhaut in Streifen schneiden. Speiseöl in einer Pfanne erhitzen. Nach Belieben die Entenhaut darin knusprig braun braten, herausnehmen und auf Küchenpapier abtropfen lassen.

7. Entenbrustragout mit Thymianstängeln und nach Belieben mit der gebratenen Entenhaut garniert servieren.

Beilage: In Olivenöl und Gemüsebrühe gegarte Fenchelknollen und Salzkartoffeln.

Erbseneintopf | Preiswert

8 Portionen

Pro Portion:
E: 26 g, F: 28 g, Kh: 32 g, kJ: 2034, kcal: 486

4 Dosen grüne Erbsen (Abtropfgewicht je 560 g)
300 ml Gemüsebrühe
Salz
frisch gemahlener Pfeffer
gerebelter Majoran
400 g Zuckerschoten
600 g ungebrühte Kalbsbratwurst oder ungebrühte Bratwurst
Salzwasser
2 Becher (je 150 g) Crème fraîche
1 EL rote Pfefferbeeren
1 Bund Schnittlauch

Zubereitungszeit: 40 Min.
Garzeit: etwa 15 Min.

1. 2 Dosen Erbsen in einem Sieb abtropfen lassen. Restliche Erbsen mit Flüssigkeit und die abgetropften Erbsen mit einem Mixstab pürieren.

2. Erbsenpüree in einen großen Topf geben. Brühe hinzugießen und unter Rühren zum Kochen bringen. Mit Salz, Pfeffer und Majoran abschmecken. Den Topf von der Kochstelle nehmen und beiseite stellen.

3. Von den Zuckerschoten die Enden abschneiden, dabei evtl. die Fäden an den Längsseiten mit entfernen. Schoten waschen, abtropfen lassen und halbieren.

4. Die Zuckerschotenhälften zum beiseite gestellten Erbsenpüree geben, unter Rühren zum Kochen bringen und etwa 10 Minuten unter Rühren kochen lassen.

5. Kalbs- oder Bratwurstbrät aus der Hülle herausdrücken und in eine Schüssel geben. Aus der Masse mit angefeuchteten Händen kleine Klößchen formen. Salzwasser in einem Topf zum Kochen bringen. Die Klößchen hineingeben und etwa 5 Minuten gar ziehen lassen, bis sie an der Oberfläche schwimmen.

6. Klößchen mit der Schaumkelle herausnehmen und in den Erbseneintopf geben. Crème fraîche und Pfefferbeeren unterrühren.

7. Schnittlauch abspülen, trockentupfen und in Röllchen schneiden. Den Erbseneintopf mit Schnittlauchröllchen bestreut servieren.

Erdbeer-Sekt-Dessert | Mit Alkohol

12 Portionen

Pro Portion:
E: 2 g, F: 18 g, Kh: 22 g, kJ: 1291, kcal: 308

1 Flasche	*halbtrockener Sekt (0,75 l)*
2 Pck.	*Dr. Oetker Gala Sahne-Pudding-Pulver*
6 EL	*Zucker*
750 g	*frische Erdbeeren*
2 EL	*Zucker*
500 g	*Mascarpone (italienischer Frischkäse)*
	nach Belieben
12	*Schokogebäckstäbchen*

Zubereitungszeit: 50 Min., ohne Kühlzeit

1. Vom Sekt 100 ml abnehmen und damit beide Päckchen Pudding-Pulver und den Zucker anrühren. Restlichen Sekt zum Kochen bringen. Topf von der Kochstelle nehmen, das angerührte Pudding-Pulver hineingeben und unter Rühren kurz aufkochen.

2. Den Sektpudding sofort in eine Schüssel geben und mit Frischhaltefolie zudecken, damit sich keine Haut bildet. Den Pudding erkalten lassen.

3. Erdbeeren waschen, abtropfen lassen und entstielen. Ein Drittel der Erdbeeren mit Zucker pürieren, restliche Erdbeeren vierteln.

4. Pudding und Mascarpone mit Handrührgerät mit Rührbesen zu einer Creme verrühren. Erdbeerpüree auf 12 Sektgläser verteilen. Gut die Hälfte der Sektcreme in einen Spritzbeutel mit großer Lochtülle füllen, vorsichtig auf das Erdbeerpüree spritzen.

5. Erdbeerviertel (12 zum Garnieren zurücklassen) auf die Creme in den Gläsern legen, restliche Sektcreme mit dem Spritzbeutel darauf verteilen und bis zum Servieren kalt stellen.

6. Vor dem Servieren die Gläser mit den zurückgelassenen Erdbeervierteln und nach Belieben mit Schokogebäckstäbchen garnieren.

Erdbeer-Tiramisu | Mit Alkohol

12 Portionen

Pro Portion:
E: 6 g, F: 26 g, Kh: 47 g, kJ: 2056, kcal: 490

500 g	*Cantuccini (italienisches Mandelgebäck)*
150 ml	*frisch gepresster Orangensaft*
150 ml	*Orangenlikör*
500 g	*Erdbeeren*
50 g	*gesiebter Puderzucker*
3–4 Becher (je 250 ml)	*Schlagsahne*
450 g	*Naturjoghurt*
2 Becher (je 125 g)	*Crème double*

Zubereitungszeit: 40 Min.

1. Cantuccini in eine große Auflaufform legen. Orangensaft und -likör mischen und die Cantuccini damit beträufeln.

2. Erdbeeren waschen, putzen und gut trockentupfen. Die Erdbeeren halbieren und mit der Schnittfläche nach unten auf die Cantuccini legen. Mit Puderzucker bestreuen.

3. Sahne steif schlagen, Joghurt und Crème double unterrühren, die Masse auf die Erdbeeren streichen und etwa 3 Stunden kühl stellen.

Tipp: Nach Belieben das Tiramisu vor dem Servieren mit Kakao bestäuben. Statt Orangenlikör kann auch Orangensaft genommen werden. Wer die Tiramisu am Vortag schon zubereiten möchte, sollte 4 Blatt weiße Gelatine (nach Packungsanleitung verarbeitet) unter die Joghurtmasse geben.

Falsches Filet in dunkler Biersauce | Einfach

10–12 Portionen

Pro Portion:
E: 35 g, F: 18 g, Kh: 22 g, kJ: 1676, kcal: 399

1,8 kg	*Falsches Filet vom Rind*
	Salz
	frisch gemahlener Pfeffer
2 EL	*Senf*
4 EL	*Pflanzenöl, z. B. Rapsöl*
500 ml (½ l)	*Malzbier*
400 ml	*Rinderbrühe*
5	*Möhren (etwa 500 g)*
1	*Knollensellerie (etwa 500 g)*
1 kg	*fest kochende Kartoffeln*
4 Bund	*Frühlingszwiebeln (etwa 500 g)*
2 EL	*Tomatenmark*
einige	*Petersilienblättchen zum Garnieren*

Zubereitungszeit: 65 Min.
Garzeit: etwa 2 ½ Std.

1. Das Fleisch unter fließendem kalten Wasser abspülen und trockentupfen, mit Salz und Pfeffer würzen. Fleisch von allen Seiten mit Senf bestreichen.

2. Pflanzenöl in einem großen Bräter erhitzen, das Fleisch von allen Seiten darin gut anbraten. Etwas Bier und etwas von der Brühe hinzugießen. Den Bräter auf dem Rost in den Backofen schieben.

Ober-/Unterhitze: etwa 180 °C (nicht vorgeheizt)
Heißluft: etwa 160 °C (nicht vorgeheizt)
Gas: Stufe 2–3 (nicht vorgeheizt)
Garzeit: etwa 2 ½ Stunden.

3. Das Fleisch zwischendurch mit der Bratflüssigkeit begießen. Restliches Bier und Brühe nach und nach hinzugießen.

4. Möhren und Knollensellerie putzen, schälen, waschen, abtropfen lassen. Kartoffeln schälen, abspülen und abtropfen lassen. Möhren, Knollensellerie und Kartoffeln in Würfel schneiden. Frühlingszwiebeln putzen, waschen, abtropfen lassen und in etwa 5 cm lange Stücke schneiden. Vorbereitetes Gemüse nach etwa 50 Minuten Garzeit zum Rindfleisch geben. Tomatenmark hinzufügen, mit Salz und Pfeffer würzen. Gemüse ab und zu umrühren.

5. Petersilienblättchen abspülen, trockentupfen. Das Gemüse damit garnieren. Fleisch in Scheiben schneiden.

Beilage: Hierzu passen ein kräftiges Bauernbrot, Semmelklöße oder Serviettenknödel.

Farfalle-Salat mit Zitronenhähnchen | Schnell

8 Portionen

Pro Portion:
E: 26 g, F: 7 g, Kh: 41 g, kJ: 1416, kcal: 338

600 g Hähnchenbrustfilet
2 Knoblauchzehen
2 EL Zitronensaft
2 EL Sojasauce
frisch gemahlener Pfeffer
frischer Thymian
etwas abgeriebene Schale von
1 Bio-Zitrone (unbehandelt, ungewachst)
3 EL Speiseöl

3 l Wasser
3 gestr. TL Salz
400 g Farfalle-Nudeln (Schmetterlingsnudeln)

300 g Kohlrabi
300 g Zuckerschoten
2 EL Speiseöl

Zubereitungszeit: 40 Min., ohne Marinierzeit

1. Hähnchenbrustfilets unter fließendem kalten Wasser abspülen, trockentupfen, in Würfel schneiden und in eine flache Schale legen. Knoblauch abziehen und durch eine Knoblauchpresse drücken.

2. Zitronensaft mit Sojasauce, Knoblauch, Pfeffer, Thymian und Zitronenschale verrühren. Speiseöl unterschlagen. Die Fleischwürfel mit der Marinade übergießen und etwa 1 Stunde durchziehen lassen.

3. Wasser in einem großen Topf mit geschlossenem Deckel zum Kochen bringen. Dann Salz und Nudeln zugeben. Die Nudeln im geöffneten Topf bei mittlerer Hitze nach Packungsanleitung kochen lassen, dabei 4–5-mal umrühren.

4. Anschließend die Nudeln in ein Sieb geben, mit heißem Wasser abspülen und abtropfen lassen.

5. Kohlrabi putzen, schälen und in Rauten oder in kleine Scheiben schneiden. Zuckerschoten putzen und die Enden abschneiden. Zuckerschoten waschen, abtropfen lassen und halbieren. Kohlrabi und Zuckerschoten in kochendem Salzwasser 2–3 Minuten garen, in ein Sieb geben, mit kaltem Wasser übergießen und abtropfen lassen.

6. Fleischwürfel aus der Marinade nehmen und gut abtropfen lassen. Speiseöl in einer Pfanne erhitzen. Fleischwürfel von allen Seiten darin anbraten, herausnehmen und beiseite stellen.

7. Restliche Marinade zum Bratensatz geben, unter Rühren aufkochen lassen, mit Salz und Pfeffer abschmecken.

8. Nudeln, Kohlrabirauten oder -scheiben und Zuckerschoten in eine große Schüssel geben und mit der Sauce gut vermischen. Salat kurz durchziehen lassen.

Farfalle-Schichtsalat | Vegetarisch

12 Portionen

Pro Portion:
E: 14 g, F: 13 g, Kh: 37 g, kJ: 1356, kcal: 324

	Salzwasser
500 g	*bunte Farfalle (Schmetterlingsnudeln)*
300 ml	*Wasser*
1 TL	*Salz*
750 g	*TK-Romanesco-Mix-Gemüse*
600 g	*Tomaten*
250 g	*Schafkäse*
1	*Zwiebel*
2–3	*Knoblauchzehen*
500 g	*Naturjoghurt*
200 g	*Kräuter-Frischkäse*
1 Becher (125 g)	*Kräuter-Crème-fraîche*
1 EL	*frisches gehacktes Basilikum*
	frisch gemahlener Pfeffer

Zum Bestreuen:

einige	*Basilikumblätter*

Zubereitungszeit: 60 Min., ohne Abkühlzeit

1. Salzwasser in einem Topf zum Kochen bringen. Die Nudeln darin nach Packungsanleitung bissfest kochen, dann in ein Sieb geben, mit kaltem Wasser abschrecken, abtropfen und erkalten lassen.

2. 300 ml Wasser mit Salz zum Kochen bringen und das TK-Gemüse darin etwa 5 Minuten garen. Anschließend das Gemüse in ein Sieb geben, abtropfen und erkalten lassen.

3. Tomaten waschen, abtrocknen und in Scheiben schneiden, dabei die Stängelansätze herausschneiden. Schafkäse würfeln. Zwiebel und Knoblauch abziehen, in feine Würfel schneiden.

4. Joghurt, Frischkäse, Kräuter-Crème-fraîche und Basilikum verrühren. Zwiebel- und Knoblauchwürfel unterrühren. Sauce mit Pfeffer abschmecken.

5. Salatzutaten in einer großen, hohen Glasschüssel einschichten, dazu der Reihe nach ein Drittel Nudeln, Gemüse, Tomaten, Schafkäse und Sauce einschichten. Diese Schichtung noch zweimal wiederholen.

6. Den Salat mit Basilikumblättern bestreuen, bis zum Servieren kalt stellen.

Farmerkartoffeln | Schnell

12 Portionen

Pro Portion:
E: 12 g, F: 13 g, Kh: 30 g, kJ: 1202, kcal: 287

12	*große fest kochende Kartoffeln*
	Salz
	frisch gemahlener Pfeffer
6 EL	*Olivenöl*
200 g	*geriebener Käse, z. B. Emmentaler-Käse*
1 TL	*Paprikapulver edelsüß*
24 dünne Scheiben	*Frühstücksspeck (Bacon)*
1 EL	*Kümmelsamen*
½ Bund	*Petersilie*

Zubereitungszeit: 25 Min.
Garzeit: etwa 45 Min.

1. Kartoffeln gründlich waschen, evtl. bürsten, abtropfen lassen und längs vierteln.

2. Die Kartoffelviertel auf ein Backblech (gefettet) legen, mit Salz und Pfeffer würzen und mit Öl beträufeln. Das Backblech in den Backofen schieben.

Ober-/Unterhitze: etwa 200 °C (vorgeheizt)
Heißluft: etwa 180 °C (nicht vorgeheizt)
Gas: Stufe 3–4 (nicht vorgeheizt)
Garzeit: etwa 45 Minuten.

3. In der Zwischenzeit Käse und Paprika vermischen. Baconscheiben der Länge nach teilen.

4. Etwa 15 Minuten vor Beendigung der Garzeit die Käse-Paprika-Mischung auf die Kartoffeln geben. Die Baconscheiben auf die Kartoffelspalten legen und mit Kümmel bestreuen. Die Kartoffeln fertig garen.

5. Petersilie abspülen, trockentupfen und die Stängel etwas kleiner zupfen. Kartoffeln mit der Petersilie garnieren.

Tipp: Die Farmerkartoffeln zu gegrilltem Fleisch mit verschiedenen Dips servieren.

Fenchel auf Möhren-Orangen-Salat | Vegetarisch

12 Portionen

Pro Portion:
E: 4 g, F: 19 g, Kh: 20 g, kJ: 1146, kcal: 274

12 kleine Fenchelknollen (etwa 1,2 kg)
10 dicke Möhren (etwa 1 kg)
Salzwasser
12 Orangen
4 EL Olivenöl
Salz
frisch gemahlener Pfeffer

Für das Dressing:
8 EL milder Apfelessig
Salz
frisch gemahlener Pfeffer
etwas Zucker
150 ml Olivenöl

Zum Bestreuen:
4 EL Pinienkerne

Zubereitungszeit: 60 Min.

1. Die Fenchelknollen putzen, waschen, abtropfen lassen und achteln. Die Möhren putzen, schälen, abspülen und abtropfen lassen.

2. Salzwasser zum Kochen bringen, Fenchel und Möhren darin etwa 8 Minuten kochen lassen, mit kaltem Wasser abschrecken und gut abtropfen lassen.

3. Orangen mit einem Messer so schälen, dass die weiße Haut vollständig entfernt wird. Orangen halbieren oder vierteln und in Scheiben schneiden. Möhren in Scheiben schneiden.

4. Öl in einer großen Pfanne erhitzen. Fenchel darin leicht anbraten und mit Salz und Pfeffer würzen.

5. Für das Dressing Essig, Salz, Pfeffer und Zucker verrühren. Öl unterschlagen. Möhren und Orangen mit dem Dressing vermischen, kurz durchziehen lassen und dann auf einer Platte anrichten.

6. Pinienkerne in einer Pfanne ohne Fett anrösten. Fenchel auf dem Möhren-Orangen-Salat verteilen und mit Pinienkernen bestreuen.

Fenchelgratin à la santé | Vegetarisch

12 Portionen

Pro Portion:
E: 17 g, F: 20 g, Kh: 9 g, kJ: 1226, kcal: 293

8 Fenchelknollen (etwa 2,4 kg)
Salzwasser
1 Gemüsezwiebel (etwa 450 g)
4 Knoblauchzehen
6 große Fleischtomaten (etwa 900 g)
600 g Schafkäse, z. B. Feta-Käse
6 EL Olivenöl
400 ml Gemüsebrühe oder -fond
Salz
frisch gemahlener Pfeffer
200 g geriebener Parmesan-Käse

Zubereitungszeit: 60 Min.
Garzeit: etwa 15 Min.

1. Von den Fenchelknollen die Stiele dicht oberhalb der Knollen abschneiden. Braune Stellen und Blätter entfernen. Die Wurzelenden abschneiden. Die Knollen halbieren, waschen, abtropfen lassen und nach Belieben in Spalten schneiden. Fenchelspalten in kochendem Salzwasser etwa 10 Minuten garen, in ein Sieb geben und abtropfen lassen.

2. Gemüsezwiebel und Knoblauch abziehen und in kleine Würfel schneiden. Tomaten waschen, abtrocknen, halbieren, Stängelansätze herausschneiden und die Kerne entfernen. Tomatenhälften in Würfel schneiden. Schafkäse mit einer Gabel zerbröseln.

3. Öl in einem großen Bräter erhitzen. Zunächst Zwiebel- und Knoblauchwürfel darin andünsten. Fenchelspalten hinzugeben. Gemüsebrühe oder -fond hinzugießen, mit Salz und Pfeffer würzen. Tomatenwürfel und Feta-Käse darauf verteilen.

4. Parmesan-Käse darüber streuen. Den Bräter auf dem Rost in den Backofen schieben.

Ober-/Unterhitze: etwa 220 °C (vorgeheizt)
Heißluft: etwa 200 °C (vorgeheizt)
Gas: Stufe 4–5 (vorgeheizt)
Garzeit: etwa 15 Minuten.

5. Nach der Garzeit den Backofen auf Oberhitze 250 °C stellen und das Gratin etwa 5 Minuten überbacken.

Feuerbohnentopf | Gut vorzubereiten

12 Portionen

Pro Portion:
E: 28 g, F: 32 g, Kh: 27 g, kJ: 2274, kcal: 542

7 EL	*Speiseöl*
1,2 kg	*Hackfleisch (halb Rind-, halb Schweinefleisch)*
4	*große Zwiebeln*
2	*gelbe Paprikaschoten*
2	*rote Paprikaschoten*
1	*grüne Paprikaschote*
5 EL	*Tomatenmark*
750 ml (¾ l)	*Gemüsebrühe*
2 Dosen (je 255 g)	*rote Bohnen*
1 Dose (425 g)	*Gemüsemais*
300 ml	*Chilisauce*
	Salz
	frisch gemahlener Pfeffer

Zubereitungszeit: 45 Min.

1. Das Öl in einem großen Topf erhitzen. Das Hackfleisch darin anbraten. Zwiebeln abziehen, fein würfeln. Paprikaschoten halbieren, entstielen, entkernen, die weißen Scheidewände entfernen, die Schoten waschen und in Streifen schneiden.

2. Zwiebelwürfel und Paprikastreifen hinzufügen, etwa 10 Minuten schmoren lassen, dabei öfter umrühren. Das Tomatenmark hinzufügen, umrühren und Gemüsebrühe dazugeben.

3. Zum Kochen bringen und etwa 10 Minuten garen. Die Bohnen abtropfen lassen. Zusammen mit dem Mais und der Chilisauce zu der Suppe geben. Aufkochen lassen und mit Salz und Pfeffer abschmecken.

Beilage: Stangenweißbrot.

Feuertopf, scharf-süß | Raffiniert

12 Portionen

Pro Portion:
E: 28 g, F: 24 g, Kh: 13 g, kJ: 1710, kcal: 408

1½ kg	*Schnitzelfleisch*
7 EL	*Speiseöl*
3	*rote Paprikaschoten*
2	*grüne Paprikaschoten*
1 Glas (190 g)	*Silberzwiebeln*
2 Gläser (je 170 g)	*Champignons*
1 Dose (560 g)	*Ananasstücke, mit Saft*
200 ml	*Chilisauce*
2 TL	*Paprikapulver edelsüß*
4 EL	*Tomatenmark*
250 ml (¼ l)	*Wasser oder Gemüsebrühe*
2 Spritzer	*Tabasco*
etwas	*Cayennepfeffer*
	Salz
	frisch gemahlener Pfeffer
1 Prise	*Zucker*
2 Becher (je 150 g)	*saure Sahne*

Zubereitungszeit: 40 Min.

1. Fleisch unter fließendem kalten Wasser abspülen, trockentupfen und in Streifen schneiden.

2. Speiseöl in einem großen Topf erhitzen, das Fleisch darin portionsweise anbraten.

3. Paprikaschoten halbieren, entstielen, entkernen, die weißen Scheidewände entfernen, die Schoten waschen und in Streifen schneiden. Paprikastreifen hinzugeben und etwa 10 Minuten mitschmoren.

4. Silberzwiebeln und Champignons abtropfen lassen und zu dem Fleisch geben.

5. Ananasstücke mit Saft, Chilisauce, Paprika, Tomatenmark und Wasser oder Gemüsebrühe hinzugeben, zum Kochen bringen und alles etwa 15 Minuten schmoren.

6. Mit Tabasco und Cayennepfeffer würzen, mit Salz, Pfeffer und etwas Zucker abschmecken. Zum Schluss die saure Sahne unterrühren.

Beilage:
Dazu Reis oder frisches Stangenweißbrot reichen.

Filetduo | Raffiniert

8–10 Portionen

Pro Portion:
E: 33 g, F: 13 g, Kh: 8 g, kJ: 1199, kcal: 286

Für das Schweinefilet:
- 2 *Schweinefilets (je etwa 600 g)*
- *frisch gemahlener Pfeffer*
- 4 EL *Speiseöl*
- *Salz*
- 8 Scheiben *Frühstücksspeck (Bacon)*

Für die Bröselkruste:
- 60 g *Semmelbrösel*
- 1 *Eigelb (Größe M)*
- 50 g *weiche Butter*
- 3 geh. TL *mittelscharfer Senf*
- 1 Pck. *TK-Kräuter-Mischung (25 g)*

Für die Sauce:
- 125 ml (⅛ l) *Wasser*
- 100 ml *Balsamico-Essig*
- 2–3 EL *Instant-Brühe*
- 4 EL *Sojasauce*
- 1 geh. TL *Zucker*
- *Paprikapulver edelsüß*
- *frisch gemahlener Pfeffer*
- 2 TL *Speisestärke*
- etwas *kaltes Wasser*

Zubereitungszeit: 60 Min.
Gesamtgarzeit: etwa 35 Min.

1. Schweinefilets unter fließendem kalten Wasser abspülen, trockentupfen, evtl. Sehnen oder Haut entfernen und das Fleisch mit Pfeffer würzen. Öl in einer Pfanne erhitzen. Die Filets darin rundherum anbraten und mit Salz bestreuen. Die Filets nebeneinander in einen Bräter (gefettet) legen. Speckscheiben auf den Filets verteilen.

2. Für die Kruste Semmelbrösel mit Eigelb, Butter, Senf und Kräutern verrühren und mit Salz und Pfeffer würzen. Die Masse auf den Speckscheiben verteilen und etwas andrücken.

3. Den Bräter ohne Deckel auf dem Rost in den Backofen schieben.

Ober-/Unterhitze: 200–220 °C (vorgeheizt)
Heißluft: 180–200 °C (vorgeheizt)
Gas: etwa Stufe 4 (vorgeheizt)
Garzeit: etwa 10 Minuten.

4. In der Zwischenzeit für die Sauce Wasser mit Essig, Instant-Brühe, Sojasauce, Zucker, Paprikapulver und Pfeffer in einem kleinen Topf verrühren und zum Kochen bringen.

5. Nach der Garzeit die Sauce in den Bräter geben. Den Bräter zurück in den Backofen schieben und das Fleisch noch weitere 25 Minuten garen.

6. Das Fleisch vorsichtig aus dem Bräter nehmen und etwa 10 Minuten zugedeckt ruhen lassen. Die Sauce, evtl. wieder in einen Topf gießen, etwas einkochen lassen. Speisestärke mit Wasser anrühren und die Sauce damit binden. Sauce nochmals mit den Gewürzen abschmecken.

7. Das Fleisch dann in Scheiben schneiden und mit der Sauce servieren.

Beilage: Angebratene Schupfnudeln (etwa 4 Packungen zu je 250 g, aus dem Kühlregal).

Filettopf | Etwas teurer

12 Portionen

Pro Portion:
E: 38 g, F: 74 g, Kh: 5 g, kJ: 3639, kcal: 869

4	*Schweinefilets (je 400 g)*
2 geh. EL	*milder Senf*
24 Scheiben	*geräucherter Schinkenspeck*
3 kleine Gläser	*kleine Champignons (je 170 g Abtropfgewicht)*
	Salz
	frisch gemahlener Pfeffer
je 1 TL	*Majoran, Dillspitzen und gehackte Petersilie*

Für die Sauce:

1200 ml	*Schlagsahne*
4 gestr. EL	*Paprikapulver*
4 gestr. TL	*Currypulver*

Zubereitungszeit: 95 Min.

1. Schweinefilets unter fließendem kalten Wasser abspülen, trockentupfen und jedes Filet in 6 Scheiben schneiden, so dass 24 Medaillons entstehen.

2. Jedes Medaillon mit Senf bestreichen und mit je 1 Scheibe Schinkenspeck umwickeln. Die Fleischstücke nicht zu nah aneinander in eine große Auflaufform oder einen Bräter legen.

3. Champignons auf einem Sieb abtropfen lassen, dann die Zwischenräume der Medaillons damit ausfüllen. Das Ganze mit Salz, Pfeffer, Majoran, Dillspitzen und Petersilie bestreuen.

4. Für die Sauce Sahne mit Paprika und Curry verrühren und auf die Medaillons gießen. Die Form oder den Bräter zugedeckt auf dem Rost in den Backofen schieben.

Ober-/Unterhitze: etwa 180 °C (vorgeheizt)
Heißluft: etwa 160 °C (nicht vorgeheizt)
Gas: Stufe 2–3 (nicht vorgeheizt)
Backzeit: etwa 60 Minuten.

Fischeintopf, mediterraner I

Etwas teurer
8 Portionen

Pro Portion:
E: 27 g, F: 9 g, Kh: 9 g, kJ: 957, kcal: 228

300 g	*TK-Venusmuscheln*
300 g	*kleine TK-Tintenfische*
150 g	*TK-Shrimps*
400 g	*küchenfertige TK-Rotbarben*
2 Gläser	*Miesmuscheln (Abtropfgewicht je 120 g)*
3	*mittelgroße Zucchini (etwa 500 g)*
5	*Fleischtomaten*
6 EL	*Olivenöl*
1,2 l	*Fischfond oder Gemüsebrühe*
2 Pck.	*TK-Kräuter der Provence*
	Salz
	frisch gemahlener Pfeffer
4	*durchgedrückte Knoblauchzehen*
1 Bund	*Zitronenthymian*

Zubereitungszeit: 55 Min, ohne Auftauzeit
Garzeit: etwa 10 Min.

1. TK-Meeresfrüchte und -Fische nach Packungsanleitung auftauen lassen. Anschließend unter fließendem kalten Wasser abspülen und trockentupfen. Rotbarben in Stücke schneiden, dabei evtl. Gräten entfernen. Miesmuscheln in einem Sieb abtropfen lassen.

2. Zucchini waschen, abtrocknen und die Enden abschneiden. Zucchini längs halbieren und in dickere Scheiben schneiden.

3. Tomaten waschen, abtropfen lassen, kreuzweise einschneiden und kurz in kochendes Wasser legen, in kaltem Wasser abschrecken, enthäuten, Stängelansätze herausschneiden. Fruchtfleisch in Würfel schneiden.

4. Olivenöl in einem großen Topf erhitzen. Meeresfrüchte, Fischstücke und Muscheln portionsweise darin andünsten. Zucchinischeiben hinzufügen. Fischfond oder Gemüsebrühe hinzugießen. Knoblauch und Kräuter der Provence unterrühren. Mit Salz und Pfeffer würzen. Die Zutaten zum Kochen bringen und etwa 10 Minuten bei schwacher Hitze ziehen lassen. Tomatenwürfel unterrühren und mit erhitzen.

5. Thymian abspülen und trockentupfen. Den Fischeintopf mit Thymianzweigen garniert servieren.

Fischeintopf mit Pizzabrötchen

Etwas teurer

8 Portionen

Pro Portion:
E: 19 g, F: 10 g, Kh: 43 g, kJ: 1476, kcal: 352

Für die Pizzabrötchen:

1 Pck. (420 g) Grundmischung Pizzateig Italienische Art
1 Pck. Trockenhefe (ist in der Packung)
250 ml (¼ l) heißes Wasser

Für den Eintopf

800 g TK-Seelachs- oder Rotbarschfilet
400 g fest kochende Kartoffeln
400 g Möhren
1 Fenchelknolle (300–400 g)
4 Gläser (je 400 ml) Fischfond
Salz, Pfeffer

Für die Knoblauchmayonnaise:

2 Knoblauchzehen
200 g Mayonnaise

Zubereitungszeit: 90 Min., ohne Auftauzeit

1. Für die Pizzabrötchen aus Grundmischung, Hefe und Wasser nach Packungsanleitung einen Teig zubereiten, kleine Brötchen daraus formen und auf ein gefettetes Backblech legen. Das Backblech in den Backofen schieben.

Ober-/Unterhitze: 180–200 °C (vorgeheizt)
Heißluft: 160–180 °C (vorgeheizt)
Gas: etwa Stufe 3 (vorgeheizt)
Backzeit: 15–20 Minuten.

2. Die Brötchen auf einen Kuchenrost legen und erkalten lassen.

3. In der Zwischenzeit für den Eintopf Fischfilet auftauen lassen.

4. Kartoffeln waschen, schälen und abspülen. Möhren putzen, schälen und waschen. Von dem Fenchel die Stiele dicht oberhalb der Knolle abschneiden, braune Stellen und Blätter entfernen (etwas Fenchelgrün beiseite legen), die Wurzelenden gerade schneiden und die Knolle waschen. Die 3 Zutaten in kleine Würfel schneiden.

5. Fischfond in einen großen Topf geben und zum Kochen bringen. Kartoffel-, Möhren- und Fenchelwürfel hinzufügen und alles etwa 30 Minuten bei schwacher Hitze kochen lassen.

6. In der Zwischenzeit Fischfilet unter fließendem kalten Wasser abspülen, trockentupfen und in mundgerechte Stücke schneiden. Die Fischstücke in die Suppe geben und etwa 10 Minuten darin gar ziehen lassen.

7. Das zurückgelegte Fenchelgrün kalt abspülen, trockentupfen und evtl. etwas zerkleinern. Den Eintopf mit Salz und Pfeffer würzen und mit dem Fenchelgrün bestreuen.

8. Für die Knoblauchmayonnaise Knoblauch abziehen, fein hacken und mit der Mayonnaise verrühren.

9. Pizzabrötchen und Knoblauchmayonnaise zu dem Fischeintopf servieren.

Fischgulasch mit Sauerkraut | Preiswert

8–10 Portionen

Pro Portion:
E: 28 g, F: 10 g, Kh: 11 g, kJ: 1059, kcal: 254

4	*Zwiebeln*
2–3	*Knoblauchzehen*
60 g	*durchwachsener Speck*
6 EL	*Speiseöl, z. B. Olivenöl*
1 kg	*Sauerkraut*
2 kleine Dosen	*Tomatenmark (je etwa 70 g)*
2	*Lorbeerblätter*
1,5 l	*heiße Gemüsebrühe*
	Salz
	frisch gemahlener Pfeffer
1–2 TL	*Paprikapulver edelsüß*
3 EL	*Zucker*
1 Dose	*Tomatenstücke (400 g)*
1,2 kg	*Fischfilet, z. B. Kabeljau*

Zubereitungszeit: 40 Min.

Garzeit: etwa 30 Min.

1. Zwiebeln und Knoblauch abziehen, fein würfeln. Speck fein würfeln. Öl in einem großen Topf erhitzen. Zwiebel-, Knoblauch- und Speckwürfel darin etwa 5 Minuten anbraten.

2. Sauerkraut mit einer Gabel locker zupfen, mit in den Topf geben und andünsten. Tomatenmark unterrühren. Lorbeerblätter hinzufügen.

3. Brühe hinzugießen, zum Kochen bringen, mit Salz, Pfeffer, Paprikapulver und Zucker würzen. Zutaten zugedeckt 20–25 Minuten garen. Tomatenstücke mit der Flüssigkeit hinzufügen. Das Ganze einmal aufkochen lassen.

4. Fischfilet unter fließendem kalten Wasser abspülen, trockentupfen und mit Salz und Pfeffer bestreuen. Fischfilet in etwa 2 cm große Würfel schneiden, auf dem Sauerkraut verteilen und zugedeckt in 5–8 Minuten gar ziehen lassen. Lorbeerblätter entfernen und das Fischgulasch nochmals mit den Gewürzen abschmecken.

Fisch mit Kruste | Einfach

12 Portionen

Pro Portion:
E: 33 g, F: 16 g, Kh: 6 g, kJ: 1265, kcal: 302

- *3 mittelgroße Zwiebeln*
- *12 Fischfilets, z. B. Rotbarsch oder Zander (je 150 g)*
- *Salz*
- *frisch gemahlener Pfeffer*
- *125 g weiche Butter*
- *2 EL körniger Senf*
- *2 EL scharfer Senf*
- *125 g geriebener Käse, z. B. Emmentaler-Käse*
- *80 g Semmelbrösel*
- *3 EL gemischte gehackte Kräuter, z. B. Dill, Petersilie, Schnittlauch*

Zubereitungszeit: 45 Min.
Garzeit: 20–30 Min.

1. Zwiebeln abziehen und fein würfeln. Fischfilets unter fließendem kalten Wasser abspülen, trockentupfen, mit Salz und Pfeffer bestreuen und auf ein Backblech (gefettet) legen.

2. Butter mit beiden Senfsorten, Käse, Zwiebeln, Semmelbröseln und Kräutern zu einer Paste verrühren.

3. Die Paste auf die Filets streichen. Backblech in den Backofen schieben.

Ober-/Unterhitze: etwa 180 °C (vorgeheizt)
Heißluft: etwa 160 °C (vorgeheizt)
Gas: Stufe 2–3 (vorgeheizt)
Garzeit: 20–30 Minuten.

Beilage: Gemischter Salat und Baguette.

Fladenbrotpizza, Türkische I

Einfach

8 Portionen (2 Backbleche)

Pro Portion:
E: 19 g, F: 23 g, Kh: 48 g, kJ: 2061, kcal: 481

Für die Sauce:

2	*Zwiebeln*
2	*Knoblauchzehen*
4 EL	*Olivenöl*
2 Dosen (je 400 g)	*stückige Tomaten*
	Salz
	frisch gemahlener Pfeffer
	gerebelter Oregano

Für den Belag:

je 200 g	*marinierte Zucchini und Auberginen (vom Türken)*
50 g	*getrocknete Tomaten in Öl*
6–8	*mittelgroße Tomaten*
200 g	*Schafkäse*
250 g	*Mozzarella*
je 75 g	*schwarze und grüne Oliven ohne Stein*
1	*großes ovales Fladenbrot (600–800 g)*

Zubereitungszeit: 45 Min.

1. Für die Sauce Zwiebeln und Knoblauch abziehen und würfeln. Öl in einem Topf erhitzen und Zwiebel- und Knoblauchwürfel darin andünsten. Tomaten hinzufügen, mit Salz, Pfeffer und Oregano kräftig würzen und etwa 20 Minuten einkochen lassen, dabei gelegentlich umrühren.

2. In der Zwischenzeit für den Belag Zucchini und Auberginen etwas abtropfen lassen und nach Belieben in Stücke schneiden. Getrocknete Tomaten abtropfen lassen und würfeln.

3. Tomaten waschen, abtrocknen, die Stängelansätze herausschneiden und Tomaten in Scheiben schneiden. Schafkäse in Würfel, Mozzarella in Scheiben schneiden.

4. Das Fladenbrot erst senkrecht, dann die beiden Stücke waagerecht halbieren, so dass 4 Stücke entstehen. Jeweils 2 Stücke mit der Schnittfläche nach oben auf ein Backblech legen.

5. Die Tomatensauce auf den Brotstücken verteilen. Die vorbereiteten Zutaten (bis auf den Mozzarella) und die Oliven darauf verteilen und mit den Mozzarellascheiben belegen. Die Backbleche nacheinander (bei Heißluft zusammen) in den Backofen schieben.

Ober-/Unterhitze: etwa 200 °C (vorgeheizt)
Heißluft: etwa 180 °C (vorgeheizt)
Gas: Stufe 3–4 (vorgeheizt)
Backzeit: etwa 25 Minuten je Blech.

Abwandlung: Sie können das Fladenbrot auch folgendermaßen belegen: 500 g türkische Spitzpaprika entstielen, entkernen, die weißen Scheidewände entfernen, die Schoten waschen, trockentupfen und in Ringe schneiden. 3 türkische Knoblauchwürste (Suçuk, je etwa 90 g) pellen und würfeln. 400 g Schafkäse zerbröckeln. 2 Packungen (je 370 g) Tomatenstückchen mit Oregano auf den Fladenbrotstücken verteilen. Die vorbereiteten Zutaten darauf verteilen. Die Backbleche nacheinander (bei Heißluft zusammen) in den Backofen schieben und die Pizzen wie oben im Rezept angegeben backen.

Fleisch-Reis-Bällchen mit Gemüse | Raffiniert

8–10 Portionen

Pro Portion:
E: 26 g, F: 28 g, Kh: 38 g, kJ: 2135, kcal: 510

etwa 800 ml	*Salzwasser*
400 g	*Langkornreis*
500 g	*ungebrühte Bratwurst*
500 g	*Hähnchenbrustfilet (vom Metzger durch den Fleischwolf drehen lassen oder sehr klein schneiden)*
1	*Ei (Größe M)*
	Salz, frisch gemahlener Pfeffer
1 kleiner Kopf	*Romanesco (etwa 500 g) oder 1 Kopf Brokkoli (etwa 500 g)*
1 kleiner Kopf	*Blumenkohl (etwa 500 g)*
	Salzwasser
2	*dicke Möhren (etwa 200 g)*
1 Bund	*glatte Petersilie*
4 EL	*Olivenöl*
400 ml	*Fleischbrühe*
200 ml	*Schlagsahne*

Zubereitungszeit: 65 Min.
Garzeit: etwa 40 Min.

1. Salzwasser zum Kochen bringen, Reis hinzufügen und nach Packungsanleitung in etwa 15 Minuten ausquellen lassen. Den garen Reis in ein Sieb geben, mit kaltem Wasser übergießen und abtropfen lassen.

2. Wurstbrät aus der Hülle drücken und mit Geflügelhackfleisch, Reis und Ei in einer Schüssel gut vermengen, mit Salz und Pfeffer würzen. Aus der Masse mit angefeuchteten Händen kleine Bällchen formen.

3. Von dem Romanesco oder Brokkoli und Blumenkohl die Blätter und Strünke entfernen. Romanesco oder Brokkoli und Blumenkohl waschen, abtropfen lassen und in kleine Röschen teilen.

4. Salzwasser zum Kochen bringen und die Röschen darin 5–7 Minuten garen. Anschließend in ein Sieb geben, mit kaltem Wasser übergießen und abtropfen lassen.

5. Möhren putzen, schälen, waschen, abtropfen lassen und in dünne Scheiben schneiden. Petersilie abspülen und trockentupfen. Die Blättchen von den Stängeln zupfen. Blättchen fein hacken.

6. Öl in einem Bräter erhitzen. Fleisch-Reis-Bällchen darin in 2 Portionen rundherum gut anbraten. Romanesco- oder Brokkoli- und Blumenkohlröschen sowie Möhrenscheiben hinzugeben. Brühe und Sahne hinzugießen. Die Zutaten zum Kochen bringen und zugedeckt bei schwacher Hitze etwa 10 Minuten garen. Petersilie unterrühren, mit Salz und Pfeffer abschmecken.

Tipp: Wer lieber eine gebundene Sauce mag, kann diese mit Kartoffelpüreepulver andicken.

Fleischröllchen mit Schinken-Salbei-Füllung | Mit Alkohol

12 Portionen

Pro Portion:
E: 51 g, F: 35 g, Kh: 7 g, kJ: 2301, kcal: 549

24	*dünne Schweineschnitzel (je etwa 80 g) vom ausgelösten Kotelettstück*
1 Topf	*Salbei*
1 Topf	*Thymian*
24 dünne Scheiben	*Schinkenspeck*
24 dünne Scheiben	*mittelalter Gouda (in Größe der Schnitzel)*
3 EL	*Rapsöl*

Außerdem:

24	*Holzstäbchen*

Für die Sauce:

2 Dosen	*passierte Tomaten (je 800 g)*
250 g	*Crème fraîche*
125 ml (⅛ l)	*trockener Rotwein*
3 EL	*Tomatenmark*
2 EL	*Weizenmehl*
	Salz
	frisch gemahlener Pfeffer

Zubereitungszeit: 40 Min.
Garzeit: etwa 45 Min.

1. Schnitzel unter fließendem kalten Wasser abspülen, trockentupfen, nebeneinander legen und etwas flach drücken. Salbei und Thymian abspülen und trockentupfen. Die Blättchen von den Stängeln zupfen. Etwa die Hälfte der Kräuterblättchen für die Sauce beiseite legen.

2. Jedes Schnitzel mit einer Scheibe Schinkenspeck und Käse belegen. Die Blättchen mischen und darauf verteilen. Die Schnitzel von der schmalen Seite her aufrollen und mit Holzspießchen feststecken.

3. Einen großen, flachen Bräter mit dem Öl ausstreichen. Den Bräter auf dem Rost in den vorgeheizten Backofen schieben und etwa 5 Minuten erhitzen.

4. Die Fleischröllchen in den heißen Bräter legen. Den Bräter wieder auf dem Rost in den Backofen schieben. Dabei die Fleischröllchen nach etwa der Hälfte der Zeit wenden.

Ober-/Unterhitze: etwa 220 °C (vorgeheizt)
Heißluft: etwa 200 °C (vorgeheizt)
Gas: Stufe 4–5 (vorgeheizt)
Garzeit: etwa 25 Minuten.

5. Für die Sauce passierte Tomaten mit Crème fraîche, Rotwein, Tomatenmark, Mehl und beiseite gestellten Kräuterblättchen verrühren. Sauce mit Salz und Pfeffer würzen und über die Fleischröllchen gießen. Den Bräter wieder in den Backofen schieben und bei der oben angegebenen Backofeneinstellung weitere etwa 20 Minuten garen.

6. Die Sauce vor dem Servieren nochmals mit Salz und Pfeffer abschmecken.

Beilage: Grüne oder weiße Bandnudeln oder ein frischer grüner Blattsalat.

Tipp: Anstelle der Schweineschnitzel können auch Kalbs- oder Hähnchenschnitzel verwendet werden.

Fleischtopf mit Käse überbacken

Raffiniert

8–10 Portionen

Pro Portion:
E: 36 g, F: 30 g, Kh: 11 g, kJ: 1936, kcal: 462

1 kg	*Auberginen*
600 g	*Zucchini*
3	*Zwiebeln*
3	*Knoblauchzehen*
je 2	*grüne und rote Paprikaschoten*
250 g	*Champignons*
6	*Tomaten*
8 EL	*Olivenöl*
4 EL	*Tomatenmark*
250 ml (¼ l)	*Gemüsebrühe*
200 ml	*Schlagsahne*
	Salz
	frisch gemahlener Pfeffer
1–2 TL	*gerebelter Oregano*
1,2 kg	*Rinderfilet oder Roastbeef*
6 EL	*Olivenöl*
10 Scheiben	*Schmelzkäse*

Nach Belieben:

einige	*Zucchinischeiben*
	Petersilie

Zubereitungszeit: 70 Min.
Backzeit: etwa 15 Min.

1. Auberginen und Zucchini waschen, abtrocknen. Von den Auberginen die Stängelansätze und von den Zucchini die Enden abschneiden. Auberginen und Zucchini in Würfel schneiden. Zwiebeln und Knoblauch abziehen und in kleine Würfel schneiden.

2. Paprika halbieren, entstielen, entkernen und die weißen Scheidewände entfernen. Die Schoten waschen, abtropfen lassen und ebenfalls in Würfel schneiden. Champignons putzen, mit Küchenpapier abreiben, evtl. abspülen, trockentupfen und halbieren.

3. Tomaten waschen, kreuzweise einschneiden und einige Sekunden in kochendes Wasser legen. Tomaten mit kaltem Wasser abschrecken, enthäuten, halbieren, entkernen und Stängelansätze herausschneiden. Fruchtfleisch in kleine Stücke schneiden.

4. Olivenöl in einer großen Pfanne oder in einem Bräter erhitzen. Zwiebel- und Knoblauchwürfel darin glasig dünsten. Das vorbereitete Gemüse in 2–3 Portionen nacheinander hinzugeben und jeweils etwa 10 Minuten andünsten. Tomatenmark unterrühren und mit andünsten. Brühe und Sahne hinzugießen, mit Salz, Pfeffer und Oregano würzen. Die Gemüsemasse zum Kochen bringen und etwa 10 Minuten garen.

5. Rinderfilet oder Roastbeef unter fließendem kalten Wasser abspülen, trockentupfen, von Haut und Sehnen befreien. Das Fleisch zuerst in etwa 2 cm dicke Scheiben, dann in etwa 2 cm große Würfel schneiden.

6. Olivenöl in einer großen Pfanne erhitzen. Fleischwürfel evtl. in 2 Portionen von allen Seiten darin anbraten, herausnehmen, mit Salz und Pfeffer würzen. Fleischwürfel mit dem Gemüse vermengen und in eine große, flache Auflaufform oder einen Bräter geben. Käsescheiben darauf legen. Die Form oder den Bräter auf dem Rost in den Backofen schieben und den Fleischtopf überbacken.

Ober-/Unterhitze: etwa 220 °C (vorgeheizt)
Heißluft: etwa 200 °C (vorgeheizt)
Gas: Stufe 4–5 (vorgeheizt)
Backzeit: etwa 15 Minuten.

7. Nach Belieben den Fleischtopf mit Zucchinischeiben und Petersilie garniert servieren.

Förstertopf | Schnell – einfach

8 Portionen

Pro Portion:
E: 55 g, F: 45 g, Kh: 11 g, kJ: 2767, kcal: 660

1,2 kg	*Schweinefilet*
6–8 EL	*Speiseöl*
	Salz
	frisch gemahlener Pfeffer
800 g	*Tomaten*
1 kg	*braune Champignons*
16 Scheiben	*Schinkenspeck*
8 Scheiben	*gekochter Schinken*

Für die Sauce:

6–8 EL	*Tomatenketchup*
1 geh. EL	*Weizenmehl*
2 Becher (je 250 g)	*Schmand*
2 Becher (je 250 ml)	*Schlagsahne*
2	*Knoblauchzehen*
2	*mittelgroße Zwiebeln*
1 Pck. (25 g)	*TK-Italienische Kräuter*
1 Pck. (25 g)	*TK-Basilikum*
	gerebelter Oregano

Zum Bestreuen:

40 g	*Parmesan-Käse*

Zubereitungszeit: 65 Min.
Garzeit: etwa 40 Min.

1. Schweinefilet unter fließendem kalten Wasser abspülen und trockentupfen. Fleisch in dicke Filets (je etwa 80 g) schneiden. 4 Esslöffel von dem Speiseöl in einer großen Pfanne erhitzen. Filets evtl. in 2 Portionen von beiden Seiten darin anbraten, herausnehmen, mit Salz und Pfeffer bestreuen. Filets in eine große flache Auflaufform legen.

2. Tomaten waschen, kreuzweise einschneiden und einige Sekunden in kochendes Wasser legen. Tomaten kurz in kaltes Wasser legen, enthäuten, Stängelansätze herausschneiden. Tomaten in Scheiben schneiden. Champignons putzen, mit Küchenpapier abreiben, evtl. abspülen, abtropfen lassen, in Stücke schneiden und in dem verbliebenen Bratfett mit dem restlichen Speiseöl anbraten. Schinkenspeck und Kochschinken in Streifen schneiden.

3. Champignonstücke, Schinkenstreifen und zuletzt die Tomatenscheiben auf dem Fleisch verteilen.

4. Für die Sauce Ketchup mit Mehl, Schmand und Sahne in einem Topf verrühren. Knoblauch und Zwiebeln abziehen, fein würfeln und unterrühren. Die Sauce zum Kochen bringen und unter Rühren 2–3 Minuten kochen lassen. TK-Kräuter hinzufügen. Mit Salz, Pfeffer und Oregano abschmecken. Die Sauce über den Auflauf gießen. Käse darüber streuen. Die Form auf dem Rost in den Backofen schieben.

Ober-/Unterhitze: etwa 200 °C (vorgeheizt)
Heißluft: etwa 180 °C (nicht vorgeheizt)
Gas: Stufe 3–4 (nicht vorgeheizt)
Garzeit: etwa 40 Minuten.

Beilage: Gnocchi aus dem Kühlregal.
Dann Gnocchi in zerlassener Butter oder erhitztem Olivenöl anbraten und nach Belieben mit gehacktem Basilikum bestreuen.

Frischkäse-Pesto-Kugeln | Schnell

12 Portionen

Pro Portion:
E: 8 g, F: 24 g, Kh: 4 g, kJ: 1085, kcal: 261

60 g	*Pinienkerne*
100 g	*getrocknete, eingelegte Tomaten*
1 Bund	*Basilikum*
400 g	*Doppelrahm-Frischkäse*
400 g	*Ziegen-Frischkäse, z. B. Chavroux*
etwa 100 g	*rotes Pesto (aus dem Glas)*
	Salz, frisch gemahlener Pfeffer
2–3 Bund	*Rucola (Rauke)*

Zubereitungszeit: 35 Min.

1. Pinienkerne in einer Pfanne ohne Fett goldbraun rösten und abkühlen lassen.

2. Tomaten abtropfen lassen, in kochendes Wasser geben und 1–2 Minuten kochen lassen. Tomaten in ein Sieb geben, mit kaltem Wasser abspülen und abtropfen lassen. Tomaten in kleine Würfel schneiden. Basilikum abspülen, trockentupfen, die Blättchen von den Stängeln zupfen und in Streifen schneiden.

3. Etwa zwei Drittel der Pinienkerne hacken. Beide Frischkäsesorten mit dem Pesto glatt rühren. Pinienkerne, Tomaten und Basilikum zufügen, mit Salz und Pfeffer würzen. Mit einem Eiskugelformer aus der Käsemasse kleine Kugeln oder mit zwei Esslöffeln Nocken formen.

4. Rucola putzen, abspülen, trockentupfen oder -schleudern und auf einer Platte verteilen. Die Käsekugeln oder -nocken darauf anrichten und mit den beiseite gelegten Pinienkernen bestreuen.

Tipp: Dazu schmeckt Oliven-Ciabatta oder Baguette.

Frühlingsgratin | Für Kinder

8 Portionen

Pro Portion:
E: 19 g, F: 30 g, Kh: 8 g, kJ: 1630, kcal: 390

3 kg	*gemischtes Gemüse wie Kohlrabi, Möhren, Brokkoli, Blumenkohl, grüner und weißer Spargel*
	Salzwasser
2	*Knoblauchzehen*
400 ml	*Schlagsahne*
5	*Eier (Größe M)*
	Salz, frisch gemahlener Pfeffer
2 Msp.	*frisch geriebene Muskatnuss*
200 g	*geriebener Emmentaler-Käse*
50 g	*geriebener Parmesan-Käse*
1 Bund	*glatte Petersilie*

Zubereitungszeit: 30 Min.
Garzeit: 30–40 Min.

1. Kohlrabi und Möhren putzen, schälen, waschen und abtropfen lassen. Kohlrabi in Scheiben, Möhren in Stücke schneiden. Brokkoli und Blumenkohl putzen und in kleine Röschen teilen.

2. Spargel von oben nach unten schälen, darauf achten, dass die Schalen vollständig entfernt, die Köpfe aber nicht verletzt werden. Die unteren Enden abschneiden. Grünen Spargel nur im unteren Drittel schälen, Enden ebenfalls abschneiden. Spargel in Stücke schneiden. Gemüse waschen und abtropfen lassen.

3. Salzwasser in einem großen Topf zum Kochen bringen. Die Gemüsestücke nacheinander darin jeweils 2–3 Minuten kochen, dann in einem Sieb abtropfen lassen.

4. Die Gemüsestücke nach Sorten getrennt in eine große flache Auflaufform (gefettet) oder eine Fettfangschale (gefettet) schichten. Knoblauch abziehen, durch eine Knoblauchpresse drücken oder fein hacken. Knoblauch mit Sahne und Eiern verschlagen, mit Salz, Pfeffer und Muskatnuss abschmecken. Die Eiersahne über das Gemüse gießen. Käse darauf streuen.

5. Die Form auf dem Rost oder die Fettfangschale in den Backofen schieben.

Ober-/Unterhitze: 180–200 °C (vorgeheizt)
Heißluft: 160–180 °C (vorgeheizt)
Gas: etwa Stufe 3 (vorgeheizt)
Garzeit: 30–40 Minuten.

6. Petersilie abspülen, trockentupfen und die Blättchen von den Stängeln zupfen. Blättchen grob hacken. Vor dem Servieren das Frühlingsgratin mit der Petersilie bestreuen.

Tipp: Je nach Jahreszeit können Sie auch andere Gemüsesorten nehmen.

Frühlingszwiebelsuppe mit Käse-Kräuter-Bällchen | Mit Alkohol

8 Portionen

Pro Portion:
E: 11 g, F: 25 g, Kh: 27 g, kJ: 1707, kcal: 408

Für die Käse-Kräuter-Bällchen:
- *2 Brötchen (Semmeln)*
- *200 g Gouda-Käse*
- *1 Bund Petersilie*
- *1 Ei (Größe M)*
- *20 g Speisestärke*
- *80 g Semmelbrösel*
- *Salz*
- *frisch gemahlener Pfeffer*
- *geriebene Muskatnuss*
- *heißes Salzwasser*

Für die Suppe:
- *4 Bund Frühlingszwiebeln (etwa 1 kg)*
- *100 g Butter*
- *3 EL Weizenmehl*
- *200 ml trockener Weißwein*
- *1½ l Gemüsebrühe*
- *3 Tomaten (etwa 250 g)*
- *200 ml Schlagsahne*
- *Salz*
- *frisch gemahlener Pfeffer*

Zubereitungszeit: 90 Min.

1. Für die Käsebällchen Brötchen in kaltem Wasser einweichen. Gouda in Würfel schneiden. Petersilie kalt abspülen, trockentupfen, die Blättchen von den Stängeln zupfen und pürieren.

2. Die sehr gut ausgedrückten Brötchen mit Ei, Speisestärke, Semmelbröseln und Petersilie verkneten und die Masse mit Salz, Pfeffer und Muskatnuss würzen.

3. Aus der Masse kleine Bällchen formen, dabei je einen Käsewürfel mit eindrehen. Die Bällchen in siedendem Salzwasser etwa 5 Minuten garen, bis sie an der Oberfläche schwimmen und mit einem Schöpflöffel herausnehmen.

4. Für die Suppe Frühlingszwiebeln putzen, waschen und in Ringe schneiden.

5. Butter in einem Topf erhitzen. Zwiebelringe darin andünsten. Mehl darüber stäuben und unter Rühren so lange erhitzen, bis das Mehl hellgelb ist.

6. Weißwein und Gemüsebrühe hinzugießen und mit einem Schneebesen durchschlagen, dabei darauf achten, dass keine Klümpchen entstehen. Alles zum Kochen bringen und etwa 15 Minuten bei schwacher Hitze köcheln lassen.

7. Tomaten waschen, abtropfen lassen, kreuzweise einschneiden, kurz in kochendes Wasser legen und mit kaltem Wasser abschrecken. Tomaten enthäuten, die Stängelansätze herausschneiden, Tomaten entkernen und in Würfel schneiden. Tomatenwürfel und Sahne in die Suppe geben und erhitzen.

8. Die Suppe mit Salz und Pfeffer würzen. Vor dem Servieren die Käsebällchen in die Suppe geben.

Tipp: Formen Sie anfangs erst nur 1 Käsebällchen und geben es in das siedende Wasser. Falls es auseinander fällt, noch 20 g Semmelbrösel unter die Masse kneten.

Garnelentopf, pikanter | Etwas teurer

8 Portionen

Pro Portion:
E: 25 g, F: 7 g, Kh: 25 g, kJ: 1084, kcal: 259

600 g	*TK-Kabeljaufilet*
400 g	*TK-Garnelen ohne Schale*
500 g	*TK-Brechbohnen*
1	*Fenchelknolle (etwa 300 g)*
300 g	*Cocktailtomaten*
1 Bund	*oder ein kleiner Topf Zitronenthymian*
4 EL	*Olivenöl*
2 l	*Gemüsebrühe*
250 g	*Suppen-Muschelnudeln*
	Salz
	frisch gemahlener Pfeffer
	Knoblauchpulver
4 EL	*süße Chilisauce*

Zubereitungszeit: 50 Min., ohne Auftauzeit
Garzeit: 25–30 Min.

1. Kabeljaufilet, Garnelen und Brechbohnen nach Packungsanleitung auftauen lassen. Von der Fenchelknolle die Stiele dicht oberhalb der Knolle abschneiden. Braune Stellen und Blätter entfernen. Knolle waschen, abtropfen lassen, zuerst in Scheiben, dann in Würfel schneiden.

2. Tomaten waschen, abtrocknen, evtl. die Stängelansätze herausschneiden. Tomaten in Hälften schneiden. Thymian abspülen und trockentupfen. Die Blättchen von den Stängeln zupfen. Kabeljaufilet in Würfel schneiden. Von den Garnelen evtl. den Darm entfernen. Garnelen abspülen und trockentupfen.

3. Olivenöl in einem großen Topf erhitzen, Fenchelwürfel darin andünsten. Brühe hinzugießen, zum Kochen bringen und etwa 10 Minuten kochen lassen. Dann Bohnen und Muschelnudeln hinzugeben. Die Zutaten zum Kochen bringen und zugedeckt bei schwacher Hitze 10–15 Minuten garen. Fischwürfel, Garnelen und Tomatenhälften hinzufügen, etwa 5 Minuten gar ziehen lassen. Mit Salz, Pfeffer, Knoblauch und Chilisauce würzen. Thymianblättchen unterrühren.

Beilage: Aioli und gebratene Baguettescheiben. Für die Aioli 6 Esslöffel Salatmayonnaise mit 2 abgezogenen, gehackten Knoblauchzehen vermischen. Mit Salz und Pfeffer würzen. Baguettescheiben, nach Möglichkeit dünn geschnitten, in heißer Butter braten.

Gazpacho aus Tomaten (Kalte Tomatensuppe aus Spanien) | Gut vorzubereiten

8–10 Portionen

Pro Portion:
E: 4 g, F: 23 g, Kh: 20 g, kJ: 1281, kcal: 305

8 Scheiben	*Weißbrot (vom Vortag)*
1 ½ kg	*reife, saftige Tomaten*
2	*grüne Paprikaschoten (je 150 g)*
2	*Salatgurken (je 500 g)*
4	*Schalotten oder 1 Gemüsezwiebel*
200 ml	*Olivenöl*
6 EL	*Weinessig*
	Salz
	frisch gemahlener Pfeffer
etwas	*Zucker*
evtl. einige	*Eiswürfel*

Zubereitungszeit: 60 Min., ohne Kühlzeit

1. Zwei Scheiben Weißbrot fein würfeln, die restlichen Scheiben in etwas kaltem Wasser einweichen.

2. Tomaten waschen, abtropfen lassen, kreuzweise einschneiden, kurz in kochendes Wasser legen und mit kaltem Wasser abschrecken. Tomaten enthäuten, vierteln und die Stängelansätze herausschneiden.

3. Paprikaschoten halbieren, entstielen, entkernen und die weißen Scheidewände entfernen. Die Schoten waschen und abtropfen lassen. Gurken schälen. Schalotten oder Gemüsezwiebel abziehen.

4. Tomaten, Paprika, Gurken und Schalotten oder Gemüsezwiebel fein würfeln. Von den Tomaten-, Paprika- und Gurkenwürfeln jeweils 2 Esslöffel zum Garnieren beiseite stellen.

5. Das eingeweichte Brot ausdrücken und mit Öl und Essig pürieren. Gemüsewürfel nach und nach zufügen und so lange pürieren, bis eine cremige Suppe entstanden ist. Suppe mit Salz, Pfeffer und Zucker pikant würzen und mindestens 1 Stunde kalt stellen.

6. Vor dem Servieren nach Belieben einige Eiswürfel in die Suppe geben. Die Suppe mit den beiseite gestellten Gemüse- und Brotwürfeln garnieren oder sie in kleinen Schalen getrennt dazu servieren.

Geflügelgulasch „Ungarische Art“ | Für Gäste

8 Portionen

Pro Portion:
E: 30 g, F: 14 g, Kh: 48 g, kJ: 1853, kcal: 443

4 Hähnchenbrustfilets (je etwa 120 g)
4 Hähnchenkeulen ohne Haut (je etwa 120 g), vom Metzger in Unter- und Oberschenkel teilen lassen
1 Gemüsezwiebel (etwa 300 g)
je 2 rote, grüne und gelbe Paprikaschoten (etwa 1½ kg)
4 EL Speiseöl
2 EL Tomatenmark (50 g)
1 EL Paprikapulver edelsüß
500 ml (½ l) Gemüsebrühe
Salz
frisch gemahlener Pfeffer
Knoblauchpulver
1 TL Kümmelsamen
1 Pck. Dr. Oetker Finesse Geriebene Zitronenschale
1 Becher (200 g) Sauerrahm

Für die Nudeln:
5 l Wasser
5 gestr. TL Salz
500 g Bandnudeln

Zubereitungszeit: 60 Min.
Garzeit: etwa 45 Min.

1. Hähnchenbrustfilets und halbierte Keulen unter fließendem kalten Wasser abspülen und trockentupfen. Hähnchenbrustfilets jeweils in drei Teile schneiden.

2. Zwiebel abziehen und in größere Würfel schneiden. Paprika halbieren, entstielen, entkernen, die weißen Scheidewände entfernen. Schoten waschen, trockentupfen und ebenfalls in größere Würfel schneiden.

3. Speiseöl in einem Bräter erhitzen. Hähnchenfleisch portionsweise hinzugeben und von allen Seiten knusprig anbraten. Zwiebel- und Paprikawürfel hinzufügen und mit anbraten. Tomatenmark unterrühren. Mit Paprika bestäuben. Brühe hinzugießen, zum Kochen bringen und etwas einkochen lassen. Mit Salz, Pfeffer, Knoblauch, Kümmel und Zitronenschale würzen, dann zugedeckt bei schwacher Hitze etwa 45 Minuten kochen lassen, evtl. noch etwas Brühe oder Wasser hinzufügen. Zuletzt Sauerrahm unterrühren.

4. Für die Nudeln Wasser in einem großen Topf mit geschlossenem Deckel zum Kochen bringen. Dann Salz und Nudeln zugeben. Die Nudeln im geöffneten Topf bei mittlerer Hitze nach Packungsanleitung kochen lassen, dabei zwischendurch 4–5-mal umrühren.

5. Anschließend die Nudeln in ein Sieb geben, mit heißem Wasser abspülen und abtropfen lassen.

6. Geflügelgulasch „Ungarische Art“ mit den Bandnudeln servieren.

Tipp: Alternativ zu den Nudeln kleine Kartoffelwürfel von fest kochender Beschaffenheit nach dem Anbraten hinzugeben. Vor dem Servieren mit Petersilienblättchen garnieren.

Geflügel-Kokos-Suppe | Schnell

8 Portionen

Pro Portion:
E: 41 g, F: 11 g, Kh: 23 g, kJ: 1494, kcal: 357

Für das Paprikaöl:

2 EL Speiseöl
1 TL Paprikapulver edelsüß

Für die Suppe:

4 Hähnchenbrustfilets (je etwa 150 g)
4 Schalotten
2 kleine Möhren
2 Stangen Porree (Lauch)
frischer Koriander
2 EL Speiseöl
2 EL Weizenmehl
2 l Hühnerbrühe
1 Dose (400 ml) ungesüßte Kokosmilch
Salz
frisch gemahlener Pfeffer

Zubereitungszeit: 40 Min.

1. Für das Paprikaöl Öl und Paprikapulver verrühren und beiseite stellen. Das Öl nimmt nach 10–15 Minuten eine rötliche Farbe an.

2. Für die Suppe Hähnchenbrustfilets unter fließendem kalten Wasser abspülen, trockentupfen und in Streifen oder Würfel schneiden.

3. Schalotten abziehen und würfeln. Möhren putzen, schälen, waschen und ebenfalls in Würfel schneiden. Porree putzen, die Stangen längs halbieren, gründlich waschen und in Streifen schneiden. Koriander abspülen, trockentupfen und die Blättchen von den Stängeln zupfen.

4. Öl in einem großen Topf erhitzen. Die Fleischstreifen oder -würfel darin rundherum anbraten und herausnehmen.

5. In dem verbliebenen Fett Schalotten- und Möhrenwürfel und Porreestreifen andünsten. Mehl darüber stäuben. Hühnerbrühe und Kokosmilch hinzugießen, glatt rühren und zum Kochen bringen. Das Fleisch wieder hinzufügen und alles bei schwacher Hitze etwa 10 Minuten leicht kochen lassen.

6. Zum Schluss die Suppe mit Salz und Pfeffer würzen. Die Suppe auf Teller verteilen, einige Tropfen Paprikaöl darauf träufeln (am besten mit Hilfe einer Gabel) und die Suppe mit Korianderblättern garnieren.

Tipp: Sie können auch zusätzlich abgetropfte Bambussprossen in die Suppe geben. Wer es gern sehr scharf mag, kann auch dünne Ringe von roten und grünen Chilischoten zugeben.
Anstelle der Schalotten können Sie ersatzweise 2 Zwiebeln verwenden.

Geflügel Kebab | Raffiniert

8–10 Portionen

Pro Portion:
E: 49 g, F: 8 g, Kh: 6 g, kJ: 1262, kcal: 302

1,5 kg Geflügelhackfleisch (beim Metzger vorbestellen)
1 Becher (150 g) Naturjoghurt
1 EL geriebener Meerrettich
1 EL mittelscharfer Senf
3 Eier (Größe M)
Salz
frisch gemahlener Pfeffer
9 mittelgroße Zwiebeln (etwa 600 g)

Zum Beträufeln:
3 EL Speiseöl

Außerdem:
10 Holz- oder Metallspieße

Zubereitungszeit: 90 Min.

1. Geflügelhackfleisch mit Joghurt, Meerrettich, Senf und den Eiern vermengen. Mit Salz und Pfeffer kräftig würzen.

2. Aus der Masse mit nassen Händen etwa 40 Bällchen formen.

3. Zwiebeln abziehen und vierteln.

4. Fleischbällchen und Zwiebelviertel abwechselnd auf Spieße stecken (je Spieß 4 Fleischbällchen und 3 Zwiebelviertel).

5. Die Spieße in eine flache Schale legen und mit Öl beträufeln. Spieße mit Klarsichtfolie zugedeckt im Kühlschrank aufbewahren.

6. Die Geflügelspieße auf dem heißen Grill unter mehrmaligem Wenden etwa 15 Minuten grillen.

Beilage: Servieren Sie die Spieße mit einem Dip, z. B. Cocktailsauce, die mit Meerrettich verfeinert ist oder mit einem Kräuterquark, unter den man noch frisch gepressten Knoblauch rührt.

Geflügelsuppe mit roten Linsen

Raffiniert

8 Portionen

Pro Portion:
E: 45 g, F: 20 g, Kh: 60 g, kJ: 2614, kcal: 621

4 Hähnchenbrustfilets (je 200 g)
2 Zwiebeln
2 Knoblauchzehen
2 rote Paprikaschoten
2 Peperoni
6 EL Olivenöl
700 g rote Linsen
3–4 EL Weizenmehl
3 l Gemüse- oder Geflügelbrühe
Saft von
2 Zitronen
2 TL Paprikapulver edelsüß
Salz
frisch gemahlener Pfeffer
2 Zweige Thymian
2 Lorbeerblätter
8 Scheiben Weißbrot
8 EL Olivenöl

Zubereitungszeit: 80 Min.

1. Hähnchenbrustfilets unter fließendem kalten Wasser abspülen, trockentupfen und in kleine Würfel schneiden. Zwiebeln und Knoblauch abziehen und fein würfeln.

2. Paprikaschoten und Peperoni halbieren, entstielen, entkernen, die weißen Scheidewände entfernen und die Schoten waschen. Paprika in Würfel schneiden. Peperoni fein hacken.

3. Öl in einem Topf erhitzen. Die Fleischwürfel darin rundherum anbräunen lassen und herausnehmen. Zwiebel- und Knoblauchwürfel in dem Bratfett andünsten. Paprikawürfel und Peperoni ebenfalls hinzufügen und kurz mitdünsten. Die Fleischwürfel wieder in den Topf geben.

4. Linsen und Mehl in den Topf geben und unterrühren. Gemüse- oder Geflügelbrühe unter Rühren hinzugießen und die Suppe zum Kochen bringen. Mit Zitronensaft, Paprikapulver, Salz und Pfeffer würzen.

5. Thymianzweige kalt abspülen, trockentupfen und mit Lorbeerblättern in die Suppe geben. Die Linsen bei schwacher Hitze etwa 25 Minuten ausquellen lassen.

6. In der Zwischenzeit Weißbrot würfeln. Öl in einer Pfanne erhitzen und die Brotwürfel darin goldgelb rösten.

7. Die Lorbeerblätter und Thymianzweige aus der Suppe entfernen und die Suppe nochmals kräftig mit den Gewürzen abschmecken. Mit den Weißbrotwürfeln bestreuen und sofort servieren.

Abwandlung: Nach Belieben die Suppe zusätzlich mit 100 g geriebenem Käse, z. B. Emmentaler, bestreuen.

Vorbereitungstipp: Die Suppe kann gut einige Stunden vorher oder am Vortag vorbereitet und vor dem Verzehr wieder erwärmt werden. Während des Erhitzens ab und zu umrühren, damit die Suppe nicht anbrennt. Die Brotwürfel dann getrennt dazu servieren. Sollte die Suppe durch das Stehen zu sehr nachdicken, noch etwas Brühe hinzufügen.

Gemischte Vorspeisenspieße |

Mit Alkohol

24 Stück

Pro Stück:

E: 3 g, F: 7 g, Kh: 14 g, kJ: 561, kcal: 134

600 g	*kleine Schalotten*
	Salzwasser
40 g	*Butter oder Margarine*
2 gestr. EL	*Zucker*
300 ml	*trockener Rotwein*
5	*mittelgroße Zucchini (etwa 750 g)*
	Salzwasser
500 g	*Cocktailtomaten*
einige	*Schnittlauchhalme*
300 g	*Ziegenfrischkäse*
40 g	*weiche Butter*
	frisch gemahlener Pfeffer
3 EL	*weißer Balsamico-Essig*
6 EL	*Olivenöl*
2	*Knoblauchzehen*
1 EL	*Olivenöl*
2	*Ciabatta-Brote*
24	*Holzspieße*
	Minzeblätter zum Garnieren

Zubereitungszeit: 100 Min.

1. Schalotten abziehen. Salzwasser zum Kochen bringen und die Schalotten darin etwa 5 Minuten kochen. Dann in ein Sieb geben, mit kaltem Wasser abschrecken und abtropfen lassen.

2. In einer Pfanne Butter oder Margarine zerlassen. Schalotten darin anschwitzen, mit Zucker bestreuen und leicht karamellisieren lassen. Rotwein hinzugießen und etwas einkochen lassen. Schalotten im Rotweinsud abkühlen lassen.

3. Zucchini waschen, abtrocknen und die Enden abschneiden. Zucchini mit der Aufschnittmaschine oder dem Gemüsehobel in dünne Längsscheiben schneiden. Salzwasser wieder zum Kochen bringen und die Zucchinischeiben darin blanchieren. Dann die Scheiben mit kaltem Wasser abschrecken und abtropfen lassen.

4. Tomaten waschen und trockentupfen. Von jeder Tomate einen Deckel abschneiden und mit einem Teelöffel oder einem Löffelstiel vorsichtig aushöhlen.

5. Schnittlauch abspülen, trockentupfen und in Röllchen schneiden. Den Ziegenfrischkäse mit der Butter verrühren. Schnittlauchröllchen unterrühren. Die ausgehöhlten Tomaten mit der Käsemischung füllen und mit Salz und Pfeffer bestreuen.

6. Zucchinischeiben in eine Schale legen, mit Salz und Pfeffer bestreuen und mit Essig und Olivenöl beträufeln.

7. Knoblauch abziehen, fein würfeln, mit Olivenöl mischen, Ciabattascheiben damit bepinseln und in einer beschichteten Pfanne rösten. Schalotten abtropfen lassen.

8. Aus den Zucchinischeiben Röllchen drehen, mit den Tomaten und Schalotten auf Holzspieße stecken. Die Spieße mit Minzeblättern garnieren. Dazu geröstetes Brot reichen.

Gemüse-Carpaccio | Vegetarisch

12 Portionen

Pro Portion:
E: 23 g, F: 18 g, Kh: 33 g, kJ: 1678, kcal: 404

Für das Gemüse:

300 g Möhren
1,5 kg grüner Spargel
1 Bund Frühlingszwiebeln
400 g Zuckerschoten
Salzwasser
500 g mittelgroße Tomaten
1 Bund Kerbel
½ Bund glatte Petersilie

Für das Dressing:

3 Schalotten
100 ml Balsamico-Bianco oder Weißweinessig
6 EL Orangensaft
2–3 EL flüssiger Honig
Salz
frisch gemahlener Pfeffer
200 ml Traubenkernöl oder Nussöl

Zubereitungszeit: 50 Min.

1. Für das Gemüse Möhren putzen, schälen, abspülen und abtropfen lassen. Vom grünen Spargel das untere Drittel schälen. Die Enden abschneiden. Spargel waschen, abtropfen lassen. Möhren und Spargel schräg in lange, dünne Scheiben schneiden.

2. Frühlingszwiebeln putzen, waschen, abtropfen lassen und in sehr dünne Ringe schneiden. Zuckerschoten putzen, evtl. abfädeln und waschen. Salzwasser zum Kochen bringen und die Zuckerschoten darin 2–3 Minuten garen. Zuckerschoten in ein Sieb geben, mit kaltem Wasser abschrecken und abtropfen lassen.

3. Tomaten waschen, kreuzweise einschneiden, kurz in kochendes Wasser legen, herausnehmen und mit kaltem Wasser abschrecken. Tomaten enthäuten, vierteln, entkernen und die Stängelansätze herausschneiden. Tomaten in Spalten schneiden.

4. Kräuter abspülen, trockentupfen und die Blättchen von den Stängeln zupfen. Etwa die Hälfte der Blättchen fein schneiden. Restliche Kräuterblättchen zum Garnieren beiseite legen. Zuckerschoten schräg halbieren.

5. Für das Dressing Schalotten abziehen und fein würfeln. Essig mit Orangensaft und Honig verrühren, mit Salz und Pfeffer würzen. Öl unterschlagen. Schalotten und Kräuter unterrühren.

6. Spargel, Möhren, Zuckerschoten und Frühlingszwiebeln auf einer Platte anrichten, mit etwa zwei Dritteln des Dressings beträufeln. Tomatenspalten darauf verteilen. Gemüse-Carpaccio mit den beiseite gelegten Kräuterblättchen garnieren und restliches Dressing dazureichen.

Gemüse-Crêpes | Vegetarisch

etwa 24 Stück

Pro Stück:
E: 5 g, F: 14 g, Kh: 15 g, kJ: 912, kcal: 218

Für die Crêpes:

400 g Weizenmehl
4 Eier (Größe M)
400 ml Milch
Salz
geriebene Muskatnuss

100 ml Speiseöl

Für die Füllung:

je 2 rote und grüne Paprikaschoten (etwa 700 g)
3 Möhren (etwa 300 g)
1 Gemüsezwiebel (etwa 200 g)
300 g Champignons
100–150 g Butter oder Margarine
Salz
frisch gemahlener Pfeffer
2 Becher (je 150 g) Crème fraîche

Zubereitungszeit: 100 Min.

1. Für die Crêpes Mehl in eine Schüssel sieben, mit Eiern, Milch, Salz und Muskat zu einer klümpchenfreien Masse verrühren und etwa 20 Minuten stehen lassen.

2. In einer kleinen beschichteten Pfanne Öl erhitzen, darin nach und nach etwa 24 dünne Pfannkuchen backen und warm stellen.

3. Für die Füllung Paprikaschoten halbieren, entstielen, entkernen, die weißen Scheidewände entfernen und Schoten waschen.

4. Möhren putzen, schälen und waschen, Gemüsezwiebel abziehen, Champignons putzen und in Scheiben schneiden. Paprikaschoten und Möhren in feine Streifen, Zwiebel in kleine Würfel schneiden.

5. Die Gemüsezutaten in Butter oder Margarine andünsten, salzen und pfeffern. Crème fraîche hinzufügen und noch 5 Minuten bei schwacher Hitze köcheln lassen.

6. Die Gemüsefüllung auf die Crêpes geben und einrollen.

Gemüseecken mit Käsesauce

Vegetarisch
24 Stück

Pro Stück:
E: 4 g, F: 8 g, Kh: 10 g, kJ: 543, kcal: 130

Für den Hefeteig:

250 g	*Weizenmehl*
½ Pck.	*frische Hefe (21 g)*
1 TL	*Zucker*
3 EL	*lauwarmes Wasser*
1 TL	*Salz, frisch gemahlener Pfeffer*
4 EL	*Speiseöl*
5 EL	*lauwarmes Wasser*

Für die Käsesauce:

3	*Eier (Größe M)*
knapp 1 TL	*Salz*
	frisch gemahlener Pfeffer
2	*Knoblauchzehen*
1 Bund	*glatte Petersilie*
100 g	*geriebener Emmentaler-Käse*
1 Becher (150 g)	*Crème fraîche*
125 ml (⅛ l)	*Schlagsahne*

Für den Belag:

1 Stange	*Porree (Lauch)*
1	*rote Paprikaschote*
1 Dose	*Gemüsemais (Abtropfgewicht 285 g)*

Zubereitungszeit: 40 Min., ohne Teiggehzeit
Backzeit: etwa 30 Min.

1. Für den Teig Mehl in eine Schüssel sieben, in die Mitte eine Mulde drücken. Hefe zerbröckeln, in die Mulde geben. Zucker und Wasser über die Hefe geben, mit etwas Mehl leicht verrühren, an einem warmen Ort etwa 10 Minuten gehen lassen.

2. Salz, Pfeffer, Öl und Wasser hinzufügen, mit dem Handrührgerät mit Knethaken zunächst auf niedrigster, dann auf höchster Stufe in etwa 5 Minuten zu einem Teig verarbeiten.

3. Den Teig zugedeckt an einem warmen Ort gehen lassen, bis er sich sichtbar vergrößert hat. Teig auf einer bemehlten Arbeitsfläche nochmals gut durchkneten. Dann auf einem Backblech (30 x 40 cm, gefettet) ausrollen. Vor den Teig einen mehrfach geknickten Streifen Alufolie legen.

4. Für die Käsesauce Eier verschlagen, mit Salz und Pfeffer würzen. Knoblauch abziehen und durch eine Knoblauchpresse drücken. Petersilie abspülen, trockentupfen und die Blättchen von den Stängeln zupfen. Einige Blättchen zum Garnieren beiseite legen. Restliche Blättchen fein schneiden. Knoblauch, Käse, Crème fraîche, Sahne und Petersilie unter die verschlagenen Eier rühren.

5. Für den Belag Porree putzen, waschen, abtropfen lassen und in dünne Ringe schneiden. Paprikaschote halbieren, entstielen, entkernen und die weißen Scheidewände entfernen. Die Schote waschen, abtropfen lassen und in Streifen schneiden. Mais in einem Sieb abtropfen lassen. Porree, Paprika und Mais mischen, auf dem Teig verteilen. Die Käsesauce darüber gießen. Das Backblech in den Backofen schieben.

Ober-/Unterhitze: etwa 200 °C (vorgeheizt)
Heißluft: etwa 180 °C (vorgeheizt)
Gas: Stufe 3–4 (vorgeheizt)
Backzeit: etwa 30 Minuten.

6. Den Gemüsekuchen zweimal längs und dreimal quer halbieren. Die 12 Stücke nochmals diagonal halbieren, so dass Dreiecke entstehen. Gemüseecken warm oder kalt mit den beiseite gelegten Petersilienblättchen garniert servieren.

Gemüsegulasch in Zitronensahne

Raffiniert

8–10 Portionen

Pro Portion:
E: 8 g, F: 19 g, Kh: 15 g, kJ: 1113, kcal: 266

2 Bund	*Frühlingszwiebeln (etwa 500 g)*
500 g	*weiße Champignons*
1 kg	*grüner Spargel*
500 g	*Kaiserschoten*
500 g	*Möhren*
4 EL	*Olivenöl*
300 ml	*Gemüsebrühe*
400 ml	*Schlagsahne*
	Salz
	frisch gemahlener Pfeffer
je 1 kleines Bund	*Zitronenmelisse und Zitronenthymian*

Zubereitungszeit: 70 Min.

1. Frühlingszwiebeln putzen, waschen, abtropfen lassen und in etwa 5 cm lange Stücke schneiden. Champignons putzen, mit Küchenpapier abreiben, evtl. kurz abspülen, trockentupfen. Größere Champignons halbieren.

2. Von dem Spargel das untere Drittel schälen und die Enden abschneiden. Spargel waschen, abtropfen lassen und in etwa 5 cm lange Stücke schneiden. Von den Kaiserschoten die Enden abschneiden. Kaiserschoten waschen und abtropfen lassen.

3. Möhren putzen, schälen, waschen, abtropfen lassen und in Stifte schneiden. Möhrenstifte in kochendem Salzwasser etwa 5 Minuten garen, anschließend in ein Sieb geben, mit kaltem Wasser übergießen und abtropfen lassen.

4. Olivenöl in einem großen Topf erhitzen. Vorbereitetes Gemüse portionsweise darin andünsten. Gemüsebrühe und Sahne hinzugießen, mit Salz und Pfeffer würzen. Die Zutaten zum Kochen bringen und 10–15 Minuten bei schwacher Hitze garen.

5. Melisse und Thymian abspülen und trockentupfen. Die Blättchen von den Stängeln zupfen. Blättchen klein schneiden, zu dem Gemüsegulasch geben und unterrühren. Mit Salz und Pfeffer abschmecken.

Gemüse-Hähnchen-Gulasch I

Schnell

8 Portionen

Pro Portion:
E: 32 g, F: 6 g, Kh: 22 g, kJ: 1156, kcal: 276

600 g	*fest kochende Kartoffeln*
2	*große Fenchelknollen (etwa 600 g)*
600 g	*Zucchini*
2 Bund	*Frühlingszwiebeln (etwa 500 g)*
3	*gelbe Paprikaschoten (etwa 750 g)*
1 Dose	*geschälte Tomaten (800 g)*
6 EL	*Speiseöl*
1 EL	*Paprikapulver edelsüß*
	Salz
	frisch gemahlener Pfeffer
200 ml	*Gemüsebrühe*
1 kg	*Hähnchenbrustfilets*
4 EL	*süße Chilisauce*
1 Bund	*glatte Petersilie*

Zubereitungszeit: 65 Min.
Garzeit: etwa 35 Min.

1. Kartoffeln waschen, schälen, abspülen und in Würfel schneiden. Von den Fenchelknollen die Stiele dicht oberhalb der Knollen abschneiden. Braune Stellen und Blätter entfernen. Die Knollen waschen, abtropfen lassen und in Würfel schneiden. Zucchini waschen, abtrocknen und die Enden abschneiden. Zucchini ebenfalls in Würfel schneiden. Frühlingszwiebeln putzen, waschen, abtropfen lassen und in Stücke schneiden.

2. Paprika halbieren, entstielen, entkernen, die weißen Scheidewände entfernen. Die Schoten waschen, trockentupfen und ebenfalls in Stücke schneiden.

3. Geschälte Tomaten in einem Sieb abtropfen lassen, die Flüssigkeit dabei auffangen und die Hälfte davon abmessen. Tomaten etwas zerkleinern.

4. Die Hälfte des Speiseöls in einem Bräter oder einem großen Topf erhitzen, vorbereitetes Gemüse in 2 Portionen unter Rühren darin andünsten. Paprika darüber streuen und kurz mit andünsten. Mit Salz und Pfeffer würzen. Geschälte Tomatenstücke unterrühren. Abgemessene Tomatenflüssigkeit und Brühe hinzugießen. Die Zutaten zum Kochen bringen und zugedeckt bei schwacher Hitze etwa 35 Minuten garen.

5. Hähnchenbrustfilets unter fließendem kalten Wasser abspülen, trockentupfen und in Streifen schneiden.

6. Restliches Speiseöl in einer großen Pfanne erhitzen. Hähnchenbrustfiletstreifen in 2 Portionen hinzugeben und knusprig anbraten, mit Salz und Pfeffer bestreuen, herausnehmen und in den garen Gemüsetopf geben. Mit Chilisauce pikant abschmecken.

7. Petersilie abspülen und trockentupfen. Die Blättchen von den Stängeln zupfen. Blättchen fein hacken. Gemüse-Hähnchen-Gulasch mit Petersilie bestreut servieren.

Gemüse-Kartoffel-Salat mit Lachs | Raffiniert

8–10 Portionen

Pro Portion:
E: 16 g, F: 35 g, Kh: 25 g, kJ: 2010, kcal: 481

1 kg fest kochende Kartoffeln

750 g grüne Bohnen
Salzwasser

Für die Marinade:
7 EL Kräuteressig
1–2 TL Zucker
150 ml Olivenöl
Salz
frisch gemahlener Pfeffer
3 gelbe Paprikaschoten
450 g Graved Lachs mit Sauce (3 Pck. je 150 g)
400 g Crème fraîche
500 g Cocktailtomaten
einige Dillstängel

Zubereitungszeit: 45 Min., ohne Abkühl- und Marinierzeit

1. Kartoffeln waschen, mit Wasser bedeckt in einem Topf zum Kochen bringen und zugedeckt in 20–25 Minuten gar kochen. Kartoffeln etwas abkühlen lassen und pellen.

2. Von den Bohnen die Enden abschneiden. Bohnen evtl. abfädeln und in etwa 3 cm lange Stücke schneiden. Bohnen abspülen. Salzwasser zum Kochen bringen. Die Bohnen darin etwa 10 Minuten garen. Dann die Bohnenstücke in ein Sieb geben, mit kaltem Wasser abschrecken, abtropfen und etwas abkühlen lassen.

3. Für die Marinade Essig mit Zucker verrühren. Olivenöl unterschlagen. Marinade mit Salz und Pfeffer würzen. Die Hälfte der Marinade mit den warmen Bohnen vermengen und etwas durchziehen lassen.

4. Paprika halbieren, entstielen, entkernen und die weißen Scheidewände entfernen. Die Schoten waschen, gut abtropfen lassen und in Streifen schneiden. Kartoffeln in Scheiben schneiden. Die Kartoffelscheiben auf eine große Platte legen, mit Salz und Pfeffer bestreuen.

5. Die marinierten Bohnen mit den Paprikastreifen mischen und auf den Kartoffelscheiben verteilen, dabei den Rand nicht belegen. Lachsscheiben dekorativ auf den Plattenrand legen.

6. Crème fraîche mit der Graved-Lachs-Sauce verrühren und mit Salz abschmecken. Etwas von der Sauce mit Hilfe eines Löffels auf den Salat sprenkeln.

7. Tomaten waschen, trockentupfen, halbieren und die Stängelansätze herausschneiden. Dill abspülen, trockentupfen und in kleine Stängel zupfen. Salat mit Tomaten und Dill garniert servieren. Restliche Sauce dazureichen.

Gemüsekasserolle mit Maiskölbchen | Vegetarisch

12 Portionen

Pro Portion:
E: 12 g, F: 8 g, Kh: 25 g, kJ: 950, kcal: 227

750 g TK-Brechbohnen
750 g TK-Erbsen
750 g TK-Möhren, gewürfelt oder in Scheiben
1 kg fest kochende Kartoffeln
5 EL Olivenöl
Salz
1 Bund Schnittlauch
1 Bund Petersilie
1 Bund Kerbel
12 kleine Maiskölbchen (ersatzweise 350 g Gemüsemais aus der Dose)
frisch gemahlener Pfeffer
120 g geriebener Parmesan-Käse

Zubereitungszeit: 80 Min., ohne Auftauzeit

1. TK-Brechbohnen, -Erbsen und -Möhren in je einer Schüssel auftauen lassen. Kartoffeln gründlich waschen, evtl. abbürsten und mit Wasser bedeckt in einem Topf zum Kochen bringen. Kartoffeln zugedeckt in 20–25 Minuten gar kochen.

2. Kartoffeln abgießen, mit kaltem Wasser abschrecken, abtropfen lassen, etwas erkalten lassen, dann pellen. Kartoffeln in größere Stücke schneiden.

3. Öl in einem großen Topf erhitzen. Bohnen und Möhren darin andünsten, mit Salz bestreuen und unter gelegentlichem Rühren zugedeckt etwa 10 Minuten dünsten.

4. Schnittlauch, Petersilie und Kerbel abspülen und trockentupfen. Schnittlauch in feine Röllchen schneiden. Petersilien- und Kerbelblättchen von den Stängeln zupfen. Einige Blättchen zum Garnieren beiseite legen. Restliche Blättchen fein hacken.

5. Zum Schluss Maiskölbchen, Erbsen und Kräuter mit in den Topf geben. Gemüse weitere 3–5 Minuten dünsten, mit Salz und Pfeffer würzen. Das Gemüse vor dem Servieren mit Parmesan-Käse bestreuen und den beiseite gelegten Kräuterblättchen garnieren.

Tipp: Das Gemüse über Nacht im Kühlschrank auftauen lassen. Die Gemüsekasserolle kann natürlich auch mit frischem Gemüse zubereitet werden. Die einzelnen Gemüse sollten dann aber nach dem Putzen getrennt voneinander in Salzwasser kurz blanchiert werden. Sie können zur Abwechslung auch andere TK-Gemüsemischungen verwenden.

Gemüsepfeile „Robin Hood" I

Für Kinder

8–10 Portionen

Pro Portion:
E: 23 g, F: 26 g, Kh: 1 g, kJ: 1393, kcal: 333

2 Bund Radieschen (je etwa 100 g)
250 g Cocktailtomaten
1 Salatgurke (200 g)
800 g junger Gouda

Außerdem:
Holz- oder Schaschlikspieße

Zubereitungszeit: 30 Min.

1. Radieschen putzen, waschen, abtropfen lassen und in Scheiben schneiden. Cocktailtomaten waschen und abtropfen lassen.

2. Gurke waschen, abtrocknen und die Enden abschneiden. Gurke längs halbieren und in 1 cm breite Scheiben schneiden. Gouda mit einem Buntschneidemesser erst in dicke Scheiben, dann in kleine Würfel schneiden.

3. Die vorbereiteten Zutaten in bunter Reihenfolge auf Holz- oder Cocktailspieße stecken.

Tipp: Die Kinder können sich ihre Spieße selbst zusammenstellen.

Abwandlung: Es können auch andere Käsesorten verwendet werden. Anstelle von Gemüse eignet sich auch Obst, wie z. B. Weintrauben, Mandarinen, Birnen- oder Apfelspalten. Die Birnen- oder Apfelspalten mit Zitronensaft bepinseln, damit sie nicht braun werden.

Dekotipp: Sie können einfache Holzspieße ganz schnell in Robin-Hood-Pfeile verwandeln, indem Sie am stumpfen Ende eine kleine Feder und am spitzen Ende ein buntes Dreieck aus Pappe befestigen.

Gemüseragout mit Kartoffeln |

Vegetarisch

12 Portionen

Pro Portion:
E: 5 g, F: 11 g, Kh: 21 g, kJ: 879, kcal: 209

4	*Zwiebeln*
4	*Zucchini (je etwa 200 g)*
je 3	*rote und grüne Paprikaschoten*
300 g	*Knollensellerie*
3	*Auberginen (je etwa 300 g)*
1,2 kg	*fest kochende Kartoffeln*
10	*Tomaten*
125 ml (⅛ l)	*Olivenöl*
je etwa 5	*Thymian- und Majoranstängel*
6	*abgezogene Knoblauchzehen*
	Salz
	frisch gemahlener Pfeffer
125 ml (⅛ l)	*Gemüsebrühe*

Zubereitungszeit: 70 Min.
Garzeit: 35–45 Min.

1. Zwiebeln abziehen und fein würfeln. Zucchini waschen, abtrocknen. Die Enden abschneiden. Paprika halbieren, entstielen, entkernen und die weißen Scheidewände entfernen. Die Schoten waschen, abtrocknen. Sellerie putzen, schälen, waschen und abtropfen lassen. Auberginen waschen, abtrocknen. Stängelansätze abschneiden. Kartoffeln schälen, abspülen, abtropfen lassen. Tomaten waschen, abtrocknen, halbieren. Stängelansätze herausschneiden.

2. Zucchini, Paprika, Sellerie, Auberginen, Kartoffeln und Tomaten in etwa 1 cm große Würfel schneiden.

3. Olivenöl portionsweise in einem Topf erhitzen, portionsweise Zwiebel-, dann Gemüse- und Kartoffelwürfel darin andünsten. Zuletzt Tomatenwürfel hinzugeben.

4. Thymian und Majoran abspülen und trockentupfen. Die Blättchen von den Stängeln zupfen. Knoblauch abziehen und durch eine Knoblauchpresse drücken. Das Gemüse mit Kräuterblättchen, Salz, Pfeffer und Knoblauch würzen und in eine große oder 2 kleine Auflaufformen geben. Brühe hinzugießen. Die Form (Formen) auf dem Rost in den Backofen schieben.

Ober-/Unterhitze: etwa 200 °C (vorgeheizt)
Heißluft: etwa 180 °C (nicht vorgeheizt)
Gas: Stufe 3–4 (nicht vorgeheizt)
Garzeit: 35–45 Minuten.

5. Das Gemüse durchrühren und nochmals mit Salz und Pfeffer würzen.

Gemüsesuppe „Querbeet“ | Einfach

8 Portionen

Pro Portion:
E: 10 g, F: 9 g, Kh: 14 g, kJ: 760, kcal: 181

500 g	*fest kochende Kartoffeln*
2½ l	*Gemüsebrühe*
1 Beutel (1 kg)	*TK-Suppengemüse*
1 Bund	*Petersilie*
1 Bund	*Kerbel*
200 g	*Emmentaler-Käse*
	Salz
	frisch gemahlener Pfeffer

Zubereitungszeit: 60 Min.

1. Kartoffeln waschen, schälen, abspülen und in Würfel schneiden. Gemüsebrühe in einen Topf geben, Kartoffelwürfel hinzufügen, alles zum Kochen bringen und etwa 20 Minuten kochen lassen.

2. Suppengemüse dazugeben und alles weitere 10 Minuten garen.

3. In der Zwischenzeit Petersilie und Kerbel kalt abspülen, trockentupfen, die Blättchen von den Stängeln zupfen und fein hacken. Emmentaler hobeln.

4. Die Suppe salzen, pfeffern und mit den gehackten Kräutern bestreuen. Den Emmentaler kurz vor dem Servieren über die Suppe streuen.

Tipp: Dazu ein kräftiges Brot oder Brötchen reichen.

Gemüsesuppe, scharfe I

Gut vorzubereiten

12 Portionen

Pro Portion:
E: 11 g, F: 13 g, Kh: 38 g, kJ: 1315, kcal: 313

2 Bund	*Suppengrün (Möhre, Sellerie, Porree)*
6	*Zwiebeln*
4	*Knoblauchzehen*
2	*Chilischoten*
3 Stangen	*Porree (Lauch)*
5 EL	*Speiseöl*
50 g	*Tomatenmark*
	Salz
	frisch gemahlener Pfeffer
300 g	*grüne TK-Bohnen*
2 ½ l	*Gemüsebrühe*
2 Dosen	*stückiges Tomatenpüree (Inhalt je 800 g)*
4	*Baguettes mit Kräuterbutter zum Aufbacken (je 175 g, aus der Kühltheke)*
1 Bund	*Petersilie*
2 Dosen	*Kidneybohnen (Abtropfgewicht je 250 g)*
1–2 TL	*Paprikapulver rosenscharf*

Zubereitungszeit: 70 Min.

1. Das Suppengrün putzen, waschen, abtropfen lassen und klein schneiden. Zwiebeln und Knoblauch abziehen, fein hacken. Von den Chilischoten die Stängelansätze abschneiden, die Kerne mit einem spitzen Messer herauskratzen. Die Schoten waschen, abtropfen lassen und in Ringe schneiden.

2. Porree putzen, die Stangen seitlich einschneiden, gründlich waschen und abtropfen lassen. Porree in Streifen schneiden.

3. Öl in einem großen Topf erhitzen. Zwiebeln, Knoblauch und Suppengrün darin andünsten. Tomatenmark unterrühren und kurz mitdünsten, mit Salz und Pfeffer

bestreuen. Porree, grüne Bohnen und Chili unterrühren. Brühe hinzugießen und zum Kochen bringen. Suppe etwa 10 Minuten bei mittlerer Hitze kochen.

4. Tomatenpüree unterrühren und die Suppe weitere 10 Minuten kochen.

5. Kräuterbaguette nach Packungsanleitung aufbacken. Petersilie abspülen, trockentupfen, die Blätter von den Stängeln zupfen und fein schneiden. Kidneybohnen in ein Sieb geben, mit kaltem Wasser abspülen und abtropfen lassen.

6. Kidneybohnen in die Suppe geben und erhitzen. Die Suppe mit Salz, Pfeffer und Paprikapulver abschmecken, mit Petersilie bestreuen. Baguettes in Scheiben schneiden und zur Suppe servieren.

Gemüsetopf, Katalanischer | Einfach

8 Portionen

Pro Portion:
E: 19 g, F: 13 g, Kh: 19 g, kJ: 1156, kcal: 276

4 große Zwiebeln
60 g Schweineschmalz
2 grüne Paprikaschoten
400 g Möhren
600 g Kartoffeln
500 g TK-Erbsen
2 l Gemüsebrühe
Salz
frisch gemahlener Pfeffer
gerebelter Rosmarin

400 g roher Schinken oder Schinkenspeck
4 hart gekochte Eier
2 EL gehackte Petersilie

Petersilienblättchen

Zubereitungszeit: 55 Min.
Garzeit: 20–25 Min.

1. Zwiebeln abziehen und in kleine Würfel schneiden. Schmalz in einem großen Topf erhitzen, Zwiebelwürfel darin glasig dünsten.

2. Paprika halbieren, entstielen, entkernen, die weißen Scheidewände entfernen. Die Schoten waschen, abtropfen lassen und in Würfel schneiden. Paprikastreifen zu den Zwiebelwürfeln geben und kurz mit andünsten.

3. Möhren putzen, schälen, waschen und abtropfen lassen. Kartoffeln waschen, schälen, abspülen und abtropfen lassen. Möhren und Kartoffeln in kleine Würfel schneiden.

4. Die gefrorenen Erbsen, Möhren- und Kartoffelwürfel zu den Paprikawürfeln geben, Brühe hinzugießen, zum Kochen bringen. Mit Salz, Pfeffer und Rosmarin würzen. Die Zutaten zum Kochen bringen und zugedeckt 20–25 Minuten garen. Evtl. nochmals mit den Gewürzen abschmecken.

5. Schinken in Streifen schneiden, Eier pellen, in Scheiben oder Viertel schneiden und auf den Gemüsetopf geben. Mit Petersilie bestreut und Petersilienblättchen garniert servieren.

Abwandlung: Der Gemüsetopf kann auch mit einer anderen Gemüsemischung zubereitet werden wie z. B. mit 250 g weißen Rübchen, 200 g Knollensellerie, 400 g Porree (Lauch), 2 kleinen Zucchini, 200 g grünen Bohnen, 350 g Möhren, 2 Zwiebeln und 400 g Kartoffeln. Dann statt Petersilienblättchen Kerbelblättchen verwenden.

Geschnetzeltes mit Frischkäse I

Mit Alkohol

12 Portionen

Pro Portion:

E: 34 g, F: 30 g, Kh: 4 g, kJ: 1839, kcal: 439

1,5 kg	*Schnitzelfleisch*
2 Gläser	*Champignons in Scheiben (Abtropfgewicht 200 g)*
2	*Zwiebeln*
1 Bund	*Frühlingszwiebeln*
5 EL	*Speiseöl, z. B. Olivenöl*
	Salz
	frisch gemahlener Pfeffer
500 ml (½ l)	*Gemüsebrühe*
500 ml (½ l)	*Schlagsahne*
400 g	*Doppelrahm-Frischkäse*
200 ml	*trockener Weißwein*
evtl. 1 EL	*Currypulver*

Zubereitungszeit: 40 Min.

1. Schnitzelfleisch unter fließendem kalten Wasser abspülen, trockentupfen und in dünne Streifen schneiden. Champignonscheiben in einem Sieb abtropfen lassen.

2. Zwiebeln abziehen und fein würfeln. Frühlingszwiebeln putzen, waschen, abtropfen lassen und schräg in dünne Ringe schneiden.

3. Etwas Öl in einem Bräter erhitzen. Die Fleischstreifen portionsweise darin anbraten, mit Salz und Pfeffer bestreuen. Fleischstreifen aus dem Bräter nehmen und in dem verbliebenen Bratfett die Zwiebelwürfel andünsten.

4. Brühe und Sahne einrühren und zum Kochen bringen. Champignons und Frühlingszwiebelringe hinzufügen. Frischkäse und Wein unterrühren und erwärmen. Fleischstreifen wieder hinzufügen, kurz erwärmen. Das Geschnetzelte nochmals mit Salz, Pfeffer und evtl. Currypulver abschmecken.

Beilage: Bandnudeln oder Reis und ein Salat.

Giraffencreme | Für Kinder

10 Portionen

Pro Portion:
E: 4 g, F: 36 g, Kh: 30 g, kJ: 1927, kcal: 461

1 Dose	*Pfirsichhälften (Abtropfgewicht 500 g)*
600 g	*Mascarpone (italienischer Frischkäse)*
80 g	*Zucker*
4 EL	*Pfirsichsaft*
200 ml	*Schlagsahne*
1 Pck.	*Dr. Oetker Sahnesteif*
150 g	*Schoko-Cookies*
einige	*Minzeblättchen*

Zubereitungszeit: 40 Min.

1. Pfirsiche in einem Sieb abtropfen lassen, dabei den Saft auffangen und 4 Esslöffel abmessen. 2 Pfirsichhälften zum Garnieren zurücklassen, die restlichen in einem Mixer pürieren.

2. Mascarpone mit Zucker und dem abgemessenen Pfirsichsaft glatt rühren, Pfirsichpürre unterrühren, Sahne mit Sahnesteif steif schlagen. Ein Drittel der Sahne zum Garnieren beiseite stellen. Restliche Sahne unter die Mascarponecreme heben. Die Creme in 3 Portionen teilen.

3. Schoko-Cookies in einen Gefrierbeutel geben, den Beutel verschließen und die Cookies mit einer Teigrolle zerdrücken. Die Cookie-Brösel in 3 Portionen teilen.

4. Eine Portion Creme auf 10 Dessertschälchen oder kleine Gläser verteilen und eine Portion Cookie-Brösel darauf geben. So fortfahren, bis alle Zutaten aufgebraucht sind.

5. Die zurückgelassenen Pfirsichhälften in Spalten schneiden. Die Giraffencreme mit der beiseite gestellten Sahne, Pfirsichspalten und Minzeblättchen garnieren. Die Giraffencreme gut gekühlt servieren.

Abwandlung: Anstelle der Schoko-Cookies können Sie auch Löffelbiskuits verwenden. Die Pfirsiche können auch gegen Aprikosen ausgetauscht werden.

Gnocchi-Sauerkraut-Auflauf |

Schnell

8–10 Portionen

Pro Portion:
E: 31 g, F: 25 g, Kh: 30 g, kJ: 2078, kcal: 496

2	*Zwiebeln*
3	*rote Paprikaschoten (je etwa 150 g)*
600 g	*Schweinefilet*
4 EL	*Speiseöl*
	Salz
	frisch gemahlener Pfeffer
1 große Dose	*mildes Weinsauerkraut (Abtropfgewicht 770 g)*
1 kleine Dose	*mildes Weinsauerkraut (Abtropfgewicht 520 g)*
1 EL	*getrockneter Rosmarin*
2 Pck. (je 400 g)	*Gnocchi (aus dem Kühlregal)*

Für den Guss:

500 g	*saure Sahne*
2 Pck. (je 200 g)	*geriebener Gouda*
	Paprikapulver edelsüß

Zubereitungszeit: 30 Min.

1. Zwiebeln abziehen und würfeln. Paprikaschoten halbieren, entstielen, entkernen und die weißen Scheidewände entfernen, die Schoten waschen und in Streifen schneiden. Schweinefilet unter fließendem kalten Wasser abspülen, trockentupfen und in mundgerechte Würfel schneiden.

2. Öl in einem großen Topf erhitzen. Fleischwürfel darin portionsweise rundherum braun anbraten, mit Salz und Pfeffer würzen und herausnehmen.

3. Zwiebelwürfel und Paprikastreifen in dem verbliebenen Bratfett andünsten. Sauerkraut mit der Flüssigkeit aus den Dosen und Rosmarin zugeben und etwa 5 Minuten mitschmoren.

4. Das Sauerkraut mit Salz und Pfeffer würzen. Gnocchi direkt aus der Packung zum Sauerkraut geben und im geschlossenen Topf 1–2 Minuten garen. Dann alles im offenen Topf kurz weiterschmoren, bis fast keine Flüssigkeit mehr vorhanden ist.

5. Die Fleischwürfel unterheben. Die Mischung in eine große, flache Auflaufform füllen.

6. Für den Guss saure Sahne mit Gouda verrühren, mit Paprikapulver, Salz und Pfeffer würzen und gleichmäßig über die Gnocchi-Sauerkraut-Mischung verteilen. Die Form auf dem Rost in den Backofen schieben.

Ober-/Unterhitze: 180–200 °C (vorgeheizt)
Heißluft: 160–180 °C (vorgeheizt)
Gas: etwa Stufe 3 (vorgeheizt)
Überbackzeit: etwa 30 Minuten.

Tipp: Anstelle von Schweinefilet können Sie auch Schweineschnitzel verwenden. Das Schnitzelfleisch in Streifen schneiden und wie oben angegeben anbraten.

Gnocchi-Topf | Vegetarisch

8 Portionen

Pro Portion:
E: 20 g, F: 35 g, Kh: 61 g, kJ: 2682, kcal: 637

400 g Brokkoli
400 g kleine weiße oder braune Champignons
400 g Cocktailtomaten
1 Zwiebel
3 EL Speiseöl
500 ml (½ l) Gemüsebrühe (Instant)
3 Becher (je 200 ml) Schlagsahne
Salz
frisch gemahlener Pfeffer
Knoblauchpulver

3 l Wasser
3 gestr. TL Salz
1,5 kg frische Gnocchi (aus dem Kühlregal)
2 kleine Töpfe frisches Basilikum
250 g geriebener Parmesan-Käse

Zubereitungszeit: 90 Min.
Garzeit: 15–20 Min.

1. Von dem Brokkoli die Blätter entfernen. Brokkoli waschen, abtropfen lassen und in Röschen teilen. Champignons putzen, mit Küchenpapier abreiben, evtl. abspülen und abtropfen lassen. Cocktailtomaten waschen, abtrocknen und halbieren, evtl. Stängelansätze herausschneiden. Zwiebel abziehen und in kleine Würfel schneiden.

2. Speiseöl in einem Bräter erhitzen. Zwiebelwürfel darin glasig dünsten. Champignons und Brokkoliröschen hinzugeben, mit andünsten. Gemüsebrühe und Sahne hinzugießen, zum Kochen bringen und zugedeckt etwa 10 Minuten garen. Mit Salz, Pfeffer und Knoblauch würzen. Tomatenhälften hinzufügen.

3. Wasser mit Salz in einem großen Topf zum Kochen bringen. Gnocchi hinzugeben und 5–10 Minuten darin gar ziehen lassen. Wenn die Gnocchi an der Oberfläche schwimmen, mit einem Schaumlöffel herausnehmen, in den Gemüsetopf geben und vorsichtig unterheben.

4. Basilikum abspülen und trockentupfen. Die Blättchen von den Stängeln zupfen und unterrühren.

5. Den Gnocchi-Topf mit Parmesan-Käse bestreut servieren.

Tipp: Dieses Gericht kann auch mit anderen Nudelsorten (z. B. Penne, Ravioli oder Tortellini) zubereitet werden.

Götter-Schicht-Speise | Klassisch

8 Portionen

Pro Portion:
E: 9 g, F: 10 g, Kh: 20 g, kJ: 917, kcal: 218

400 g	*Himbeeren*
2 Pck.	
(4 Beutel)	*Götterspeise Himbeer-Geschmack*
8–10 EL	*Zucker*
1 l	*Wasser*
250 ml (¼ l)	*Schlagsahne*

Zubereitungszeit: 30 Min., ohne Kühlzeit

1. Himbeeren verlesen, kurz abspülen und abtropfen lassen. Einige schöne Himbeeren zum Garnieren beiseite legen und die restlichen Himbeeren in eine hohe Glasschale geben.

2. Die Götterspeise mit Zucker und Wasser nach Packungsanleitung – aber mit den hier angegebenen Zutaten – zubereiten. Die Hälfte der Flüssigkeit auf die Himbeeren in die Glasschale gießen, die Schale schräg in den Kühlschrank stellen und die Speise fest werden lassen.

3. Ein Drittel der restlichen Flüssigkeit in eine kleine, flache Schale gießen, die übrigen zwei Drittel in eine Rührschüssel gießen. Beides anziehen lassen.

4. Sobald die zwei Drittel der Götterspeise anfangen dicklich zu werden, Sahne steif schlagen. Die Götterspeise mit Handrührgerät mit Rührbesen schaumig schlagen und Sahne unterheben. Die Sahnemasse auf die feste Götterspeise in der Glasschale füllen, glatt streichen und wieder kalt stellen.

5. Die feste Götterspeise aus der kleinen Schale in kleine Würfel schneiden und mit den beiseite gelegten Himbeeren auf der Speise anrichten.

Tipp: Nach Belieben die Götter-Schicht-Speise mit Hagelzucker bestreuen.
Die Götter-Schicht-Speise kann natürlich auch in Portionsschälchen angerichtet werden. Dann nach Belieben die Speise zusätzlich mit 50–100 g verlesenen Himbeeren garnieren.

Griechische Lammsteaks | Für Gäste

8 Portionen

Pro Portion:
E: 33 g, F: 25 g, Kh: 14 g, kJ: 1731, kcal: 413

8 Lammsteaks (aus der Hüfte, je etwa 150 g)
Salz
frisch gemahlener Pfeffer
gerebelter Oregano
4 EL Olivenöl
4 Knoblauchzehen
1 Zwiebel
300 g TK-Blattspinat (aufgetaut)
frisch geriebene Muskatnuss
200 g Schafkäse
je 2 mittelgroße gelbe und grüne Zucchini
600 g gegarte Pellkartoffeln
1 rote Paprikaschote
1 kleine Dose (400 g) stückige Tomaten

Zubereitungszeit: 60 Min.
Garzeit: etwa 45 Min.

1. Lammsteaks unter fließendem kalten Wasser abspülen und trockentupfen. Lammsteaks waagerecht halbieren. Mit Salz, Pfeffer und Oregano würzen. Jeweils die Hälfte des Olivenöls in einer großen Pfanne erhitzen. Die Lammsteaks in 2 Portionen von beiden Seiten darin anbraten, herausnehmen und in eine große flache Auflaufform legen. Knoblauch abziehen, durch eine Knoblauchpresse drücken und auf den Lammsteaks verteilen.

2. Zwiebel abziehen und in kleine Würfel schneiden. Blattspinat mit den Zwiebelwürfeln in einem kleinen Topf kurz andünsten. Mit Salz, Pfeffer und Muskat würzen. Spinat auf den Lammsteaks verteilen. Schafkäse in Scheiben schneiden und auf den Spinat legen.

3. Zucchini waschen, abtrocknen und die Enden abschneiden. Zucchini in Scheiben schneiden und die Zwischenräume damit auslegen. Kartoffeln evtl. pellen, längs halbieren und in Achtel schneiden.

4. Paprika halbieren, entstielen, entkernen, die weißen Scheidewände entfernen. Die Schote waschen, trockentupfen und in Stücke schneiden. Kartoffelachtel und Paprikastücke ebenfalls in die Zwischenräume zwischen den Lammsteaks legen. Mit Salz, Pfeffer und Oregano würzen. Zuletzt Tomatenstücke darauf geben.

5. Die Form auf dem Rost in den Backofen schieben.

Ober-/Unterhitze: etwa 200 °C (vorgeheizt)
Heißluft: etwa 180 °C (nicht vorgeheizt)
Gas: Stufe 3–4 (nicht vorgeheizt)
Garzeit: etwa 45 Minuten.

Beilage: Fladenbrot.

Griechische Ostersuppe I

Raffiniert

8–10 Portionen

Pro Portion:
E: 34 g, F: 20 g, Kh: 6 g, kJ: 1455, kcal: 348

1,2 kg	*mageres Lammfleisch*
5 EL	*Olivenöl*
	Salz
	frisch gemahlener Pfeffer
2–3 Bund	*Frühlingszwiebeln*
½ Topf	*Pfefferminze*
2 l	*heiße Rindfleischbrühe*
1 Topf	*glatte Petersilie*
½ Bund	*Dill*
8	*Eier (Größe M)*
	Saft von
4	*Zitronen*

Zubereitungszeit: 45 Min.
Garzeit: etwa 45 Min.

1. Fleisch unter fließendem kalten Wasser abspülen, trockentupfen und in kleine Würfel schneiden. Öl in einem großen Topf erhitzen. Die Fleischwürfel darin in 2 Portionen anbraten, mit Salz und Pfeffer würzen.

2. Frühlingszwiebeln putzen, waschen, abtropfen lassen und in kleine Stücke schneiden. Minze abspülen, trockentupfen und die Blättchen von den Stängeln zupfen. Blättchen fein hacken und zusammen mit den Frühlingszwiebeln zum Fleisch geben.

3. Rindfleischbrühe hinzugießen, alles zum Kochen bringen und bei schwacher Hitze etwa 45 Minuten kochen lassen, mit Salz und Pfeffer würzen.

4. Kräuter abspülen und trockentupfen. Dill in kleinere Stängel zupfen. Von der Petersilie die Blättchen von den Stängeln zupfen. Kräuter grob hacken.

5. Eier mit Zitronensaft und einigen Esslöffeln heißer Brühe verschlagen, vorsichtig unter die restliche Brühe rühren und die Suppe sofort von der Kochstelle nehmen. Die Suppe darf nicht mehr kochen, da das Eiweiß sonst gerinnt. Petersilie und Dill unterrühren. Die Suppe evtl. nochmals mit Salz und Pfeffer abschmecken.

Beilage: Geröstetes Fladenbrot.

Tipp: Anstatt der Rinderbrühe können Sie auch Gemüsebrühe oder Lammfond verwenden.

Gulasch vom Wirsingkohl |

Vegetarisch

8–10 Portionen

Pro Portion:
E: 5 g, F: 7 g, Kh: 17 g, kJ: 668, kcal: 160

1	*kleiner Wirsingkopf (etwa 1 kg)*
2–3 Bund	*Suppengrün (Möhren, Porree, Sellerie)*
3	*Zwiebeln*
600 g	*kleine fest kochende Kartoffeln*
1 Topf	*Thymian*
6 EL	*Olivenöl*
2 EL	*Zucker*
6 EL	*Balsamico-Essig*
400 ml	*Gemüsebrühe*
1 gestr. TL	*gemahlener Kümmel*
	Salz
	frisch gemahlener Pfeffer

Zubereitungszeit: 55 Min.
Garzeit: etwa 30 Min.

1. Von dem Wirsing die groben äußeren Blätter lösen. Wirsing vierteln, den Strunk herausschneiden. Wirsing abspülen, abtropfen lassen und in Stücke schneiden. Suppengrün putzen, schälen, waschen, abtropfen lassen und in kleine Würfel schneiden.

2. Zwiebeln abziehen und in grobe Würfel schneiden. Kartoffeln waschen, schälen, abspülen, abtropfen lassen und in Würfel schneiden. Thymian abspülen und trockentupfen. Die Blättchen von den Stängeln zupfen.

3. Olivenöl in einem Bräter oder großen Topf erhitzen. Vorbereitete Gemüse- und Kartoffelwürfel portionsweise etwa 10 Minuten darin andünsten. Zucker unterrühren und karamellisieren lassen. Essig und Brühe hinzugießen. Die Hälfte der Thymianblättchen hinzugeben, mit Kümmel, Salz und Pfeffer würzen. Die Zutaten zum Kochen bringen und zugedeckt bei schwacher Hitze etwa 30 Minuten garen. Nochmals mit den Gewürzen abschmecken und restliche Thymianblättchen unterrühren.

Beilage: Landbrot oder Roggenbrötchen.

Tipp: Gulasch als nicht vegetarisches Gericht mit kleinen Hackfleischbällchen zubereiten. Dafür 600 g Bratwurstbrät mit angefeuchteten Händen zu kleinen Bällchen formen, diese in kochendem Salzwasser etwa 5 Minuten garen, herausnehmen und zum Gulasch geben.

Gulaschsuppe, Ungarische I

Mit Alkohol

8 Portionen

Pro Portion:
E: 25 g, F: 24 g, Kh: 8 g, kJ: 1632, kcal: 390

800 g Rindergulasch
4 Zwiebeln
4–6 Knoblauchzehen
4 große gelbe Paprikaschoten (je 250 g)
2 große grüne Paprikaschoten (je 250 g)
2 Peperoni
7 EL Speiseöl
Salz, Pfeffer
2 gestr. EL Paprikapulver edelsüß
4 EL Tomatenmark
1½ l Fleischbrühe
250 ml (¼ l) Rotwein
Cayennepfeffer

Zubereitungszeit: 1¾ Std.

1. Gulasch evtl. unter fließendem kalten Wasser abspülen, trockentupfen und evtl. etwas kleiner schneiden. Zwiebeln und Knoblauch abziehen und würfeln.

2. Paprikaschoten halbieren, entstielen, entkernen, die weißen Scheidewände entfernen, die Schoten waschen und in Würfel schneiden. Peperoni halbieren, entstielen, entkernen, waschen und in Streifen schneiden.

3. Öl portionsweise in einem großen Topf erhitzen. Gulasch portionsweise darin von allen Seiten anbraten und mit Salz, Pfeffer und Paprikapulver würzen.

4. Zwiebel-, Knoblauch- und Paprikawürfel und Peperonistreifen zu dem Gulasch geben und mit andünsten.

5. Tomatenmark unterrühren. Brühe und Rotwein hinzugießen und alles 45–60 Minuten kochen lassen.

6. Die Gulaschsuppe kräftig mit Salz, Pfeffer, Paprikapulver und Cayennepfeffer würzen.

Vorbereitungstipp: Sie können die Suppe bereits einen Tag vor dem Verzehr zubereiten oder die Suppe portionsweise einfrieren.

Grüne-Bohnen-Tomaten-Eintopf I

Klassisch

8 Portionen

Pro Portion:

E: 32 g, F: 21 g, Kh: 19 g, kJ: 1778, kcal: 425

1 kg	*Rindfleisch*
4	*mittelgroße Zwiebeln*
5 EL	*Speiseöl*
	Salz
	frisch gemahlener Pfeffer
1 l	*Fleischbrühe*
1 kg	*grüne Bohnen*
6	*mittelgroße Kartoffeln*
1,2 kg	*Tomaten*
einige Zweige	*Oregano*

Zubereitungszeit: 90 Min.

1. Rindfleisch unter fließendem kalten Wasser abspülen, trockentupfen und in kleine Würfel schneiden. Zwiebeln abziehen und ebenfalls würfeln.

2. Öl in einem großen Topf erhitzen. Die Fleischwürfel portionsweise darin von allen Seiten anbraten. Zwiebelwürfel hinzufügen und mit anbraten. Alles mit Salz und Pfeffer bestreuen. Fleischbrühe hinzufügen, zum Kochen bringen, etwa 30 Minuten schmoren lassen.

3. In der Zwischenzeit von den grünen Bohnen die Enden abschneiden, die Bohnen evtl. abfädeln, waschen und in Stücke schneiden. Kartoffeln waschen, schälen, abspülen und fein würfeln.

4. Beide Zutaten zu dem Fleisch geben, umrühren, wieder zum Kochen bringen und noch etwa 30 Minuten garen.

5. In der Zwischenzeit Tomaten waschen, abtropfen lassen, kreuzweise einschneiden, kurz in kochendes Wasser legen und mit kaltem Wasser abschrecken. Tomaten enthäuten, die Stängelansätze herausschneiden und das Fruchtfleisch vierteln oder achteln.

6. Die Tomatenviertel oder -achtel zu dem Eintopf geben, mit Salz, Pfeffer und Oregano gut würzen und den Eintopf weitere 5–10 Minuten garen.

Gyros-Pizza | Beliebt

8–10 Portionen

Pro Portion:
E: 32 g, F: 24 g, Kh: 52 g, kJ: 2301, kcal: 550

Für den Hefeteig:

600 g	*Weizenmehl*
2 Pck.	*Dr. Oetker Trockenbackhefe*
2 gestr. TL	*Salz*
300 ml	*lauwarmes Wasser*
5 EL	*Olivenöl*

Für den Belag:

1 kleines Glas	*milde Peperoni (Abtropfgewicht 135 g)*
600 g	*Gyros-Fleisch (vorbereitet, vom Fleischer)*
2–3 EL	*Olivenöl*
300 g	*Gouda-Käse*
2 Dosen	*passierte Tomaten (je 400 g)*
einige Stängel	*glatte Petersilie*

Zubereitungszeit: 40 Min., ohne Teiggehzeit
Backzeit: etwa 25 Min. je Blech

1. Für den Teig Mehl in eine Rührschüssel sieben und mit der Hefe sorgfältig vermischen. Salz, Wasser und Öl hinzufügen.

2. Die Zutaten mit Handrührgerät mit Knethaken zunächst auf niedrigster, dann auf höchster Stufe in etwa 5 Minuten zu einem glatten Teig verarbeiten. Den Teig an einem warmen Ort so lange gehen lassen, bis er sich sichtbar vergrößert hat.

3. In der Zwischenzeit für den Belag Peperoni in einem Sieb abtropfen lassen. Öl portionsweise in einer Pfanne erhitzen. Gyros portionsweise darin anbraten. Käse reiben.

4. Den Teig aus der Schüssel nehmen, auf der leicht bemehlten Arbeitsfläche nochmals kurz durchkneten und halbieren. Jede Teighälfte auf einem Backblech (30 x 40 cm, gefettet) ausrollen.

5. Den Teig mit den passierten Tomaten bestreichen. Gyros und Peperoni darauf verteilen und mit Gouda bestreuen. Die Backbleche nacheinander (bei Heißluft zusammen) in den Backofen schieben.

Ober-/Unterhitze: etwa 220 °C (vorgeheizt)
Heißluft: etwa 200 °C (vorgeheizt)
Gas: Stufe 4–5 (vorgeheizt)
Backzeit: etwa 25 Minuten je Blech.

6. Petersilie abspülen, trockentupfen und die Blättchen von den Stängeln zupfen. Blättchen fein hacken und die Pizzen damit bestreuen.

Tipp: Die Backbleche bei Ober- und Unterhitze im unteren Drittel in den Backofen schieben.

Gyrossuppe | Klassisch

12 Portionen

Pro Portion:
E: 33 g, F: 34 g, Kh: 20 g, kJ: 2201, kcal: 526

1 ½ kg	*Schweineschnitzel*
2–3	*Knoblauchzehen*
6 EL	*Olivenöl*
2 EL	*Gyrosgewürz*
2 EL	*Olivenöl*
600 ml	*Schlagsahne*
4	*große Zwiebeln*
je 3	*rote und grüne Paprikaschoten*
4 EL	*Olivenöl*
2 Beutel	*Zwiebelsuppenpulver*
1 l	*Wasser*
½ Bund	*Thymian*
1 Glas	*Zigeuner- oder Chilisauce (500 ml)*
175 g	*Sahne-Schmelzkäse*
	Salz
	frisch gemahlener Pfeffer

Zubereitungszeit:
75 Min., ohne Marinier- und Kühlzeit

1. Schweineschnitzel unter fließendem kalten Wasser abspülen und trockentupfen. Das Fleisch in nicht allzu lange Streifen schneiden.

2. Knoblauch abziehen, durch eine Knoblauchpresse drücken und zusammen mit Öl und Gyrosgewürz zum Fleisch geben, gut durchrühren und 2–3 Stunden kalt gestellt marinieren.

3. Öl in einer Pfanne erhitzen. Das Fleisch portionsweise von allen Seiten darin anbraten. Fleisch erkalten lassen und dann in eine große verschließbare Form geben.

4. Sahne über das Fleisch gießen, die Form zudecken und das Fleisch kalt gestellt über Nacht marinieren.

5. Zwiebeln abziehen, halbieren und in Scheiben schneiden. Paprika halbieren, entstielen, entkernen und die weißen Scheidewände entfernen. Schoten waschen, abtropfen lassen und in Streifen schneiden.

6. Öl in einem großen Topf erhitzen. Zwiebeln und Paprika darin andünsten. Das Zwiebelsuppenpulver und Wasser unterrühren, zum Kochen bringen und etwa 10 Minuten kochen lassen.

7. Thymian abspülen, trockentupfen und die Blättchen von den Stängeln zupfen. Thymianblättchen, Zigeuner- oder Chilisauce, Schmelzkäse und das marinierte Fleisch in die Suppe geben und unter Rühren zum Kochen bringen, bis der Käse sich gut aufgelöst hat.

8. Die Gyrossuppe mit Salz und Pfeffer abschmecken.

Tipp: Schmelzkäse erst mit etwas Suppe glatt rühren und dann unter die Suppe rühren. So können sich keine Klümpchen bilden. Wer Zeit einsparen möchte, kann auch fertiges, mit Zwiebeln mariniertes Gyrosfleisch kaufen und startet dann mit Punkt 3. Nach Belieben eine Dose Gemüsemais (Abtropfgewicht 340 g) hinzufügen oder auch den Schmelzkäse weglassen. Es gibt dieses Rezept in mehreren Variationen.

Hackfleischpizza | Beliebt

12 Portionen

Pro Portion:
E: 39 g, F: 34 g, Kh: 16 g, kJ: 2198, kcal: 524

2 Brötchen vom Vortag
3 Zwiebeln
2 Knoblauchzehen
300 g Schafkäse
1 große Zucchini
2 mittelgroße Möhren
1 ½ kg Gehacktes (halb Rind-, halb Schweinefleisch)
2 Eier (Größe M)
Salz, frisch gemahlener Pfeffer
1 EL gerebelter Oregano
2 Gläser Champignons in Scheiben (Abtropfgewicht je 200 g)
1 Glas Zigeunersauce (500 g)
3 Fleischtomaten
2 rote Paprikaschoten
250 g Mozzarella-Käse
1 EL gerebelter Oregano
100 g geriebener Pizza-Käse

Zubereitungszeit: 50 Min.
Garzeit: 45–55 Min.

1. Brötchen in kaltem Wasser einweichen. Zwiebeln und Knoblauch abziehen, fein würfeln. Schafkäse in Würfel schneiden oder zerbröseln. Zucchini abspülen, abtrocknen. Enden abschneiden. Möhren putzen, schälen, abspülen und abtropfen lassen. Zucchini und Möhren grob raspeln.

2. Gehacktes in eine große Schüssel geben. Brötchen gut ausdrücken, mit Zwiebel-, Knoblauch- Schafkäsewürfeln, Eiern und Zucchini- und Möhrenraspeln und dem Gehackten gut vermengen, mit Salz, Pfeffer und Oregano würzen.

3. Champignons in einem Sieb abtropfen. Hackmasse in einer Fettfangschale (gefettet) verstreichen. Zigeunersauce darauf streichen. Champignonscheiben darauf verteilen. Fettfangschale in den Backofen schieben.

Ober-/Unterhitze: etwa 200 °C (vorgeheizt)
Heißluft: etwa 180 °C (vorgeheizt)
Gas: Stufe 3–4 (vorgeheizt)
Garzeit: 25 Minuten.

4. Tomaten waschen, abtropfen lassen, halbieren und die Stängelansätze herausschneiden. Tomaten in Scheiben schneiden. Von den Paprikaschoten die Stielansätze keilförmig herausschneiden. Kerne und weiße Scheidewände herauskratzen. Schoten waschen, abtropfen lassen und in Ringe schneiden. Mozzarella abtropfen lassen und in Scheiben schneiden.

5. Tomatenscheiben und Paprikaringe auf der Pizza verteilen. Mit Salz, Pfeffer und Oregano bestreuen. Mozzarellascheiben in die Paprikaringe legen, Pizza-Käse in die Zwischenräume streuen. Die Fettfangschale wieder in den Backofen schieben. Die Pizza bei der angegebenen Backofeneinstellung weitere 20–30 Minuten garen.

Tipp: Es können nach Belieben statt Zucchini und Möhren auch Paprikawürfel, Mais oder nur Schafkäsewürfel in den Hackfleischteig gegeben werden.

Hackfleischsuppe, süß-saure I

Einfach

12 Portionen

Pro Portion:

E: 28 g, F: 39 g, Kh: 37 g, kJ: 2711, kcal: 645

1	*Gemüsezwiebel*
4	*Knoblauchzehen*
1,5 kg	*gemischtes Gehacktes (halb Rind-, halb Schweinefleisch)*
7 EL	*Speiseöl*
	Salz
	frisch gemahlener Pfeffer
250 g	*Langkornreis*
3 l	*Gemüsebrühe*
500 g	*Zucchini*
300 g	*Cocktailtomaten*
2 Flaschen (je 250 ml)	*süß-saure Asia-Sauce*
250 g	*TK-Erbsen*
	Cayennepfeffer

Zubereitungszeit: 40 Min.

1. Zwiebel und Knoblauch abziehen. Zwiebel in grobe Würfel schneiden, Knoblauch fein hacken.

2. Gehacktes portionsweise in etwa 5 Esslöffeln Öl anbraten, dabei die Fleischklümpchen zerdrücken. Mit Salz und Pfeffer würzen.

3. Das restliche Öl in einem großen Topf erhitzen. Zwiebel, Knoblauch und Reis darin andünsten. Brühe dazugeben, alles zum Kochen bringen und den Reis im geschlossenen Topf bei schwacher Hitze etwa 8 Minuten kochen.

4. In der Zwischenzeit Zucchini waschen, abtrocknen, die Enden abschneiden, Zucchini der Länge nach halbieren und in Scheiben schneiden. Cocktailtomaten waschen und halbieren.

5. Angebratenes Gehacktes, Asia-Sauce und Zucchinischeiben zu dem Reis geben, alles wieder zum Kochen bringen und etwa 5 Minuten weitergaren.

6. Cocktailtomaten und unaufgetaute Erbsen in die Suppe geben und alles etwa 5 Minuten köcheln lassen. Die Suppe mit Cayennepfeffer abschmecken.

Hähnchenfleischtopf, feiner

Mit Alkohol

8 Portionen

Pro Portion:
E: 32 g, F: 9 g, Kh: 15 g, kJ: 1215, kcal: 291

750 g	*Hähnchenbrustfilets*
4	*Hähnchenkeulen (etwa 500 g, ohne Haut und Knochen)*
500 g	*fest kochende Kartoffeln*
1	*Kohlrabi (etwa 400 g)*
4	*dicke Möhren (etwa 400 g)*
2 Bund	*Frühlingszwiebeln (etwa 500 g)*
500 g	*grüner Spargel*
4 EL	*Speiseöl*
	Salz
	frisch gemahlener Pfeffer
etwa 50 g	*Tomatenmark*
500 ml (½ l)	*Hühnerbrühe*
200 ml	*trockener Weißwein, z. B. Riesling*
1 Bund	*Kerbel*

Zubereitungszeit: 45 Min.
Garzeit: etwa 40 Min.

1. Hähnchenbrustfilets und Hähnchenkeulen unter fließendem kalten Wasser abspülen und trockentupfen. Filets in Stücke schneiden. Das Fleisch von den Knochen lösen und ebenfalls in Stücke schneiden.

2. Kartoffeln waschen, schälen, abspülen. Kohlrabi schälen, abspülen. Möhren putzen, schälen, waschen. Frühlingszwiebeln putzen, waschen, abtropfen lassen und in etwa 3 cm lange Stücke schneiden. Kartoffeln, Kohlrabi und Möhren abtropfen lassen, zuerst in Scheiben, dann in Stifte schneiden.

3. Vom Spargel das untere Drittel schälen und die Enden abschneiden. Spargel waschen, abtropfen lassen und in etwa 3 cm lange Stücke schneiden.

4. Speiseöl in einem Bräter erhitzen. Hähnchenfleischstücke von allen Seiten darin anbraten. Mit Salz und Pfeffer bestreuen. Kohlrabi-, Möhren- und Kartoffelstifte hinzugeben und mit andünsten. Tomatenmark unterrühren. Die Hälfte der Brühe hinzugießen. Die Zutaten zum Kochen bringen und etwa 20 Minuten einkochen lassen.

5. Restliche Brühe und Wein hinzugießen, zum Kochen bringen und zugedeckt bei schwacher Hitze noch etwa 10 Minuten garen. Kerbel abspülen und trockentupfen. Die Blättchen von den Stängeln zupfen.

6. Spargel- und Frühlingszwiebelstücke zum Hähnchenfleischtopf geben. Mit Salz und Pfeffer würzen. Einige Kerbelblättchen unterrühren, wieder zum Kochen bringen und weitere etwa 10 Minuten garen.

7. Den Hähnchenfleischtopf mit Salz und Pfeffer abschmecken und mit den restlichen Kerbelblättchen bestreut servieren.

Beilage: Weißbrot mit Kräuterbutter.

Hackfleischtopf, Russischer

Gut vorzubereiten

12 Portionen

Pro Portion:
E: 33 g, F: 30 g, Kh: 9 g, kJ: 1972, kcal: 471

4	*große Zwiebeln*
5 EL	*Speiseöl*
1,6 kg	*Rinderhackfleisch*
3 Stangen	*Porree (Lauch)*
2 Pck. (je 400 g)	*passierte Tomaten*
500 ml (½ l)	*Fleischbrühe*
1 EL	*Senf*
1 EL	*milder Paprika*
1 TL	*Salz*
	frisch gemahlener Pfeffer
450 g	*saure Sahne*

Zubereitungszeit: 50 Min.

1. Zwiebeln abziehen, fein würfeln, in einem Brattopf in erhitztem Öl dünsten.

2. Dann die Hitze erhöhen, das Hackfleisch in den Topf geben und unter Rühren so lange braten, bis es leicht braun und krümelig ist.

3. Porree putzen, in Streifen oder Ringe schneiden, waschen, mit Tomatenpüree, Fleischbrühe, Senf und Gewürzen zu dem Hackfleisch geben, zum Kochen bringen.

4. Hackfleischtopf zugedeckt etwa 15 Minuten bei schwacher Hitze garen, häufig umrühren.

5. Hackfleischtopf abschmecken. Die saure Sahne erst kurz vor dem Servieren darüber gießen.

Beilage: Nudeln oder Reis.

Tipp: Hackfleischtopf eignet sich gut zum Einfrieren, dann die saure Sahne erst nach dem Auftauen und Erwärmen zugeben.

Hähnchenbrustfilet im Speckmantel | Einfach

12 Portionen

Pro Portion:
E: 38 g, F: 23 g, Kh: 8 g, kJ: 1647, kcal: 394

1,5 kg Hähnchenbrustfilet
Salz
frisch gemahlener Pfeffer
24 Scheiben Schinkenspeck

Für die Sauce:
1 Tube Tomatenmark (200 g)
2–3 geh. EL heller Saucenbinder
500 ml (½ l) Hühnerbrühe
750 ml (¾ l) Schlagsahne
Salz
frisch gemahlener Pfeffer
2 Salbeistängel
2 Lorbeerblätter
6 Tomaten

einige Salbei- und Petersilienblätter zum Garnieren

Zubereitungszeit: 45 Min.
Garzeit: etwa 40 Min.

1. Hähnchenbrustfilet unter fließendem kalten Wasser abspülen, trockentupfen. 24 Filetstücke (je etwa 65 g) daraus schneiden, mit Salz und Pfeffer bestreuen. Jeweils 1 Filetstück mit je einer Scheibe Schinkenspeck umwickeln und senkrecht in eine große, flache Auflaufform legen.

2. Für die Sauce Tomatenmark mit Saucenbinder verrühren. Hühnerbrühe und Sahne hinzugießen und unterrühren, mit Salz und Pfeffer würzen. Die Filetstücke mit der Sauce übergießen. Salbei abspülen, trockentupfen, mit den Lorbeerblättern in die Sauce geben.

3. Die Form mit Alufolie zudecken und auf dem Rost in den Backofen schieben.

Ober-/Unterhitze: etwa 200 °C (vorgeheizt)
Heißluft: etwa 180 °C (vorgeheizt)
Gas: Stufe 3–4 (vorgeheizt)
Garzeit: etwa 40 Minuten.

4. Die Tomaten, waschen, abtropfen lassen, kreuzweise einschneiden und kurz mit kochendem Wasser übergießen. Tomaten dann mit kaltem Wasser abschrecken, enthäuten, halbieren und die Stängelansätze herausschneiden. Fruchtfleisch in Würfel schneiden.

5. Nach etwa 30 Minuten Garzeit die Alufolie entfernen, die Tomatenwürfel unter die Sauce rühren. Die Form zurück in den Backofen schieben. Die Filetstücke fertig garen.

6. Salbeistängel und Lorbeerblätter aus der Sauce nehmen, die Sauce nochmals mit Salz und Pfeffer abschmecken.

Beilage: Reis oder Spätzle.

Hähnchenschenkel mit Parmaschinken-Pesto | Raffiniert

8 Portionen

Pro Portion:
E: 36 g, F: 49 g, Kh: 3 g, kJ: 2503, kcal: 598

8	*Hähnchenschenkel (je etwa 200 g)*
	Salz
	frisch gemahlener Pfeffer
etwa 1 EL	*Olivenöl*
2 dicke Scheiben	*Parmaschinken (etwa 240 g)*
1 Topf	*Petersilie*
1 Topf	*Basilikum*
2	*Knoblauchzehen*
80 g	*gehackte Mandeln*
7 EL	*Olivenöl*

Für den Salat:

500 g	*Cocktailtomaten*
1 Kopf	*Lollo bionda (etwa 400 g)*
1 Pck.	*Kresse*

Für die Salatsauce:

4–5 EL	*Essig*
125 ml (⅛ l)	*Olivenöl*

Zubereitungszeit: 40 Min.
Garzeit: 35–45 Min.

1. Hähnchenschenkel unter fließendem kalten Wasser abspülen und trockentupfen, mit Salz und Pfeffer bestreuen, mit Olivenöl einstreichen. Schinken in sehr kleine Würfel schneiden.

2. Petersilie und Basilikum abspülen, trockentupfen und die Blättchen von den Stängeln zupfen. Einige Basilikumblättchen beiseite legen. Blättchen fein schneiden oder hacken. Knoblauch abziehen und durch eine Knoblauchpresse drücken, mit Schinkenwürfeln, gehackten Kräutern, Mandeln und Olivenöl zu einem Pesto verrühren.

3. Die Hähnchenschenkel auf ein Backblech (gefettet) legen. Das Backblech in den Backofen schieben.

Ober-/Unterhitze: 180–200 °C (vorgeheizt)
Heißluft: 160–180 °C (vorgeheizt)
Gas: etwa Stufe 3 (vorgeheizt)
Garzeit: 35–45 Minuten.

4. Während der Garzeit die Hähnchenschenkel wenden und gelegentlich mit dem Bratensaft bestreichen. Nach etwa 25 Minuten Garzeit die Hähnchenschenkel mit dem Pesto bestreichen.

5. Für den Salat Cocktailtomaten waschen, abtrocknen. Stängelansätze herausschneiden. Von dem Salat die äußeren welken Blätter entfernen, den Salat waschen und trockenschleudern. Die Salatblätter in mundgerechte Stücke zupfen. Kresse abspülen, abschneiden und trockentupfen. Für die Salatsauce Essig mit Salz und Pfeffer verrühren, Öl unterschlagen.

6. Hähnchenschenkel mit Pesto und den Salatzutaten auf Tellern anrichten. Die Salatsauce über den Salat träufeln und mit den beiseite gelegten Basilikumblättchen garnieren.

Hähnchentopf „Indische Art" I

Raffiniert
8–10 Portionen

Pro Portion:
E: 45 g, F: 34 g, Kh: 30 g, kJ: 2570, kcal: 615

2 mittelgroße Dosen	*Ananasstücke (Abtropfgewicht je 350 g)*
2 kg	*Hähnchenfleisch (Brust und Keule ohne Haut)*
5 EL	*Speiseöl, z. B. Olivenöl*
40–50 g	*Currypulver*
	Salz
	frisch gemahlener Pfeffer
1 gestr. TL	*gemahlener Kreuzkümmel (Cumin)*
1–2 TL	*gemahlener Koriander*
2 l	*Geflügelbrühe*
2	*Chilischoten*
750 g	*rote Linsen*
30 g	*Speisestärke*
3 EL	*kaltes Wasser*
1 Topf	*Koriander*

Zubereitungszeit: 60 Min.
Garzeit: etwa 40 Min.

1. Ananasstücke in einem Sieb abtropfen lassen, den Saft dabei auffangen.

2. Hähnchenfleisch unter fließendem kalten Wasser abspülen und trockentupfen. Hähnchenbrüste in 2–3 Stücke schneiden. Die Keulen mit einer Geflügelschere in je 2–3 Stücke schneiden.

3. Jeweils die Hälfte des Speiseöls in einem Bräter erhitzen. Geflügelstücke in 2 Portionen von allen Seiten gut darin anbraten, mit Curry, Salz, Pfeffer, Kreuzkümmel und Koriander bestreuen und kurz mit andünsten.

4. Die Hälfte der Brühe und den aufgefangenen Ananassaft hinzugießen, zum Kochen bringen. Fleischtopf zugedeckt bei schwacher Hitze etwa 25 Minuten garen.

5. Chilischoten halbieren, entstielen, entkernen, abspülen, trockentupfen und in Streifen schneiden. Linsen, Ananasstücke, Chilischotenstreifen und restliche Brühe hinzugeben, zum Kochen bringen und zugedeckt weitere etwa 15 Minuten garen.

6. Speisestärke mit Wasser anrühren, unter Rühren in den Fleischtopf geben und aufkochen lassen.

7. Koriander abspülen und trockentupfen. Die Blättchen von den Stängeln zupfen und etwa die Hälfte der Blätter unterrühren. Den Hähnchentopf nochmals mit den Gewürzen abschmecken und mit den restlichen Korianderblättchen garniert servieren.

Beilage: Bandnudeln oder eine Reis-Wildreis-Mischung.

Tipp: Noch fruchtiger wird der Hähnchentopf, wenn Sie statt Ananas aus der Dose eine frische Ananas (geschält und gewürfelt) verwenden und etwas Mango-Chutney unterrühren.

Hawaii-Meeresfrüchte-Auflauf |

Raffiniert

8–10 Portionen

Pro Portion:
E: 25 g, F: 37 g, Kh: 42 g, kJ: 2638, kcal: 630

3 Pck. (je 200 g) gekochte, geschälte TK-Garnelen

Für die Marinade:

2–3 Knoblauchzehen
Saft von
1 Zitrone
8 EL Sonnenblumenöl
5 Bund Frühlingszwiebeln (800–900 g)
2 EL Sonnenblumenöl
Salz
250 g Tomaten
1 Dose Ananasscheiben (Abtropfgewicht 490 g)
1 Pck. Kartoffelpüree (für 9 Portionen)
1 ½ l Wasser

Für die Sauce:

500 ml (½ l) Schlagsahne
2–3 EL Currypulver
200 g geriebener Emmentaler-Käse

Zubereitungszeit: 35 Min., ohne Auftau- und Marinierzeit
Garzeit: 20–25 Min.

1. Garnelen nach Packungsanleitung auftauen lassen.

2. Für die Marinade Knoblauch abziehen und durch eine Knoblauchpresse in eine flache Schale drücken. Zitronensaft und Öl hinzufügen und gut verrühren. Die Garnelen hineingeben, wenden und zugedeckt im Kühlschrank 1–2 Stunden marinieren.

3. In der Zwischenzeit Frühlingszwiebeln putzen, waschen, abtropfen lassen und in etwa 4 cm große Stücke schneiden. Öl in einer Pfanne erhitzen. Die Frühlingszwiebelstücke darin unter Wenden 3–5 Minuten dünsten und mit Salz würzen.

4. Tomaten waschen, abtrocknen, halbieren und die Stängelansätze herausschneiden. Tomaten in Scheiben schneiden. Ananasscheiben in einem Sieb gut abtropfen lassen und in Stücke schneiden.

5. Kartoffelpüree mit der hier angegebenen Wassermenge nach Packungsanleitung zubereiten. Ananas- und Frühlingszwiebelstücke unter das Kartoffelpüree heben. Die Masse in eine große, flache Auflaufform (gefettet) füllen. Tomatenscheiben darauf verteilen.

6. Für die Sauce Sahne steif schlagen und zum Schluss Curry hinzufügen. Käse unterheben.

7. Die Garnelen aus der Marinade nehmen, trockentupfen und über die Tomatenscheiben streuen. Die Sauce gleichmäßig darauf verteilen. Die Form auf dem Rost in den Backofen schieben.

Ober-/Unterhitze: etwa 200 °C (vorgeheizt)
Heißluft: etwa 180 °C (vorgeheizt)
Gas: Stufe 3–4 (vorgeheizt)
Garzeit: 20–25 Minuten.

Tipp: Dazu passt ein Feldsalat mit Orangenfilets oder Ananasstücken.

Heiße Partyscheiben | Schnell

24 Stück

Pro Stück:
E: 5 g, F: 5 g, Kh: 8 g, kJ: 419, kcal: 100

12 Scheiben Vollkorntoastbrot
50 g Butter
4 Ananasscheiben (aus der Dose)
4 Scheiben Schnittkäse, z. B. mittelalter Gouda-Käse
4 Scheiben gekochter Schinken
4 Pfirsichhälften (aus der Dose)
1 Dose Thunfisch naturell (Abtropfgewicht 150 g)
1 Zwiebel

Zubereitungszeit: 25 Min.

1. Die Brotscheiben toasten und dünn mit Butter bestreichen.

2. Auf 4 Toastscheiben je 1 Ananasscheibe und darauf je 1 Scheibe Käse legen. Die 4 Toastscheiben auf dem mit Backpapier belegten Backblech in den Backofen schieben.

Ober-/Unterhitze: etwa 200 °C (vorgeheizt)
Heißluft: etwa 180 °C (vorgeheizt)
Gas: Stufe 3–4 (vorgeheizt)
Überbackzeit: etwa 10 Minuten.

3. Auf 4 weitere Toastscheiben je 1 Scheibe Schinken und darauf je 1 abgetropfte Pfirsichhälfte legen.

4. Thunfisch abtropfen lassen und auf den letzten 4 Toastscheiben verteilen. Zwiebel abziehen, in Ringe schneiden und auf den Thunfisch legen.

5. Alle Toastscheiben einmal diagonal durchschneiden und auf einer Platte anrichten.

Tipp: Auch die Toasts mit Schinken und Thunfisch können Sie nach Belieben bei der oben angegebenen Backofeneinstellung überbacken.

Helgoländer Fischtopf | Etwas teurer

8–10 Portionen

Pro Portion:
E: 23 g, F: 30 g, Kh: 11 g, kJ: 1688, kcal: 403

200 g	*durchwachsener Speck*
4 EL	*Speiseöl, z. B. Rapsöl*
2 Stangen	*Porree (Lauch)*
500 g	*Champignons*
	Salz
	frisch gemahlener Pfeffer
2 EL	*Tomatenmark*
40 g	*Weizenmehl*
250 ml (¼ l)	*Fischfond oder -brühe*
500 ml (½ l)	*Schlagsahne*
300 g	*TK-Erbsen*
600 g	*küchenfertiger Seeaal*
2 EL	*Zitronensaft*
1 EL	*gehackte Petersilie*

Zubereitungszeit: 60 Min.
Garzeit: etwa 20 Min.

1. Speck in kleine Würfel schneiden. Speiseöl in einem großen Topf erhitzen. Speckwürfel darin auslassen.

2. Porree putzen, die Stangen längs halbieren. Porree waschen, abtropfen lassen und in Streifen schneiden. Champignons putzen, mit Küchenpapier abreiben, evtl. abspülen, trockentupfen und in Scheiben schneiden.

3. Porreestreifen und Champignonscheiben zu den Speckwürfeln geben (evtl. in 2 Portionen) und unter Rühren etwa 5 Minuten dünsten, mit Salz und Pfeffer bestreuen. Tomatenmark und Mehl kurz mit andünsten.

4. Fischfond oder -brühe und Sahne hinzugießen, zum Kochen bringen. Die Erbsen hinzugeben und das Ganze etwa 5 Minuten kochen lassen.

5. Aal abspülen und die Haut entfernen. Aal in 2–3 cm große Stücke schneiden, mit Salz und Pfeffer bestreuen, mit Zitronensaft beträufeln.

6. Aalstücke auf das Gemüse legen und in etwa 10 Minuten gar ziehen lassen.

7. Den Fischtopf nochmals mit Salz und Pfeffer abschmecken, mit Petersilie bestreut servieren.

Beilage: Frisches Ofenbaguette.

Herings-Kartoffel-Salat I

Gut vorzubereiten

12 Portionen

Pro Portion:
E: 16 g, F: 55 g, Kh: 40 g, kJ: 3000, kcal: 724

2 kg fest kochende kleine Kartoffeln
2 kg Heringsfilet in frischer Sahnesauce
300 g Naturjoghurt
Salz
frisch gemahlener Pfeffer
etwas Zucker
4–6 rote Äpfel
2 EL Zitronensaft
20 Cornichons
6 Frühlingszwiebeln

einige Dillspitzen

Zubereitungszeit: 40 Min., ohne Abkühlzeit

1. Kartoffeln gründlich waschen, mit Wasser bedeckt zum Kochen bringen, zugedeckt in 20–25 Minuten gar kochen. Kartoffeln abgießen, mit kaltem Wasser abschrecken, abtropfen und etwas abkühlen lassen. Kartoffeln lauwarm pellen. Kartoffeln in Scheiben schneiden.

2. Heringsfilets aus der Sahnesauce nehmen, gut abtropfen lassen und in Stücke schneiden. Die Sahnesauce mit Joghurt verrühren. Mit Salz, Pfeffer und Zucker abschmecken.

3. Äpfel waschen, trockentupfen, vierteln, entkernen, mit der Schale quer in Scheiben schneiden. Apfelscheiben mit Zitronensaft beträufeln. Cornichons abtropfen lassen und ebenfalls in Scheiben schneiden. Frühlingszwiebeln putzen, waschen, abtropfen lassen und in Ringe schneiden.

4. Die vorbereiteten Salatzutaten mit der Sauce abwechselnd in eine hohe Glasschüssel oder Portionsschälchen schichten, dabei die Kartoffelscheiben jeweils mit Salz und Pfeffer bestreuen. Die letzte Schicht sollte aus Sauce bestehen. Den Salat mit Dillspitzen garnieren.

Heringssalat, geschichtet |

Gut vorzubereiten

8–10 Portionen

Pro Portion:
E: 25 g, F: 38 g, Kh: 16 g, kJ: 2446, kcal: 585

400 g gekochtes Rindfleisch
8 hart gekochte Eier
6 mittelgroße, gegarte Pellkartoffeln
3 mittelgroße Zwiebeln
2 Gläser Rote Bete in Scheiben (Abtropfgewicht je 220 g)
6 doppelte Matjesfilets (etwa 1,2 kg)
8 mittlere Gewürzgurken

Für die Sauce:
3 geh. EL Salatmayonnaise
300 g saure Sahne
Salz
frisch gemahlener Pfeffer
etwas Zucker
etwas Essig
5 EL Rote-Bete-Saft

Zubereitungszeit: 50 Min., ohne Durchziehzeit

1. Rindfleisch in Streifen schneiden. Eier pellen, achteln oder vierteln. Kartoffeln noch warm pellen, etwas abkühlen lassen und in Scheiben schneiden.

2. Zwiebeln abziehen, halbieren und in Streifen schneiden. Rote Bete auf einem Sieb abtropfen lassen, den Saft dabei auffangen.

3. Matjesfilets in 2 cm große Stücke schneiden, dabei die Gräten entfernen. Gurken in Scheiben schneiden.

4. Für die Sauce Mayonnaise, saure Sahne, Salz, Pfeffer, Zucker, Essig und Rote-Bete-Saft verrühren und kräftig abschmecken.

5. Jeweils einen Teil der Zutaten der Reihe nach in eine hohe, große Schüssel schichten. Die Kartoffeln mit Salz bestreuen und jeweils etwas von der Sauce darüber träufeln. Die Oberfläche mit der restlichen Sauce bedecken. Salat mindestens 30 Minuten durchziehen lassen.

Herrencreme | Klassisch

12 Portionen

Pro Portion:
E: 7 g, F: 29 g, Kh: 41 g, kJ: 2033, kcal: 485

3 Pck.	*Dr. Oetker Puddingpulver Sahne-Geschmack*
6 schwach geh. EL	*Zucker*
1½ l	*kalte Milch*
125 ml (⅛ l)	*Rum*
200 g	*klein geschnittene Schokolade (etwas zum Garnieren zurücklassen)*
750 ml (¾ l)	*Schlagsahne*
3 Pck.	*Dr. Oetker Sahnesteif*
3 Pck.	*Dr. Oetker Vanillin-Zucker Cocktailkirschen*

Zubereitungszeit: 90 Min.

1. Puddingpulver mit Zucker und 125 ml von der Milch anrühren, die übrige Milch zum Kochen bringen, von der Kochstelle nehmen, das angerührte Puddingpulver unterrühren, kurz aufkochen lassen.

2. Pudding kalt stellen, ab und zu umrühren. Unter den erkalteten, aber noch nicht fest gewordenen Pudding Rum und Schokolade rühren.

3. Sahne ½ Minute schlagen. Sahnesteif mit Vanillin-Zucker mischen, einstreuen, die Sahne steif schlagen.

4. Etwa ⅔ davon unter den Pudding heben, die restliche Schlagsahne in einen Spritzbeutel füllen.

5. Die Herrencreme mit der zurückgelassenen Schokolade garnieren, mit der restlichen Schlagsahne aus dem Spritzbeutel verzieren, mit Cocktailkirschen garnieren.

Herrentorte, pikant | Schnell

12 Portionen

Pro Portion:
E: 25 g, F: 33 g, Kh: 38 g, kJ: 2674, kcal: 639

3 Fladenbrote

Für die Füllung:
750 g Magerquark
1,2 kg Doppelrahm-Frischkäse
12 EL Milch
6 Frühlingszwiebeln
450 g Lachsschinken
Salz
frisch gemahlener Pfeffer
Paprikapulver edelsüß
grüne Salatblätter
6 Tomaten, in Scheiben
3 kleine Salatgurken, in Scheiben
3 rote Paprikaschoten, in Ringen
12 Lachsschinkenscheiben

1. Die Fladenbrote einmal waagerecht durchschneiden.

2. Für die Füllung Quark mit Frischkäse und Milch verrühren.

3. Die Frühlingszwiebeln putzen, waschen und in Ringe schneiden. Den Lachsschinken fein schneiden.

4. Beide Zutaten unter die Quarkmasse rühren. Mit Salz, Pfeffer und Paprika abschmecken.

5 Je drei Esslöffel der Füllung auf die unteren Böden streichen. Mit Salatblättern, Tomatenscheiben, Gurkenscheiben und Paprikaringen belegen (etwas zum Garnieren zurücklassen).

6. Die restliche Quarkmasse (9 Esslöffel zum Garnieren zurücklassen) auf dem Gemüse verteilen.

7. Die oberen Böden darauf legen und die Torten mit den zurückgelassenen Zutaten und Lachsschinkenscheiben garnieren.

Zubereitungszeit: 45 Min.

Hick-Hack-Pfanne | Für Kinder

8–10 Portionen

Pro Portion:
E: 18 g, F: 27 g, Kh: 4 g, kJ: 1483, kcal: 354

400 g Zucchini
1–2 Knoblauchzehen
1 kleine Dose abgezogene Tomaten (400 g)
4 Thymianstängel
4 EL Speiseöl
800 g Gehacktes (halb Rind-, halb Schweinefleisch)
Salz
frisch gemahlener Pfeffer
4 EL Tomatenketchup

Zubereitungszeit: 35 Min.

1. Zucchini waschen, abtrocknen und die Enden abschneiden. Zucchini in Scheiben schneiden. Knoblauch abziehen und fein hacken.

2. Tomaten in einem Sieb abtropfen lassen und in kleine Stücke schneiden. Thymian abspülen, trockentupfen und die Blättchen von den Stängeln zupfen.

3. Öl in einer großen Pfanne erhitzen. Gehacktes und Knoblauch hinzufügen und unter Rühren anbraten, dabei die Klümpchen mit einer Gabel zerdrücken, mit Salz und Pfeffer würzen.

4. Zucchini hinzufügen und kurz mitbraten. Tomatenstücke und Thymianblättchen hinzufügen und unter Rühren erwärmen. Hick-Hack-Pfanne mit Salz, Pfeffer und Ketchup abschmecken.

Beilage: Dazu schmecken Spiralnudeln.

Abwandlung: Anstelle der Zucchini können Sie auch Paprikaschoten verwenden.

Tipp: Wenn Sie etwas mehr Sauce haben möchten, können Sie den Tomatensaft aus der Dose hinzufügen. Die Hick-Hack-Pfanne kann bereits am Vortag zubereitet und vor dem Verzehr wieder erwärmt werden. Nach Belieben die Hick-Hack-Pfanne mit Thymianstängeln garnieren.

Himbeer-Tiramisu | Mit Alkohol

12 Portionen

Pro Portion:
E: 15 g, F: 18 g, Kh: 30 g, kJ: 1561, kcal: 373

450 g TK-Himbeeren
1–2 gestr. TL Espressopulver
3 EL kochendes Wasser
1 kg Magerquark
150 ml Schlagsahne
150 g Zucker
1 Pck. Dr. Oetker Bourbon-Vanille-Zucker
375 g Mascarpone
150 g Löffelbiskuits
100 ml Mandellikör
1–2 gestr. TL Kakaopulver

Zum Garnieren:
Zitronenmelisseblättchen

Zubereitungszeit: 30 Min., ohne Auftauzeit

1. Die Himbeeren nach Packungsanleitung auftauen lassen. Das Espressopulver in dem heißen Wasser auflösen, erkalten lassen.

2. Den Quark mit Sahne, Zucker, Vanille-Zucker und Mascarpone mit Handrührgerät mit Rührbesen verrühren.

3. Die Löffelbiskuits mit der Zuckerseite nach unten in eine große flache Form (oder je nach Größe 2 Formen) legen. Espresso mit Likör verrühren und die Löffelbiskuits damit beträufeln.

4. Die Himbeeren auf den Löffelbiskuits verteilen. Quarkcreme darauf verstreichen und mit Kakao bestäuben. Zitronenmelisseblättchen abspülen, trockentupfen. Tiramisu damit garnieren.

Hirtentopf | Gut vorzubereiten

12 Portionen

Pro Portion:
E: 50 g, F: 16 g, Kh: 19 g, kJ: 1778, kcal: 425

2,5 kg Gulasch (halb Schweine-, halb Rindfleisch)
2 TL Salz
2 TL frisch gemahlener Pfeffer
2 TL Paprikapulver edelsüß
1 TL gerebelter Thymian
1 TL gerebelter Oregano
1 gestr. TL Cayennepfeffer
500 g Zwiebeln
3–4 Knoblauchzehen
1 Glas Tomatenpaprika in Streifen (Abtropfgewicht 320 g)
1 Glas Brechbohnen (Abtropfgewicht 370 g)
2 Dosen Kidneybohnen (Abtropfgewicht je 250 g)
2 Dosen Champignons (ganze Köpfe, Abtropfgewicht je 230 g)
500 ml (½ l) Zigeunersauce aus einem Glas
500 g Tomaten

Zubereitungszeit: 40 Min.
Garzeit: etwa 2 ½ Std.

1. Gulasch unter fließendem kalten Wasser abspülen und trockentupfen. Das Fleisch in einen Bräter (gefettet) schichten, dabei mit den Gewürzen bestreuen.

2. Zwiebeln und Knoblauch abziehen. Zwiebeln in Ringe, Knoblauch in dünne Scheiben schneiden. Das Gemüse nach Sorten getrennt in Siebe geben, mit kaltem Wasser abspülen und abtropfen lassen.

3. Die Zutaten nacheinander auf das Gulasch schichten (ohne zu verrühren), zum Schluss mit der Zigeunersauce übergießen. Den Bräter zugedeckt auf dem Rost in den Backofen schieben.

Ober-/Unterhitze: etwa 180 °C (vorgeheizt)
Heißluft: etwa 160 °C (nicht vorgeheizt)
Gas: Stufe 2–3 (nicht vorgeheizt)
Garzeit: etwa 2 ½ Stunden.

4. Tomaten waschen, abtrocknen, vierteln und die Stängelansätze herausschneiden. Nach der Garzeit die Tomatenviertel in den Bräter geben. Den Hirtentopf umrühren und evtl. nachwürzen. Den Bräter zugedeckt wieder auf dem Rost in den Backofen schieben und weitere 10 Minuten garen.

Tipp: Den Hirtentopf mit Fladenbrot servieren. Nach Belieben mit frischen Kräutern bestreuen.

Hot-Chicken-Pizza | Raffiniert

8–10 Portionen

Pro Portion:
E: 52 g, F: 23 g, Kh: 89 g, kJ: 3279, kcal: 783

Für den Hefeteig:

800 g Weizenmehl
2 Pck. Dr. Oetker Trockenbackhefe
2 gestr. TL Salz
½ TL Zucker
400 ml lauwarmes Wasser
3–4 EL Speiseöl

Für den Belag:

1 kg Hähnchenbrustfilet
3 EL Speiseöl, z. B. Olivenöl
Salz
frisch gemahlener Pfeffer
2 Dosen Gemüsemais (Abtropfgewicht je 285 g)
120 g Peperoni (aus dem Glas)
400 g geriebener Pizza-Käse
1 Dose passierte Tomaten (400 g)
500 ml (½ l) Hot Chili Sauce

Zubereitungszeit: 65 Min., ohne Teiggehzeit
Backzeit: etwa 25 Min. je Blech

1. Für den Teig Mehl in eine Rührschüssel sieben und mit der Hefe sorgfältig vermischen. Salz, Zucker, Wasser und Öl hinzufügen.

2. Die Zutaten mit Handrührgerät mit Knethaken zunächst auf niedrigster, dann auf höchster Stufe in etwa 5 Minuten zu einem glatten Teig verarbeiten. Den Teig an einem warmen Ort so lange gehen lassen, bis er sich sichtbar vergrößert hat.

3. In der Zwischenzeit für den Belag Hähnchenbrustfilet unter fließendem kalten Wasser abspülen, trockentupfen und in Würfel schneiden. Öl portionsweise in einer Pfanne erhitzen. Die Hähnchenwürfel darin portionsweise unter Wenden kräftig anbraten und mit Salz und Pfeffer würzen.

4. Mais und Peperoni getrennt in Sieben gut abtropfen lassen.

5. Den Teig auf einer leicht bemehlten Arbeitsfläche nochmals durchkneten, dabei 60 g von dem Pizza-Käse unterkneten. Den Teig halbieren und jede Teighälfte auf einem Backblech (30 x 40 cm, gefettet) ausrollen.

6. Tomaten mit der Chili Sauce mischen und auf den Teig streichen. Hähnchenfleisch, Mais und Peperoni darauf verteilen und mit dem restlichen Käse bestreuen. Die Backbleche nacheinander (bei Heißluft zusammen) in den Backofen schieben.

Ober-/Unterhitze: etwa 220 °C (vorgeheizt)
Heißluft: etwa 200 °C (vorgeheizt)
Gas: Stufe 4–5 (vorgeheizt)
Backzeit: etwa 25 Minuten je Backblech.

Hühnertopf, Spanischer | Einfach

8–10 Portionen

Pro Portion:
E: 49 g, F: 27 g, Kh: 40 g, kJ: 2519, kcal: 602

2	*küchenfertige Hähnchen (je etwa 1,2 kg)*
	Salz
	frisch gemahlener Pfeffer
6 EL	*Olivenöl*
4	*mittelgroße rote Paprikaschoten*
300 g	*Langkornreis*
2 Pck. (je 300 g)	*TK-Erbsen*
4 EL	*Tomatenmark*
1 Glas	*Champignonscheiben (580 g mit Flüssigkeit)*
2 ½ l	*Fleischbrühe*
	getrockneter Rosmarin
1 Pck.	*TK-Basilikum*

Zubereitungszeit: 60 Min.

1. Hähnchen unter fließendem kalten Wasser abspülen, trockentupfen und in je etwa 8 Stücke teilen. Hähnchenteile mit Salz und Pfeffer bestreuen.

2. Olivenöl in einem großen Bräter erhitzen. Die Hähnchenteile von allen Seiten gut darin anbraten und herausnehmen.

3. Paprika halbieren, entstielen, entkernen und die weißen Scheidewände entfernen. Die Schoten waschen und in Streifen schneiden. Paprikastreifen in den Bräter geben und in dem verbliebenen Bratfett andünsten.

4. Reis und die gefrorenen Erbsen hinzufügen, Tomatenmark unterrühren. Die Hähnchenteile darauf legen, Champignonscheiben mit der Flüssigkeit darauf verteilen. Fleischbrühe hinzugießen und mit Salz, Pfeffer und Rosmarin würzen.

5. Den Hühnertopf zum Kochen bringen und zugedeckt bei mittlerer Hitze etwa 50 Minuten garen, dabei ab und zu umrühren. Basilikum unterrühren. Mit Salz, Pfeffer und Rosmarin abschmecken.

Abwandlung: Noch pikanter schmeckt der Hühnertopf, wenn Sie die Hähnchenteile in eine Marinade legen und über Nacht kalt stellen. Dann für die Marinade 10 Esslöffel Chilisauce mit 4 durchgepressten Knoblauchzehen, 2 Esslöffeln flüssigem Honig, 4 Esslöffeln Speiseöl und 1 Esslöffel Balsamico-Essig verrühren.

Indisches Currygemüse | Vegetarisch

12 Portionen

Pro Portion:
E: 12 g, F: 21 g, Kh: 76 g, kJ: 2313, kcal: 552

Für die Currysauce:

1 Zwiebel (etwa 100 g)
2 Äpfel (etwa 200 g)
80 g Butter
2 gestr. EL Currypulver
2 gestr. EL Weizenmehl
250 ml (¼ l) Schlagsahne
200 ml Gemüsebrühe
Salz, frisch gemahlener Pfeffer

900 g Langkornreis

Für das Gemüse:

2 Dosen Bambussprossen in Streifen (Abtropfgewicht je 230 g)
2 Dosen Sojabohnenkeimlinge (Abtropfgewicht je 230 g)
3 dicke Möhren (etwa 300 g)
300 g Zuckerschoten, Salzwasser
100 g Butter
250 g Mango-Chutney

Zubereitungszeit: 70 Min.

1. Für die Currysauce Zwiebel abziehen und fein würfeln. Äpfel waschen, schälen, halbieren, vierteln, Kerngehäuse entfernen und Äpfel würfeln.

2. Butter in einer großen Pfanne zerlassen. Zwiebel- und Apfelwürfel darin andünsten und mit Currypulver und Mehl bestäuben. Alles verrühren, Sahne und Gemüsebrühe nach und nach hinzugießen. Die Sauce etwa 15 Minuten unter gelegentlichem Rühren köcheln lassen, mit Salz und Pfeffer würzen, warm halten.

3. Reis nach Packungsanleitung zubereiten, danach in ein Sieb geben und abtropfen lassen, warm halten.

4. Für das Gemüse Bambussprossen und Sojabohnenkeimlinge in einem Sieb abtropfen lassen. Möhren putzen, schälen, abspülen, abtropfen lassen und in feine Streifen schneiden. Zuckerschoten putzen, die Enden abschneiden, evtl. abfädeln, waschen und abtropfen lassen.

5. Salzwasser zum Kochen bringen. Nacheinander die Zuckerschoten und Möhren darin je etwa 2 Minuten garen. Dann mit kaltem Wasser abschrecken und in einem Sieb abtropfen lassen.

6. Butter in einer Pfanne zerlassen. Gemüse darin anbraten, dann herausnehmen. Mango-Chutney in der Pfanne erwärmen. Reis mit dem Gemüse vermischen, auf Tellern anrichten und mit heißer Currysauce umgießen. Mango-Chutney in Klecksen darauf geben.

Italienische Gemüsesuppe I

Vegetarisch
8 Portionen

Pro Portion:
E: 11 g, F: 9 g, Kh: 36 g, kJ: 1188, kcal: 283

1	*dicke Gemüsezwiebel (350 g)*
3	*Knoblauchzehen*
1 Staude (etwa 600 g)	*Staudensellerie*
1 Dose	*italienische Bohnenkerne oder weiße Bohnen (Abtropfgewicht 250 g)*
75 g	*Kräuterbutter*
2¼ l	*Gemüsebrühe*
4	*Tomaten*
½ Bund	*Basilikum*
250 g	*Spaghetti*
300 g	*TK-Erbsen*
	Salz
	frisch gemahlener Pfeffer

Zubereitungszeit: 60 Min.

1. Gemüsezwiebel abziehen, halbieren und in feine Würfel schneiden. Knoblauch abziehen und ebenfalls fein würfeln. Staudensellerie putzen, die Stangen einzeln lösen, gut waschen, die harten Außenfäden abziehen und die Stangen in kleine Stücke schneiden. Bohnen in ein Sieb geben, mit kaltem Wasser abspülen und abtropfen lassen.

2. Kräuterbutter in einem großen Topf zerlassen. Zwiebelwürfel, Knoblauchwürfel und Selleriestücke darin bei schwacher Hitze andünsten. Mit Gemüsebrühe ablöschen, zum Kochen bringen und 5–10 Minuten kochen lassen.

3. In der Zwischenzeit Tomaten waschen, abtropfen lassen, kreuzweise einschneiden, kurz in kochendes Wasser legen und mit kaltem Wasser abschrecken. Tomaten enthäuten, die Stängelansätze herausschneiden und das Fruchtfleisch würfeln. Basilikum kalt abspülen, trockentupfen und die Blättchen von den Stängeln zupfen.

4. Spaghetti einmal durchbrechen, in die Suppe geben und alles bei schwacher Hitze noch etwa 5 Minuten köcheln lassen. Erbsen und Bohnen hinzufügen und weitere 5 Minuten köcheln lassen. Die Suppe mit Salz und Pfeffer würzen.

5. Tomatenwürfel in die Suppe geben und kurz darin erhitzen. Die Suppe mit den Basilikumblättchen garniert servieren.

Italienische Kichererbsensuppe I

Vegetarisch

8 Portionen

Pro Portion:
E: 22 g, F: 26 g, Kh: 53 g, kJ: 2372, kcal: 566

3	*Zwiebeln*
3	*Knoblauchzehen*
350 g	*Staudensellerie*
500 g	*Tomaten*
2 Bund	*Petersilie*
6 EL	*Olivenöl*
9–10 Dosen	*Kichererbsen (Abtropfgewicht je 240 g)*
5 EL	*gekörnte Gemüsebrühe*
	getrockneter Majoran
	Salz
	frisch gemahlener Pfeffer
8–10 Scheiben	*Vollkorn-Toastbrot*
8 EL	*Olivenöl*
150–200 g	*geriebener Parmesan-Käse*

Zubereitungszeit: 70 Min.

1. Zwiebeln und Knoblauch abziehen und fein würfeln. Staudensellerie putzen, waschen, die harten Außenfäden abziehen und die Stangen in Stücke schneiden.

2. Tomaten waschen, abtropfen lassen, kreuzweise einschneiden, kurz in kochendes Wasser legen und mit kaltem Wasser abschrecken. Tomaten enthäuten, die Stängelansätze herausschneiden und das Fruchtfleisch würfeln.

3. Petersilie kalt abspülen, trockentupfen, die Blättchen von den Stängeln zupfen und fein hacken.

4. Öl in einem Topf erhitzen. Zwiebelwürfel darin glasig dünsten, Knoblauch- und Tomatenwürfel, Selleriestücke und Petersilie zugeben und alles zugedeckt etwa 10 Minuten dünsten. Dann etwas abkühlen lassen.

5. In der Zwischenzeit Kichererbsen in einem Sieb abtropfen lassen, dabei die Flüssigkeit auffangen und mit Wasser auf 2½–3 l auffüllen. Die abgemessene Flüssigkeit in einem großen Topf zum Kochen bringen. Kichererbsen und gekörnte Gemüsebrühe hinzufügen und etwa 5 Minuten kochen lassen.

6. Die Gemüsemischung pürieren und zu den Kichererbsen geben. Alles mit Majoran, Salz und Pfeffer würzen und noch etwa 5 Minuten kochen lassen.

7. Toastbrot in kleine Würfel schneiden. Öl in einer Pfanne erhitzen. Die Brotwürfel darin knusprig braun braten, in die Suppenteller geben und mit Parmesan bestreuen. Die sehr heiße Suppe darüber gießen. Oder Brotwürfel und Parmesan getrennt zu der Suppe reichen.

Tipp: Sie können die Suppe auch mit getrockneten Kichererbsen zubereiten. Dazu 900–1000 g Kichererbsen in 3½ l Wasser über Nacht einweichen. Sie dann in dem Einweichwasser etwa 90 Minuten kochen. Abhängig von der Quellfähigkeit der Kichererbsen kann die verwendete Flüssigkeitsmenge etwas variieren.

Italienischer Puten-Gemüse-Topf I

Gut vorzubereiten

8 Portionen

Pro Portion:
E: 30 g, F: 9 g, Kh: 14 g, kJ: 1101, kcal: 263

1 kg	*Putenfleisch, aus Keule und Brust, ohne Haut und Knochen*
2 Bund	*Suppengrün (Möhren, Porree [Lauch], Sellerie, 800 g–1 kg)*
1	*Brokkoli (etwa 400 g)*
2 Dosen	*italienische, große weiße Bohnen (Abtropfgewicht je 450 g)*
4 EL	*Olivenöl*
	Salz
	frisch gemahlener Pfeffer
etwas	*Knoblauchpulver*
1 l	*Gemüsebrühe*
1 Pck.	*Tomatenstücke mit Fond (250 g, Tetra Pak)*
1 Pck.	*TK-Kräuter der Provence*
1 Topf	*Basilikum*

Zubereitungszeit: 70 Min.
Garzeit: etwa 60 Min.

1. Putenfleisch unter fließendem kalten Wasser abspülen, trockentupfen und in gleich große Würfel schneiden.

2. Suppengrün putzen, evtl. schälen, waschen, abtropfen lassen und in Würfel oder Scheiben schneiden. Von dem Brokkoli die Blätter entfernen. Brokkoli waschen, abtropfen lassen und in kleine Röschen teilen. Bohnen in einem Sieb abtropfen lassen.

3. Olivenöl in einem Bräter oder in einem großen Topf erhitzen. Putenwürfel von allen Seiten darin anbraten. Mit Salz, Pfeffer und Knoblauch bestreuen. Vorbereitetes Suppengrün hinzufügen und kurz mit andünsten. Brühe hinzugießen, zum Kochen bringen und zugedeckt bei schwacher Hitze etwa 45 Minuten garen.

4. Bohnen, Brokkoliröschen und Tomatenstücke mit Fond in den Fleischtopf geben. Kräuter der Provence unterrühren. Mit Salz, Pfeffer und Knoblauch würzen, wieder zum Kochen bringen und zugedeckt weitere etwa 15 Minuten garen.

5. Basilikum abspülen und trockentupfen. Die Blättchen von den Stängeln zupfen. Den Puten-Gemüse-Eintopf nochmals mit den Gewürzen abschmecken und mit Basilikumblättchen bestreut servieren.

Beilage: Pecorino-Käse und ofenwarmes Olivenbrot oder Ciabatta.

Tipp: Nach Belieben die Flüssigkeit mit Kartoffelpüreepulver (Fertigprodukt) binden. Mit geraspeltem Pecorino-Käse bestreuen.

Italienischer Spaghettisalat I

Gut vorzubereiten

12 Portionen

Pro Portion:
E: 24 g, F: 20 g, Kh: 36 g, kJ: 1787, kcal: 427

500 g Spaghetti
5 l Wasser
5 TL Salz

2 Gemüsezwiebeln
2 Zucchini
Salzwasser
4 Fleischtomaten
400 g gegartes Kalbfleisch
24 entsteinte schwarze Oliven
2 TL Kapern (aus dem Glas)

6 EL Weißweinessig
Salz
frisch gemahlener Pfeffer
1–2 TL gerebelter Oregano
8 EL Olivenöl

Für die Thunfischsauce:
2 Dosen Thunfisch in Öl (Abtropfgewicht je 185 g)
300 g Naturjoghurt
2 EL Salatmayonnaise

1 Topf Basilikum

Zubereitungszeit: 50 Min., ohne Durchziehzeit

1. Spaghetti 1–2-mal durchbrechen. Wasser zugedeckt in einem Topf zum Kochen bringen. Salz und Spaghetti zugeben. Spaghetti im geöffneten Topf bei mittlerer Hitze nach Packungsanleitung bissfest kochen, dabei zwischendurch umrühren.

2. Anschließend Spaghetti in ein Sieb geben, mit heißem Wasser abspülen und abtropfen lassen.

3. Zwiebeln abziehen, halbieren und in dünne Scheiben schneiden. Zucchini waschen, abtrocknen und die Enden abschneiden. Zucchini in dünne Scheiben schneiden. Salzwasser zum Kochen bringen. Zwiebel- und Zucchinischeiben darin kurz blanchieren, dann in ein Sieb geben, mit kaltem Wasser abschrecken und abtropfen lassen.

4. Tomaten waschen, kreuzweise einschneiden und einige Sekunden in kochendes Wasser legen. Tomaten mit kaltem Wasser abschrecken, enthäuten, halbieren, entkernen und die Stängelansätze herausschneiden. Tomaten in Spalten schneiden. Kalbfleisch in Streifen schneiden. Oliven und Kapern in einem Sieb abtropfen lassen.

5. Essig mit Salz, Pfeffer und Oregano verrühren. Olivenöl unterschlagen. Spaghetti, Zwiebel-, Zucchinischeiben, Tomatenspalten, Kalbfleischstreifen, Oliven und Kapern in einer Schüssel vermengen. Essig-Öl-Sauce hinzufügen und untermischen. Den Salat etwa 20 Minuten durchziehen lassen.

6. Für die Sauce Thunfisch mit dem Öl aus der Dose pürieren. Joghurt und Mayonnaise unterrühren. Die Sauce mit Salz und Pfeffer abschmecken.

7. Basilikum abspülen und trockentupfen. Die Blättchen von den Stängeln zupfen. Den Salat mit den Basilikumblättchen garnieren. Die Thunfischsauce zu dem Salat reichen.

Tipp: Kalbfleisch kann durch Bratenaufschnitt ersetzt werden.

Jägerrouladen | Mit Alkohol

8 Portionen

Pro Portion:
E: 57 g, F: 72 g, Kh: 5 g, kJ: 4084, kcal: 974

4 große Scheiben	*Rindfleisch (je etwa 500 g, aus der Keule)*
	Salz
	frisch gemahlener Pfeffer
300 g	*Schwarzwälder Speck in Scheiben*
4	*Zwiebeln*
1 kg	*Champignons*
250 g	*Schwarzwälder Speck*
3	*große Möhren*
3	*Knoblauchzehen*
3 EL	*gehackte Petersilie*
60 g	*Butterschmalz*
250 ml (¼ l)	*Weißwein*
125 ml (⅛ l)	*Fleischbrühe*
250 ml (¼ l)	*Schlagsahne*

Außerdem:
Küchengarn

Zubereitungszeit: 65 Min.

1. Rindfleischscheiben kurz unter fließendem kalten Wasser abspülen, trockentupfen, mit Salz und Pfeffer bestreuen und mit den Speckscheiben belegen.

2. Zwiebeln abziehen und würfeln. Champignons putzen, mit Küchenpapier abreiben, evtl. abspülen und in Scheiben schneiden. Speck in Würfel schneiden. Möhren putzen, schälen, waschen und in Würfel schneiden. Knoblauch abziehen und durch die Knoblauchpresse drücken.

3. Die Speckwürfel in einer Pfanne ausbraten. Zwiebelwürfel und die Hälfte der Champignonscheiben darin etwa 5 Minuten gar dünsten. Petersilie unterrühren. Die Masse gleichmäßig auf das Fleisch streichen, das Fleisch von der schmalen Seite her aufrollen und mit Küchengarn umwickeln.

4. Butterschmalz in einem großen Bratentopf zerlassen und die Rouladen von allen Seiten darin anbraten.

5. Möhrenwürfel und Knoblauch zu dem Fleisch geben, etwas Wein und Brühe hinzugießen und das Fleisch etwa 80 Minuten zugedeckt schmoren, dabei gelegentlich wenden und nach und nach den restlichen Wein und die restliche Brühe hinzugießen.

6. Die restlichen Champignonscheiben hinzufügen und alles noch etwa 10 Minuten schmoren lassen.

7. Das Fleisch aus dem Bratentopf nehmen und etwa 10 Minuten zugedeckt ruhen lassen. Das Fleisch dann in Scheiben schneiden und warm stellen. Sahne unter die Schmorflüssigkeit rühren, etwas einkochen lassen, abschmecken. Die Sauce zu dem Fleisch servieren.

Jägersuppe | Schnell

8 Portionen

Pro Portion:
E: 7 g, F: 14 g, Kh: 13 g, kJ: 1017, kcal: 243

2	*Zwiebeln*
1 Glas	*Pfifferlinge (Abtropfgewicht 185 g)*
1 Glas	*Stockschwämmchen (Abtropfgewicht 155 g)*
1 Glas	*Champignons (Abtropfgewicht 315 g)*
50 g	*Butter*
1 l	*Gemüsebrühe*
500 ml (½ l)	*Rotwein*
250 ml (¼ l)	*roter Traubensaft*
1 Beutel	*Fix für Jägertopf „Hubertus“*
1 Glas	*Wildpreiselbeeren (220 g)*
2	*ungebrühte, grobe Bratwürste*
1 Bund	*glatte Petersilie*
	Salz
	frisch gemahlener Pfeffer
	getrockneter Thymian
etwas	*getrockneter Rosmarin*

Zubereitungszeit: 30 Min.

1. Zwiebeln abziehen und würfeln. Die 3 Pilzsorten in einem Sieb abtropfen lassen. Butter in einem Topf zerlassen. Die Zwiebelwürfel darin andünsten.

2. Pilze hinzufügen und kurz mitdünsten. Gemüsebrühe hinzugießen, alles zum Kochen bringen und etwa 5 Minuten kochen lassen.

3. Rotwein und Traubensaft hinzufügen. Fix für Jägertopf mit einem Schneebesen einrühren. Preiselbeeren dazugeben.

4. Die Bratwurstmasse portionsweise aus der Haut drücken, zu Klößchen formen und in die Suppe geben. Die Suppe langsam zum Kochen bringen und die Klößchen bei schwacher Hitze etwa 5 Minuten garen.

5. Petersilie kalt abspülen, trockentupfen, die Blättchen von den Stängeln zupfen und klein schneiden.

6. Die Suppe mit Salz, Pfeffer, Thymian und Rosmarin würzen und mit Petersilie bestreut servieren.

Joghurt-Himbeer-Creme | Beliebt

10 Portionen

Pro Portion:
E: 9 g, F: 4 g, Kh: 36 g, kJ: 1018, kcal: 243

Für die Creme:
500 g TK-Himbeeren
14 Blatt weiße Gelatine
150 g Zucker
1 kg Naturjoghurt (1,5% Fett)
1 Pck. Dr. Oetker Finesse Geriebene Zitronenschale
2–3 EL Zitronensaft
4–6 EL roter Fruchtsaft oder Rotwein

Für die Vanillesauce:
1 l Milch
2 Pck. Dessert-Sauce Vanille-Geschmack zum Kochen
4–5 EL Zucker

Zubereitungszeit:
40 Min., ohne Auftau- und Kühlzeit

1. Für die Creme die Himbeeren auftauen lassen. Die Gelatine in kaltem Wasser nach Packunganleitung einweichen. Die Himbeeren pürieren, mit Zucker verrühren, die Hälfte abnehmen und beiseite stellen. Das restliche Püree mit Joghurt, Zitronenschale und -saft verrühren.

2. Die Gelatine leicht ausdrücken und in einem kleinen Topf bei schwacher Hitze erwärmen, bis sie völlig gelöst ist. Die Gelatine zuerst mit 2 Esslöffeln von der Himbeer-Joghurt-Masse verrühren, dann mit der ganzen restlichen Masse verrühren. Die Himbeer-Joghurt-Masse in 10 mit kaltem Wasser ausgespülte Portionsförmchen geben, kalt stellen und fest werden lassen.

3. Für die Sauce aus der Milch und dem Dessert-Saucenpulver nach der Packungsanleitung eine Sauce zubereiten, Zucker unterrühren. Sauce erkalten lassen, dabei ab und zu durchrühren.

4. Etwa drei Viertel von dem beiseite gestellten Himbeerpüree mit Fruchtsaft oder Rotwein verrühren, in die Mitte von 10 Tellern geben und etwas auseinanderstreichen. Die Joghurt-Himbeer-Creme stürzen und in die Mitte setzen. Etwas Vanillesauce als äußeren Ring darumgießen und mit einem Holzstäbchen das Himbeerpüree in die Vanillesauce ziehen. Das restliche Himbeerpüree auf die Creme geben und sofort sevieren.

Kabeljaufilet „Italienische Art" I

Einfach

12 Portionen

Pro Portion:
E: 37 g, F: 22 g, Kh: 21 g, kJ: 1817, kcal: 434

6 Zucchini (etwa 1200 g)
1 Topf Zitronenthymian
6 EL Olivenöl
3 Pck. stückige Tomatensauce (je 450 g)
Salz
frisch gemahlener Pfeffer
24 Kabeljaufilets (je etwa 75 g)
2 EL Zitronensaft
6 Eier (Größe M)
400 ml Milch
200 g geriebener Parmesan-Käse
100 g Weizenmehl
4 EL Olivenöl

Zubereitungszeit: 70 Min.
Garzeit: etwa 30 Min.

1. Zucchini waschen, abtrocknen und die Enden abschneiden. Zucchini längs halbieren und in Scheiben schneiden. Zitronenthymian abspülen und trockentupfen. Die Blättchen von den Stängeln zupfen und fein hacken.

2. Öl portionsweise in einem Bräter erhitzen. Zucchinischeiben portionsweise darin anbraten. Tomatensauce hinzugießen, mit Salz, Pfeffer und Zitronenthymian würzen, 5–10 Minuten köcheln lassen.

3. Kabeljaufilets unter fließendem kalten Wasser abspülen und trockentupfen, mit Salz, Pfeffer und Zitronensaft würzen.

4. Eier, Milch und Käse in einer Schale verrühren. Kabeljaufilets zunächst in Mehl, dann in der Eier-Käse-Mischung wenden (Filets am Schalenrand etwas abstreifen). Öl portionsweise in einer großen Pfanne erhitzen. Die Kabeljaufilets portionsweise bei mittlerer Hitze von beiden Seiten kurz darin anbraten.

5. Kabeljaufilets auf das Zucchinigemüse legen. Den Bräter auf dem Rost in den Backofen schieben.

Ober-/Unterhitze: etwa 200 °C (vorgeheizt)
Heißluft: etwa 180 °C (vorgeheizt)
Gas: Stufe 3–4 (vorgeheizt)
Garzeit: etwa 30 Minuten.

6. Die Kabeljaufilet mit dem Gemüse sofort servieren.

Kalbfleisch-Parma-Röllchen I

Mit Alkohol

8–10 Portionen

Pro Portion:
E: 28 g, F: 19 g, Kh: 1 g, kJ: 1260, kcal: 300

8–10	*Kalbsschnitzel (je etwa 120 g)*
	frisch gemahlener Pfeffer
2	*Knoblauchzehen*
1 Topf	*Salbei*
8–10 Scheiben	*Parmaschinken*
5 EL	*Olivenöl*
125 ml (⅛ l)	*heiße Rindfleischbrühe*
125 ml (⅛ l)	*trockener Weißwein*
	Holzstäbchen

Für die Sauce:

5 EL	*Marsalawein*
100 g	*kalte Butter*
	Salz

Zubereitungszeit: 45 Min.
Schmorzeit: 20–25 Min.

1. Kalbsschnitzel unter fließendem kalten Wasser abspülen, trockentupfen und flach klopfen, mit Pfeffer bestreuen. Knoblauch abziehen, flach drücken und die Fleischscheiben damit einreiben.

2. Salbei abspülen und trockentupfen. Die Blättchen von den Stängeln zupfen. 4 Blättchen für die Sauce beiseite legen. Die Fleischscheiben jeweils mit 1 Scheibe Schinken und je 2 Salbeiblättchen belegen, von der schmalen Seite her aufrollen, mit Holzstäbchen feststecken.

3. Olivenöl in einer großen Pfanne erhitzen. Die Fleischröllchen von allen Seiten darin anbraten (evtl. in 2 Portionen). Brühe und Weißwein hinzugießen, zum Kochen bringen. Die Röllchen zugedeckt 20–25 Minuten schmoren, gelegentlich wenden.

4. Die garen Röllchen herausnehmen, Holzstäbchen entfernen, und die Röllchen warm stellen.

5. Für die Sauce die beiseite gelegten Salbeiblätter in die Pfanne geben, den Bratenfond etwas einkochen lassen. Marsalawein hinzugießen, zum Kochen bringen und nochmals etwas einkochen lassen. Butter in Flöckchen in die Sauce rühren. Sauce mit Salz und Pfeffer abschmecken. Die Fleischröllchen mit der Sauce servieren.

Kalbsgeschnetzeltes mit Oliven |

Für Gäste

8 Portionen

Pro Portion:

E: 25 g, F: 18 g, Kh: 14 g, kJ: 1395, kcal: 333

200 g	*kleine Schalotten oder Perlzwiebeln*
800 g	*fest kochende Kartoffeln*
1 Glas	*Oliven ohne Stein (Abtropfgewicht 170 g)*
4 EL	*Olivenöl*
1 kg	*Kalbsgeschnetzeltes aus der Schulter*
2 EL	*Tomatenmark (50 g)*
400 ml	*Gemüsebrühe*
200 ml	*trockener Rosé-Wein*
	Salz
	frisch gemahlener Pfeffer
1 Bund	*Kerbel*
200 ml	*Schlagsahne*

Zubereitungszeit: 65 Min.
Garzeit: etwa 35 Min.

1. Schalotten oder Perlzwiebeln abziehen. Kartoffeln waschen, schälen, abspülen und in gleich große Würfel schneiden. Oliven in einem Sieb abtropfen lassen.

2. Olivenöl in einem Bräter erhitzen. Geschnetzeltes evtl. in 2 Portionen kräftig darin anbraten. Schalotten oder Perlzwiebeln hinzugeben und kurz mit anbraten. Tomatenmark unterrühren. Die Hälfte der Brühe hinzugießen, zum Kochen bringen und unter Rühren etwas einkochen lassen.

3. Oliven und Kartoffelwürfel hinzufügen, kurz mit andünsten. Restliche Brühe und Wein hinzugießen. Mit Salz und Pfeffer würzen. Die Zutaten zum Kochen bringen und bei schwacher Hitze unter gelegentlichem Rühren etwa 20 Minuten garen.

4. Kerbel abspülen und trockentupfen. Die Blättchen von den Stängeln zupfen. Die Hälfte der Blättchen klein schneiden. Sahne und die klein geschnittenen Kerbelblättchen zum Geschnetzelten geben, zum Kochen bringen und weitere 15 Minuten garen.

5. Kalbsgeschnetzeltes mit den restlichen Kerbelblättchen garniert servieren.

Kaninchen mit Backobst | Mit Alkohol

8–10 Portionen

Pro Portion:
E: 48 g, F: 26 g, Kh: 12 g, kJ: 2306, kcal: 549

500 g	*gemischtes Backobst*
500 ml (½ l)	*Rotwein*
2,2 kg	*Kaninchenfleisch, z. B. Rücken, Keulen*
	Salz
	frisch gemahlener Pfeffer
2 TL	*gerebelter Thymian*
6	*mittelgroße Zwiebeln*
3 EL	*Butterschmalz*
2	*Lorbeerblätter*
125 ml (⅛ l)	*Wasser*
1 Becher (150 g)	*Crème fraîche*

Zubereitungszeit: 45 Min., ohne Einweichzeit
Garzeit: etwa 60 Min.

1. Backobst in Rotwein mindestens 12 Stunden einweichen.

2. Kaninchenfleisch evtl. in Stücke teilen, Fett entfernen, Rücken enthäuten, unter fließendem kalten Wasser abspülen, trockentupfen und mit Salz, Pfeffer und Thymian einreiben. Zwiebeln abziehen und vierteln.

3. Butterschmalz in einem Bräter erhitzen und die Fleischstücke darin portionsweise von allen Seiten gut anbraten. Die Zwiebelviertel zu dem Fleisch geben und kurz mitbraten lassen. Dann Lorbeerblätter und etwas von dem Wasser hinzufügen. Den Bräter ohne Deckel auf dem Rost in den Backofen schieben.

Ober-/Unterhitze: etwa 180 °C (vorgeheizt)
Heißluft: etwa 160 °C (vorgeheizt)
Gas: Stufe 2–3 (vorgeheizt)
Garzeit: etwa 30 Minuten.

4. Nach und nach das restliche Wasser hinzufügen.

5. Das Backobst mit der Einweichflüssigkeit hinzufügen und alles noch weitere 30 Minuten garen.

6. Das gare Fleisch aus dem Bräter nehmen und auf eine vorgewärmte Platte legen.

7. Crème fraîche unter die Garflüssigkeit rühren, erhitzen und mit Salz und Pfeffer abschmecken. Die Sauce über das Fleisch gießen.

Kaninchen mit Oliven und Tomaten | Für Gäste

12 Portionen

Pro Portion:
E: 54 g, F: 27 g, Kh: 4 g, kJ: 2390, kcal: 569

1 küchenfertiges Kaninchen (etwa 2 kg)
4 Kaninchenschenkel (je etwa 250 g)
Salz
frisch gemahlener Pfeffer
2 EL Weizenmehl
8 EL Olivenöl
8 Knoblauchzehen
einige Rosmarinzweige
1 l Weißwein
1 Bund Frühlingszwiebeln
400 g Cocktailtomaten
je etwa 25 g entsteinte schwarze und grüne Oliven

Zubereitungszeit: 1¼ Std.
Garzeit: etwa 60 Min.

1. Kaninchen in etwa 8 Stücke teilen. Kaninchenstücke und -schenkel enthäuten, unter fließendem kalten Wasser abspülen und trockentupfen. Kaninchenstücke und -schenkel mit Salz und Pfeffer würzen und mit Mehl bestäuben.

2. Olivenöl in einem großen Bräter erhitzen. Die Kaninchenteile portionsweise von allen Seiten darin anbraten.

3. Knoblauch abziehen und fein hacken. Rosmarinzweige abspülen und trockentupfen. Knoblauch und Rosmarin zu den Kaninchenteilen geben. Weißwein hinzugießen. Den Bräter auf dem Rost in den Backofen schieben.

Ober-/Unterhitze: etwa 200 °C (vorgeheizt)
Heißluft: etwa 180 °C (vorgeheizt)
Gas: Stufe 3–4 (vorgeheizt)
Garzeit: etwa 60 Minuten.

4. Frühlingszwiebeln putzen, waschen, abtropfen lassen und in etwa 5 cm lange Stücke schneiden. Tomaten waschen und abtrocknen.

5. Nach etwa 45 Minuten Garzeit Frühlingszwiebelstücke, Tomaten und Oliven zu den Kaninchenteilen geben und fertig garen.

6. Die Kaninchenpfanne vor dem Servieren umrühren und nochmals mit Salz und Pfeffer würzen.

Karibische Hähnchen | Raffiniert

8–10 Portionen

Pro Portion:
E: 57 g, F: 31 g, Kh: 23 g, kJ: 2540, kcal: 608

3 Hähnchen (je etwa 1 kg)
Salz
3 Knoblauchzehen
1 TL schwarze Pfefferkörner
2 TL Piment (Nelkenpfeffer)
½ TL Gewürznelken
½ TL gemahlener Zimt
2 getrocknete rote Chilischoten
3 EL Olivenöl
2 Bund Frühlingszwiebeln
2 Mangos
2 Papayas
3 Bananen
Saft von
5 Limetten

Zubereitungszeit: etwa 65 Min.
Gesamtgarzeit: etwa 70 Min.

1. Hähnchen von innen und außen unter fließendem kalten Wasser abspülen, trockentupfen und von innen und außen salzen. Knoblauch abziehen, durch die Knoblauchpresse drücken. Hähnchen damit einreiben und nebeneinander in eine Fettfangschale legen.

2. Pfefferkörner, Piment, Nelken, Zimt und Chilischoten im Mörser fein zerstoßen, die Hähnchen damit einreiben und mit Öl bestreichen. Die Fettfangschale in den Backofen schieben (unteres Drittel).

Ober-/Unterhitze: etwa 200 °C (vorgeheizt)
Heißluft: etwa 180 °C (vorgeheizt)
Gas: Stufe 3–4 (vorgeheizt)
Garzeit: etwa 45 Minuten.

3. In der Zwischenzeit Frühlingszwiebeln putzen, waschen, abtropfen lassen und in 2 cm große Stücke schneiden. Mangos halbieren, das Fruchtfleisch vom Stein schneiden und schälen. Papayas schälen, halbieren und die schwarzen Kerne mit einem Löffel herausschaben. Beide Zutaten würfeln. Bananen schälen und in Scheiben schneiden.

4. Die Backofentemperatur um etwa 20 °C (Gas um etwa 1 Stufe) reduzieren, den Limettensaft über die Hähnchen geben. Die vorbereiteten Frühlingszwiebeln und Früchte mit in die Fettfangschale geben und alles noch weitere 15–20 Minuten garen.

5. Die garen Hähnchen tranchieren, auf einer vorgewärmten Platte anrichten und mit den Früchten servieren.

Beilage: Reis-Wildreis-Mischung.

Tipp: Sollten nicht alle Früchte mit in die Fettfangschale passen, geben Sie erst einen Teil der Früchte zu, garen die Hähnchen fertig, nehmen sie aus der Fettfangschale, geben die restlichen Früchte dazu und erwärmen sie noch etwa 5 Minuten. In der Zwischenzeit können Sie die Hähnchen tranchieren.

Karnevalsalat | Gut vorzubereiten

12 Portionen

Pro Portion:
E: 20 g, F: 38 g, Kh: 29 g, kJ: 2245, kcal: 537

2 Gläser Bismarckheringe (Abtropfgewicht je 250 g)
250 g Gewürzgurken
8 hart gekochte Eier
500 g Fleischwurst
4 Äpfel (800 g)
2 Zwiebeln
1 kg gekochte Pellkartoffeln
700 g Joghurt-Salatcreme
100 ml Gurkenflüssigkeit
4 EL Kräuteressig
Salz
frisch gemahlener Pfeffer

Zum Bestreuen und Garnieren:
etwas Petersilie
2 hart gekochte Eier

Zubereitungszeit: 50 Min., ohne Durchziehzeit

1. Heringe und Gurken abtropfen lassen, anschließend in kleine Würfel schneiden. Eier pellen. Von der Fleischwurst die Schale abziehen. Äpfel schälen, vierteln und entkernen. Zwiebeln abziehen.

2. Eier, Fleischwurst, Apfelviertel, Zwiebeln und Kartoffeln in kleine Würfel schneiden. Die Salatzutaten in eine Schüssel geben und vermengen. Salatcreme mit Gurkenflüssigkeit und Essig verrühren. Mit Salz und Pfeffer abschmecken. Die Salatcreme unter die Salatzutaten heben. Salat kalt gestellt etwa 1 Stunde durchziehen lassen.

3. Zum Bestreuen und Garnieren Petersilie waschen, trockentupfen und fein hacken. Eier pellen und in Scheiben schneiden.

4. Den Karnevalsalat nochmals mit den Gewürzen abschmecken, mit Petersilie bestreut und mit Eierscheiben garniert servieren.

Kartoffelauflauf I

Schnell – gut vorzubereiten

12 Portionen

Pro Portion:
E: 20 g, F: 20 g, Kh: 29 g, kJ: 1617, kcal: 387

2,5 kg	*fest kochende Kartoffeln*
500 g	*gekochter Schinken*
150 g	*mittelalter Gouda-Käse*
	Salz
	frisch gemahlener Pfeffer
350 ml	*Gemüsebrühe*
2 Becher (je 150 g)	*Crème fraîche*
6	*Eier (Größe M)*
	geriebene Muskatnuss
40 g	*Butterflöckchen*
	Basilikumblättchen zum Garnieren

Zubereitungszeit: 50 Min.
Garzeit: etwa 30 Min.

1. Kartoffeln gründlich waschen. Kartoffeln mit Wasser bedeckt in einem Topf zum Kochen bringen und in etwa 25 Minuten gar kochen. Kartoffeln abgießen, mit kaltem Wasser abschrecken, etwas abkühlen lassen und pellen.

2. Schinken in Würfel schneiden. Käse grob raspeln. Kartoffeln in gleich große Scheiben schneiden.

3. Kartoffelscheiben und Schinkenwürfel abwechselnd in eine große, flache Auflaufform (gefettet) oder eine Fettfangschale (gefettet) schichten. Dabei die Kartoffellagen mit Salz und Pfeffer bestreuen. Die letzte Schicht sollten Kartoffelscheiben sein.

4. Brühe mit Crème fraîche und Eiern verschlagen, mit Salz, Pfeffer und Muskat würzen.

5. Eiermasse über den Auflauf gießen. Auflauf mit Käse bestreuen. Butterflöckchen darauf setzen. Die Auflaufform oder die Fettfangschale auf dem Rost in den Backofen schieben.

Ober-/Unterhitze: etwa 200 °C (vorgeheizt)
Heißluft: etwa 180 °C (vorgeheizt)
Gas: etwa Stufe 4 (vorgeheizt)
Garzeit: etwa 30 Minuten.

6. Basilikumblättchen abspülen, trockentupfen und den Auflauf damit garnieren.

Tipp: Sie können die Kartoffeln bereits am Vortag kochen. Schneiden Sie die Kartoffeln am Folgetag und schichten sie dann ein.

Kartoffelgulasch | Preiswert

8 Portionen

Pro Portion:
E: 17 g, F: 37 g, Kh: 21 g, kJ: 2049, kcal: 489

1,2 kg	*kleine Kartoffeln*
250 g	*Zwiebeln*
1	*Knoblauchzehe*
4 EL	*Olivenöl*
2 EL	*Paprikapulver edelsüß*
2 ½ TL	*Paprikapulver rosenscharf*
1 EL	*Weißweinessig*
125 ml (⅛ l)	*Rindfleischbrühe*
250 g	*Möhrenwürfel*
250 g	*Selleriewürfel*
	Salz
	frisch gemahlener Pfeffer
400 g	*frische Bratwurst (3–4 Stück)*
350 g	*kleine gepfefferte Salami*
1 Bund	*Majoran*
200 ml	*Schlagsahne*

Zubereitungszeit: 45 Min.

1. Kartoffeln waschen, schälen, abspülen und vierteln. Neue Kartoffeln nach Belieben nur gründlich waschen oder bürsten. Zwiebeln abziehen und in kleine Würfel schneiden. Knoblauch abziehen und durch eine Knoblauchpresse drücken. Olivenöl in einem Topf erhitzen und Zwiebelwürfel darin andünsten. Mit Paprika edelsüß und rosenscharf bestäuben und unterrühren. Essig und Brühe hinzugießen und zum Kochen bringen.

2. Kartoffelviertel, Möhren-, Selleriewürfel und Knoblauch hinzugeben und mit Salz und Pfeffer würzen. Die Zutaten zum Kochen bringen und etwa 20 Minuten zugedeckt garen, dabei ab und zu umrühren, evtl. etwas Wasser hinzufügen.

3. Bratwurst jeweils aus dem Darm drücken und zu kleinen Bällchen formen. Salami in Würfel oder Scheiben schneiden, beides zum Gulasch geben und etwa 10 Minuten gar ziehen lassen.

4. Majoran abspülen und trockentupfen. Die Blättchen von den Stängeln zupfen. Majoranblätter und Sahne zum Gulasch geben, unterrühren und evtl. nochmals kurz erhitzen.

Kartoffel-Hack-Pizza | Für Kinder

8–10 Portionen

Pro Portion:
E: 36 g, F: 34 g, Kh: 32 g, kJ: 2432, kcal: 580

1½ kg Kartoffeln
Salz
2 große Zwiebeln
1,2 kg gemischtes Gehacktes (halb Rind-, halb Schweinefleisch)
6 EL Semmelbrösel
5 EL Paprikamark (aus der Tube)
2 Eier (Größe M)
je 1 grüne und rote Paprikaschote
frisch gemahlener Pfeffer
200 g mittelalter Gouda-Käse

einige Thymianstängel

Zubereitungszeit: 25 Min.
Garzeit: 30–40 Min.

1. Kartoffeln schälen, abspülen, abtropfen lassen und in dünne Scheiben schneiden oder hobeln. Die Kartoffelscheiben in kochendem Salzwasser etwa 5 Minuten vorgaren, abgießen und gut abtropfen lassen.

2. Zwiebeln abziehen und fein würfeln. Gehacktes mit Zwiebelwürfeln, Semmelbröseln, Paprikamark und Eiern verkneten.

3. Paprikaschoten halbieren, entstielen, entkernen und die weißen Scheidewände entfernen. Die Schoten waschen, abtropfen lassen und in kleine Würfel schneiden. Die Paprikawürfel unter die Hackmasse mengen. Die Masse mit Salz und Pfeffer würzen. Gouda fein reiben.

4. Die Kartoffelscheiben in einer Fettfangschale (30 x 40 cm, gefettet) verteilen, die Hackmasse in Klecksen darauf geben und mit Gouda bestreuen. Die Fettfangschale in den Backofen schieben.

Ober-/Unterhitze: etwa 200 °C (vorgeheizt)
Heißluft: etwa 180 °C (vorgeheizt)
Gas: Stufe 3–4 (vorgeheizt)
Garzeit: 30–40 Minuten.

5. Thymian abspülen, trockentupfen und die Blättchen von den Stängeln zupfen. Die Pizza mit den Thymianblättchen servieren.

Tipp: Anstelle des Paprikamarks können Sie ersatzweise auch Tomatenmark verwenden.

Kartoffel-Kürbis-Salat | Schnell

12 Portionen

Pro Portion:
E: 8 g, F: 11 g, Kh: 34 g, kJ: 1174, kcal: 280

4	*Zwiebeln*
2 kg	*fest kochende Kartoffeln*
400 ml	*Gemüsebrühe*
450 g	*TK-Erbsen*
2 Gläser	*eingelegter Kürbis (Abtropfgewicht je 200 g)*
1 Bund	*Dill*
250 g	*Salatmayonnaise (50 % Fett)*
80 g	*körniger Senf*
6 EL	*Kürbisflüssigkeit*
	Salz
	frisch gemahlener Pfeffer
150 g	*geräucherter Speck*

Zubereitungszeit: 30 Min., ohne Durchziehzeit

1. Zwiebeln abziehen, halbieren und in Streifen schneiden. Kartoffeln waschen, schälen, abspülen und in Scheiben schneiden. Gemüsebrühe zum Kochen bringen. Kartoffeln und Zwiebeln hineingeben, aufkochen lassen und zugedeckt bei schwacher Hitze 10–15 Minuten garen. Die Erbsen unaufgetaut hinzufügen und die Brühe etwas abkühlen lassen.

2. Kürbis in einem Sieb abtropfen lassen, dabei die Flüssigkeit auffangen und 6 Esslöffel abmessen. Die Kürbisstücke evtl. kleiner schneiden.

3. Dill kalt abspülen, trockentupfen und hacken (einige Zweige zum Garnieren zurücklassen). Mayonnaise mit Senf, Dill und der abgemessenen Kürbisflüssigkeit mischen, mit Salz und Pfeffer würzen, mit den Kürbisstücken zu den Kartoffeln geben und vermischen. Den Salat etwa 30 Minuten durchziehen lassen.

4. In der Zwischenzeit Speck in Würfel schneiden, in einer Pfanne knusprig braten und auf Küchenpapier abtropfen lassen. Den Salat mit Salz, Pfeffer und evtl. Kürbisflüssigkeit abschmecken, mit den Speckwürfeln bestreuen und mit zurückgelassenen Dillzweigen garnieren.

Kartoffelrösti, raffiniert belegt

Einfach

24 Stück

Pro Stück: E: 5 g, F: 9 g, Kh: 8 g, kJ: 586, kcal: 140

24 TK-Kartoffelrösti für den Backofen
500 g Käse mit Knoblauch in Scheiben
16 Cocktailtomaten
3 Möhren
Salzwasser
einige Basilikumstängel
einige Schnittlauchstängel
frisch gemahlener grober Pfeffer

Zubereitungszeit: 30 Min.
Gesamtgarzeit: 16–18 Min.

1. Kartoffelrösti aus der Packung nehmen und auf ein Backblech (mit Backpapier belegt) legen. Backblech in den Backofen schieben.

Ober-/Unterhitze: etwa 220 °C(vorgeheizt)
Heißluft: etwa 200 °C (vorgeheizt)
Gas: Stufe 4–5 (vorgeheizt)
Garzeit: etwa 8 Minuten.

2. In der Zwischenzeit Käsescheiben diagonal halbieren. Tomaten waschen, abtropfen lassen, halbieren und die Stängelansätze herausschneiden. Möhren putzen, schälen, abspülen und abtropfen lassen. Möhren in gleichmäßig dünne Scheiben schneiden. Salzwasser zum Kochen bringen und die Möhrenscheiben darin etwa 3 Minuten garen.

3. Kartoffelrösti wenden, mit Tomatenhälften, Möhrenscheiben und Käsedreiecken belegen. Das Backblech wieder in den Backofen schieben und bei der angegebenen Backofeneinstellung weitere 8–10 Minuten backen, bis der Käse zerlaufen ist.

4. Basilikum und Schnittlauch abspülen und trockentupfen. Basilikumblättchen von den Stängeln zupfen. Schnittlauch in feine Röllchen schneiden. Rösti mit Pfeffer bestreuen und mit Kräutern garnieren.

Kartoffelsalat | Klassisch

8 Portionen

Pro Portion:
E: 8 g, F: 39 g, Kh: 46 g, kJ: 2393, kcal: 573

2 kg	*fest kochende Kartoffeln*
2	*Zwiebeln*
2 Bund	*Frühlingszwiebeln*
2 Bund	*Radieschen*
2 kleine Gläser	*Cornichons (Abtropfgewicht je 190 g)*

Für die Sauce:

12 EL	*Salatmayonnaise*
4 TL	*mittelscharfer Senf*
600 g	*Crème fraîche*
	Salz, frisch gemahlener Pfeffer
	Zucker oder Honig
	Gurkenwasser

Zubereitungszeit: 50 Min., ohne Kühlzeit

1. Kartoffeln waschen, mit Wasser bedeckt zum Kochen bringen und in 20–25 Minuten gar kochen. Abgießen, etwas abkühlen lassen, pellen und in Scheiben schneiden.

2. Zwiebeln abziehen und fein würfeln. Frühlingszwiebeln putzen, waschen, abtropfen lassen und in Ringe schneiden. Radieschen putzen, waschen, abtropfen lassen und vierteln. Gurken in einem Sieb abtropfen lassen, dabei das Gurkenwasser auffangen. Gurken in Scheiben schneiden.

3. Für die Sauce Mayonnaise mit Senf und Crème fraîche verrühren, mit Salz, Pfeffer und Zucker oder Honig würzen. Salatzutaten mit der Sauce mischen und den Salat etwa 30 Minuten kalt stellen. Vor dem Servieren den Salat nochmals mit Salz, Pfeffer, Zucker oder Honig und Gurkenwasser abschmecken.

Tipp: Einen Teil der angegebenen Kartoffelmenge kann man durch andere Sorten wie violette Kartoffeln oder Süßkartoffeln ersetzen. Der Salat wird leichter, wenn Crème fraîche durch Joghurt ersetzt wird. Salat mit Schnittlauchröllchen bestreuen.

Kartoffelsalat von Erstlingen I

Gut vorzubereiten

8 Portionen

Pro Portion:
E: 10 g, F: 28 g, Kh: 45 g, kJ: 2085, kcal: 497

2 kg Erstlinge (kleine Frühkartoffeln)

Für die Sauce:

1 EL Dijon-Senf
100 ml Sherry-Essig
125 ml (⅛ l) Olivenöl
Salz
2 EL Zucker
frisch gemahlener Pfeffer
1 Zweig Rosmarin
2 Zweige Thymian
250 ml (¼ l) Gemüsebrühe

1 Pck. (200 g) Katenschinkenwürfel
4 EL Speiseöl
400 g Champignons
1 rote Paprikaschote
1 Bund Frühlingszwiebeln

Zubereitungszeit: 70 Min.

1. Kartoffeln gründlich waschen, in Salzwasser zum Kochen bringen, 20 Minuten garen, abgießen und etwas abkühlen lassen.

2. Inzwischen für die Sauce Senf, Essig, Öl, Salz, Zucker und Pfeffer verrühren. Rosmarin und Thymian abspülen, trockentupfen, Blättchen von den Stielen zupfen, fein zerschneiden und mit der Gemüsebrühe zur Sauce geben.

3. Die noch warmen Kartoffeln vierteln (nicht schälen) und vorsichtig mit der Sauce vermengen.

4. Katenschinkenwürfel in einer Pfanne in Öl knusprig braten und auf Küchenpapier abtropfen lassen.

5. Champignons putzen, mit Küchenpapier abreiben, in Scheiben schneiden, in der Pfanne anbraten, mit Salz und Pfeffer würzen und abkühlen lassen.

6. Paprikaschote halbieren, entstielen, entkernen, die weißen Scheidewände entfernen, Schote waschen und in Würfel schneiden. Frühlingszwiebeln putzen, waschen und in feine Ringe schneiden.

7. Katenschinken, Champignons, Paprika und Frühlingszwiebeln unter die Kartoffeln heben, nochmals abschmecken und den Salat servieren.

Kartoffel-Schicht-Torte | Vegetarisch

8–10 Portionen

Pro Portion:
E: 8 g, F: 16 g, Kh: 15 g, kJ: 1007, kcal: 241

750 g dicke Möhren
750 g fest kochende Kartoffeln
500 g Blattspinat
Salzwasser
300 ml Schlagsahne
6 Eier (Größe M)
Salz
frisch gemahlener Pfeffer
geriebene Muskatnuss

Zum Garnieren:
1 Bund Kerbel

Außerdem:
1 dicht schließende Springform (Ø 26 cm)
1 Bogen Alufolie

Zubereitungszeit: 90 Min.
Garzeit: etwa 60 Min.

1. Möhren putzen. Kartoffeln und Möhren schälen, waschen, abtropfen lassen und in dünne Scheiben schneiden. Spinat verlesen, waschen, gut abtropfen lassen und die dicken Stiele entfernen.

2. Salzwasser zum Kochen bringen. Nacheinander die Kartoffelscheiben etwa 8 Minuten, die Möhrenscheiben etwa 3 Minuten und den Spinat etwa 10 Sekunden darin garen. Anschließend jeweils mit kaltem Wasser abschrecken und getrennt in Sieben gut abtropfen lassen.

3. Sahne mit Eiern verschlagen, mit Salz, Pfeffer und Muskat kräftig würzen. Spinat, Kartoffel- und Möhrenscheiben abwechselnd lagenweise in die Form (gefettet) schichten. Eiersahne darauf gießen. Die Form auf dem Rost (mit Alufolie belegt und an den Rändern etwas hochgeknickt) im unteren Drittel in den Backofen schieben.

Ober-/Unterhitze: etwa 180 °C (vorgeheizt)
Heißluft: etwa 160 °C (nicht vorgeheizt)
Gas: Stufe 2–3 (nicht vorgeheizt)
Garzeit: etwa 60 Minuten (Die Schichttorte nach etwa 45 Minuten Garzeit mit Backpapier zudecken).

4. Die Form auf einen Rost stellen. Kartoffel-Schicht-Torte etwa 10 Minuten ruhen lassen, dann aus der Form lösen und auf eine Tortenplatte legen.

5. Kerbel abspülen und trockentupfen. Die Blättchen von den Stängeln zupfen, die Torte damit garnieren und sofort servieren.

Beilage: Gemischter Salat und Kräuter-Crème-fraîche.

Tipp: Die Schichttorte kann auch in einer Auflaufform zubereitet werden.

Kartoffel-Spitzkohl-Salat mit Kasseler | Gut vorzubereiten

12 Portionen

Pro Portion:
E: 18 g, F: 13 g, Kh: 27 g, kJ: 1371, kcal: 328

2 kg fest kochende kleine Kartoffeln
4 TL Kümmelsamen
1,2 kg Spitzkohl
1 l Gemüsebrühe
700 g Kasseler-Aufschnitt

Für die Sauce:
300 ml Gemüsebrühe
300 g Crème fraîche
2 geh. EL Salatmayonnaise
4 EL körniger Senf
etwas Currypulver
Salz
frisch gemahlener Pfeffer
Zucker
4 TL Kümmelsamen

Petersilienblättchen

Zubereitungszeit: 60 Min., ohne Abkühlzeit

1. Kartoffeln gründlich waschen, mit Wasser bedeckt zum Kochen bringen, Kümmelsamen hinzugeben, zugedeckt in 20–25 Minuten gar kochen. Kartoffeln abgießen, mit kaltem Wasser abschrecken, abtropfen lassen, sofort pellen und lauwarm abkühlen lassen. Kartoffeln in Scheiben schneiden und beiseite stellen.

2. Spitzkohl putzen, vierteln und den Strunk entfernen. Spitzkohl in feine Streifen schneiden, waschen und abtropfen lassen. Brühe in einem Topf zum Kochen bringen. Kohlstreifen hinzufügen, zum Kochen bringen und 2–5 Minuten kochen lassen. Kohlstreifen in einem Sieb abtropfen und erkalten lassen. Kasseler-Aufschnitt in Streifen schneiden.

3. Für die Sauce Brühe mit Crème fraîche, Mayonnaise und Senf verrühren, mit Curry, Salz, Pfeffer und Zucker abschmecken. Kümmelsamen unterrühren.

4. Abwechselnd Kartoffelscheiben, Spitzkohl-, Kasselerstreifen und Sauce in eine hohe Glasschale schichten, dabei Kartoffelscheiben jeweils mit etwas Salz bestreuen. Petersilienblättchen abspülen, trockentupfen und den Salat mit den Blättchen garnieren.

Kartoffelsuppe mit Weißwein

Raffiniert

12 Portionen

Pro Portion:
E: 4 g, F: 16 g, Kh: 21 g, kJ: 1215, kcal: 290

1,2 kg	*vorwiegend fest kochende Kartoffeln*
400 g	*Möhren*
400 g	*Porree (Lauch)*
80 g	*Butter*
0,7 l	*trockener, leichter Weißwein*
1 l	*Gemüsebrühe*
½ TL	*gemahlener Rosmarin*
½ TL	*gemahlener Koriander*
1 TL	*Zucker*
2 gestr. TL	*Salz*
1 TL	*weißer Pfeffer*
1 Bund	*frischer Dill*
400 g	*Schmand*

Zubereitungszeit: 70 Min.

1. Kartoffeln waschen, schälen, abspülen und grob würfeln. Möhren putzen, schälen, abspülen und 150 g davon in grobe Stücke schneiden. Den Rest der Möhren fein würfeln. Porree putzen, die Stangen längs halbieren, waschen und in breite Streifen schneiden.

2. 50 g der Butter in einem großen Topf zerlassen und den Porree darin andünsten. Kartoffeln und die groben Möhrenstücke dazugeben und ebenfalls andünsten. Die kleinen Möhrenwürfel in einem kleinen Topf mit der restlichen Butter bei schwacher Hitze zugedeckt etwa 10 Minuten gar dünsten lassen, evtl. 2–3 Esslöffel Wasser hinzugeben.

3. Wein und Brühe zum Kartoffel-Gemüse gießen und zum Kochen bringen. Suppe mit Rosmarin, Koriander, Zucker, Salz und Pfeffer würzen und etwa 30 Minuten bei schwacher Hitze zugedeckt kochen lassen.

4. Die Suppe von der Kochstelle nehmen und pürieren. Dill abspülen, abtropfen lassen, fein hacken und mit dem Schmand unter die Suppe rühren. Gedünstete Möhrenwürfel ebenfalls unterrühren und die Suppe servieren.

Kartoffelteigpizza mit Parmaschinken | Raffiniert

8–10 Portionen (2 Backbleche)

Pro Portion:
E: 26 g, F: 18 g, Kh: 57 g, kJ: 2075, kcal: 495

Für den Hefeteig:
600 g mehlig kochende Kartoffeln
500 g Weizenmehl
2 TL Salz
1 Pck. (42 g) frische Hefe
½ TL Zucker
400 ml lauwarme Milch

Für den Belag:
2 Pck. (je 370 g) Tomatenstückchen mit Kräutern
100 g milde Peperoni (aus dem Glas)
400 g geriebener Edamer-Käse
200 g Parmaschinken in dünnen Scheiben

Zubereitungszeit: 60 Min., ohne Teiggehzeit
Backzeit: etwa 30 Min. je Blech

1. Für den Teig Kartoffeln gründlich waschen, in Wasser zum Kochen bringen und in 20–25 Minuten gar kochen lassen. Die Kartoffeln dann abgießen, abdämpfen, noch heiß pellen und durch eine Kartoffelpresse in eine große Rührschüssel drücken.

2. Mehl und Salz unter die Kartoffelmasse mischen und in die Mitte eine Mulde drücken. Hefe hineinbröckeln. Zucker und 2 Esslöffel von der Milch zugeben, sorgfältig mit der Hefe verrühren und etwa 10 Minuten stehen lassen.

3. Die restliche Milch hinzufügen und alles mit Handrührgerät mit Knethaken in etwa 5 Minuten zu einem glatten Teig verkneten. Den Teig zugedeckt an einem warmen Ort gehen lassen, bis er sich sichtbar vergrößert hat.

4. Den Teig auf der leicht bemehlten Arbeitsfläche nochmals durchkneten und halbieren. Jede Teighälfte auf einem gefetteten Backblech (30 x 40 cm) ausrollen.

5. Für den Belag den Teig mit den Tomatenstückchen bestreichen. Peperoni abtropfen lassen, gleichmäßig darauf verteilen und mit Edamer bestreuen. Die Backbleche nacheinander (bei Heißluft zusammen) in den Backofen schieben.

Ober-/Unterhitze: etwa 200 °C (vorgeheizt)
Heißluft: etwa 180 °C (vorgeheizt)
Gas: Stufe 3–4 (vorgeheizt)
Backzeit: etwa 30 Minuten je Blech.

6. Die Pizzen aus dem Backofen nehmen, den Parmaschinken darauf verteilen, die Pizzen sofort servieren.

Tipp: Die Pizzen gelingen am besten bei Ober- und Unterhitze. Die Backbleche nacheinander im unteren Drittel in den Backofen schieben.
Die Pizzen nach Belieben vor dem Servieren zusätzlich mit vorbereiteter Rauke (Rucola) belegen.

Käse-Schinken-Rollen in Tomatensauce | Gut vorzubereiten

12 Portionen

Pro Portion:
E: 15 g, F: 19 g, Kh: 19 g, kJ: 1367, kcal: 326

Für die Tomatensauce:

1	*Gemüsezwiebel*
2	*Knoblauchzehen*
5 EL	*Olivenöl*
3 Dosen (je 400 g)	*stückige Tomaten*
1 Pck. (500 g)	*passierte Tomaten*
	Salz
	frisch gemahlener Pfeffer
	gerebelter Oregano
	gerebelter Thymian

Für die Käse-Schinken-Rollen:

250 g	*Makkaroni*
	Salzwasser
12 Scheiben	*mittelalter Gouda (ohne Rinde)*
12 Scheiben	*gekochter Schinken*
60 g	*geriebener Parmesan*
100 g	*geriebener Pizzakäse*

Zubereitungszeit: 70 Min.

1. Für die Tomatensauce Zwiebel und Knoblauch abziehen, würfeln und in Öl andünsten.

2. Die stückigen und die passierten Tomaten hinzufügen und mit Salz, Pfeffer, Oregano und Thymian bestreuen. Die Sauce zum Kochen bringen und etwa 5 Minuten kochen lassen.

3. Die Tomatensauce in eine große, gefettete Auflaufform oder Fettfangschale geben.

4. Für die Käse-Schinken-Rollen Makkaroni 1–2-mal durchbrechen und nach Packungsanleitung in reichlich Salzwasser bissfest garen. Die Nudeln nach dem Garen kurz mit kaltem Wasser abschrecken und gut abtropfen lassen.

5. Je 8 Makkaronistücke auf eine Käsescheibe legen und aufrollen und dann in den Schinken rollen. Die Käse-Schinken-Rollen in die Tomatensauce legen, mit Parmesan und Pizzakäse bestreuen und die Form zugedeckt auf dem Rost (oder die Fettfangschale) in den Backofen schieben.

Ober-/Unterhitze: etwa 180 °C (vorgeheizt)
Heißluft: etwa 160 °C (vorgeheizt)
Gas: Stufe 2–3 (vorgeheizt)
Backzeit: etwa 35 Minuten.

6. Etwa die letzten 10 Minuten aufgedeckt fertig garen.

Tipp: Die Käse-Schinken-Rollen können auch auf einem Spinatbett angerichtet werden. Dazu 3 Packungen Rahm- oder Blattspinat in Öl und Knoblauch andünsten und mit Muskatnuss würzen und die Käse-Schinken-Rollen darauf legen. Nach Belieben dann Tomatensauce dazureichen.

Käsespießchen mit fruchtigen Dips | Mit Alkohol

12 Portionen

Pro Portion:
E: 26 g, F: 34 g, Kh: 14 g, kJ: 1971, kcal: 472

250 g Weintrauben (grüne und blaue)
250 g Erdbeeren
400 g schnittfester Ziegenkäse
400 g Maasdamer-Käse
400 g Gouda-Käse

Außerdem:
kleine Holzspieße

Für den Himbeer-Dip:
500 g Himbeeren
60 g gesiebter Puderzucker
frisch gemahlener Pfeffer
2–3 EL Himbeergeist oder weißer Rum

Für den Kiwi-Dip:
400 g Kiwis
1–2 EL Zitronensaft
frisch gemahlener Pfeffer
3–4 EL heller Portwein oder Sherry

Zubereitungszeit: 60 Min.

1. Weintrauben und Erdbeeren waschen, trockentupfen und entstielen. Große Früchte evtl. halbieren. Käsesorten in gleich große mundgerechte Würfel schneiden. Früchte mit den Käsewürfeln auf Spießchen stecken und auf einer Platte anrichten.

2. Für den Himbeer-Dip Himbeeren verlesen, abspülen, abtropfen lassen und durch ein Sieb streichen, Puderzucker unterrühren. Himbeermasse mit Pfeffer und Himbeergeist oder Rum abschmecken.

3. Für den Kiwi-Dip Kiwis schälen, in Stücke schneiden und fein pürieren. Kiwipüree mit Zitronensaft, Pfeffer und Portwein oder Sherry abschmecken.

Beilage: Frisches Baguette oder Pumpernickeltaler.

Tipp: Für alkoholfreie Fruchtdips den Alkohol jeweils durch Apfelsaft ersetzen. Je nach Saison können die Obstsorten für die Käsespießchen variieren. Besonders Ananasstückchen, Melonenkugeln oder Mandarinenspalten eignen sich gut.

Kasseler-Filet-Topf, geschmort |

Einfach

8 Portionen

Pro Portion:
E: 28 g, F: 30 g, Kh: 19 g, kJ: 1906, kcal: 456

1,2 kg	*Kasseler-Filet (aus dem Kotelettstück)*
800 g	*fest kochende Kartoffeln*
1 Stange	*Porree (Lauch, etwa 400 g)*
4 EL	*Speiseöl*
2 Dosen (je 810 g)	*Sauerkraut*
	Salz
	frisch gemahlener Pfeffer
2	*Lorbeerblätter*
4	*Wacholderbeeren*
2 Becher (je 150 g)	*Crème fraîche*
1 gestr. TL	*Paprikapulver edelsüß*

Zubereitungszeit: 60 Min.

Garzeit: etwa 40 Min.

1. Kasseler-Filet unter fließendem kalten Wasser abspülen, trockentupfen und in etwa 2 cm dicke Scheiben schneiden.

2. Kartoffeln waschen, schälen, abspülen und in gleich große Würfel schneiden. Porree putzen, die Stange längs halbieren. Porree waschen, abtropfen lassen und in feine Streifen schneiden.

3. Speiseöl in einem Bräter erhitzen, Kasselerscheiben von beiden Seiten darin anbraten. Kartoffelwürfel und Porreestreifen hinzufügen und mitdünsten lassen.

4. Sauerkraut mit der Flüssigkeit hinzugeben und gut vermischen. Mit Salz und Pfeffer würzen. Lorbeerblätter und Wacholderbeeren hinzufügen. Die Zutaten zum Kochen bringen und zugedeckt etwa 40 Minuten garen, dabei ab und zu umrühren.

5. Crème fraîche mit Paprika verrühren und unter den Kasseler-Filet-Topf geben.

Kasseler mit Kräuter-Pesto |

Einfach

8–10 Portionen

Pro Portion:
E: 43 g, F: 35 g, Kh: 4 g, kJ: 2107, kcal: 502

2 kg Kasseler-Kotelettstrang (am Stück, ohne Knochen)

Für das Pesto:

50 g Pinienkerne
60 g getrocknete Tomaten in Öl
1 Bund Petersilie
1 Topf Basilikum
1 Bund Schnittlauch
2 Knoblauchzehen
60 g Parmesan-Käse
100 ml Olivenöl
Salz, frisch gemahlener Pfeffer
Paprikapulver edelsüß

Außerdem:

1 Bratschlauch

Zubereitungszeit: 50 Min.
Garzeit: etwa 60 Min.

1. Kasseler unter fließendem kalten Wasser abspülen, trockentupfen und in einen Bratschlauch legen. Den Bratschlauch verschließen und auf ein mit Backpapier belegtes Backblech legen. Das Backblech in den kalten Backofen schieben.

Ober-/Unterhitze: 180–200 °C
Heißluft: 160–180 °C
Gas: etwa Stufe 3
Garzeit: etwa 60 Minuten.

2. In der Zwischenzeit für das Pesto Pinienkerne in einer Pfanne ohne Fett rösten und etwas abkühlen lassen.

3. Tomaten abtropfen lassen und in kleine Stücke schneiden. Petersilie, Basilikum und Schnittlauch abspülen und trockentupfen. Petersilien- und Basilikumblättchen von den Stängeln zupfen und hacken. Schnittlauch in Röllchen schneiden. Knoblauch abziehen und fein würfeln. Käse reiben.

4. Gehackte Kräuter, Pinienkerne und Tomatenstücke mit Parmesan und Öl pürieren (evtl. in 2 Portionen) und mit Salz, Pfeffer und Paprika würzen. Schnittlauchröllchen unterrühren.

5. Das gare Kasseler etwa 10 Minuten ruhen lassen, erst dann aus dem Bratschlauch nehmen, in Scheiben schneiden und auf einer vorgewärmten Platte anrichten. Das Fleisch mit dem Pesto servieren.

Beilage: Reissalat.
Dafür 600 g Langkornreis in Salzwasser nach Packungsanleitung kochen.
500 g Zuckerschoten putzen, waschen, 2–3-mal schräg durchschneiden und in 150 ml Salzwasser in 3–5 Minuten bissfest garen. Die Zuckerschotenstücke in kaltem Wasser abschrecken und abtropfen lassen. 300 g Möhren putzen, schälen, waschen, raspeln und in einem Sieb gut abtropfen lassen. Den garen Reis in ein Sieb geben, gut abtropfen lassen, heiß in eine Schüssel geben. Zuckerschotenstücke und Möhrenraspel unterrühren. 2 Bund Schnittlauch abspülen, trockentupfen und in Röllchen schneiden. Für die Sauce 6 Esslöffel Weißweinessig mit 125 ml (⅛ l) Gemüsebrühe, Salz und Pfeffer verrühren. 150 ml Speiseöl unterschlagen. Die Sauce mit den Schnittlauchröllchen unter die Salatzutaten mischen. Salat mindestens 20 Minuten durchziehen lassen. Den Salat mit Salz und Pfeffer würzen, lauwarm oder kalt servieren.

KiBa-Quark | Für Kinder

12 Portionen

Pro Portion:
E: 8 g, F: 11 g, Kh: 37 g, kJ: 1204, kcal: 287

Für das Kirschkompott:

2 Gläser	Schattenmorellen (Abtropfgewicht je 370 g)
40 g	Speisestärke
1 Pck.	Dr. Oetker Finesse Geriebene Zitronenschale
50 g	Zucker
2 Pck.	Dr. Oetker Vanillin-Zucker

Für den Bananenquark:

3	Bananen
	Saft von
1	Zitrone
500 g	Magerquark
300 g	Sahnejoghurt
60 g	Zucker
300 ml	Schlagsahne

Zubereitungszeit: 30 Min., ohne Abkühlzeit

1. Für das Kirschkompott Schattenmorellen in einem Sieb abtropfen lassen, dabei den Saft auffangen und 350 ml abmessen (evtl. mit Wasser auffüllen). Speisestärke mit etwas von dem Kirschsaft glatt rühren. Den restlichen Saft, Zitronenschale, Zucker und Vanillin-Zucker in einem Topf aufkochen lassen.

2. Die angerührte Stärke einrühren und nochmals aufkochen lassen. Kirschen hinzufügen und bei schwacher Hitze erhitzen. Das Kirschkompott abkühlen lassen, dabei zwischendurch mehrmals umrühren.

3. Für den Bananenquark Bananen schälen und mit dem Zitronensaft pürieren. Quark, Joghurt und Zucker unterrühren. Sahne steif schlagen und unterheben.

4. Den Bananenquark in 12 hohe Longdrink-Gläser füllen und das Kirschkompott darauf geben.

Kohlrabi-Hack-Auflauf | Für Kinder

8–10 Portionen

Pro Portion:
E: 43 g, F: 46 g, Kh: 16 g, kJ: 2773, kcal: 662

4 Kohlrabi (je etwa 500 g)
Salzwasser
3 Zwiebeln
3–4 EL Speiseöl, z. B. Olivenöl
1½ kg Gehacktes (halb Rind-, halb Schweinefleisch)
2 TL getrockneter Estragon
Salz, frisch gemahlener Pfeffer
3 EL mittelscharfer Senf

Für die Sauce:
60 g Butter oder Margarine
80 g Weizenmehl
1 l Milch
geriebene Muskatnuss
2 Eigelb (Größe M)

Zum Bestreuen:
200 g geraspelter Mozzarella-Käse
Paprikapulver edelsüß
½ Bund glatte Petersilie

Zubereitungszeit: 60 Min.
Garzeit: 35–40 Min.

1. Kohlrabi schälen, waschen und in etwa ½ cm dünne Scheiben schneiden. Kohlrabischeiben in reichlich kochendem Salzwasser etwa 5 Minuten vorgaren (evtl. in mehreren Portionen), abgießen, mit kaltem Wasser abschrecken und abtropfen lassen.

2. Zwiebeln abziehen und in feine Würfel schneiden. Öl portionsweise in einer Pfanne erhitzen. Zwiebelwürfel und Gehacktes portionsweise hinzufügen und unter Rühren darin anbraten, dabei die Klümpchen mit Hilfe einer Gabel zerdrücken. Gehacktesmasse mit Estragon, Salz und Pfeffer würzen. Die Gehacktesmischung 7–8 Minuten braten, bis die Flüssigkeit verdampft ist. Senf unterrühren.

3. Für die Sauce Butter oder Margarine in einem Topf zerlassen. Mehl unter Rühren so lange darin erhitzen, bis das Mehl hellgelb ist. Milch hinzugießen und mit einem Schneebesen durchschlagen, dabei darauf achten, dass keine Klümpchen entstehen. Die Sauce zum Kochen bringen und etwa 5 Minuten kochen lassen.

4. Die Sauce mit Salz, Pfeffer und Muskatnuss kräftig würzen. Den Topf von der Kochstelle nehmen. Eigelb mit etwas von der Sauce verrühren und zu der Sauce geben (nicht mehr kochen lassen).

5. Den Boden einer großen, flachen Auflaufform mit etwa einem Drittel der Kohlrabischeiben auslegen. Die Hälfte der Gehacktesmasse darauf verteilen. Das zweite Drittel der Kohlrabischeiben darauf legen, restliche Gehacktesmasse darüber geben und mit den restlichen Kohlrabischeiben belegen.

6. Die Sauce darüber gießen und mit Mozzarella und Paprikapulver bestreuen. Die Form auf dem Rost in den Backofen schieben.

Ober-/Unterhitze: etwa 200 °C (vorgeheizt)
Heißluft: etwa 180 °C (nicht vorgeheizt)
Gas: Stufe 3–4 (nicht vorgeheizt)
Garzeit: 35–40 Minuten.

7. Petersilie abspülen, trockentupfen, die Blättchen von den Stängeln zupfen und hacken. Petersilie vor dem Servieren über den Auflauf streuen.

Kohlrabitopf mit Bratwurstklößchen | Preiswert

8 Portionen

Pro Portion:
E: 14 g, F: 32 g, Kh: 13 g, kJ: 1662, kcal: 396

1 kg	*Kohlrabi (etwa 4 Stück)*
50 g	*Butter*
2 l	*Gemüsebrühe*
250 ml (¼ l)	*Schlagsahne*
2 Beutel	*Kartoffel-Püree (für je 1–2 Personen)*
4	*grobe, ungebrühte Bratwürste*
	Salz
	frisch gemahlener Pfeffer
etwas	*Currypulver*
1 EL	*in Streifen geschnittene, glatte Petersilie*

Zubereitungszeit: 55 Min.

1. Kohlrabi schälen, waschen, halbieren und erst in Scheiben, dann in Streifen schneiden.

2. Butter in einem großen Topf zerlassen. Kohlrabistreifen darin andünsten. Gemüsebrühe und Sahne hinzufügen. Kartoffelpüreepulver unterrühren, alles wieder zum Kochen bringen und etwa 15 Minuten garen.

3. Die Bratwurstmasse portionsweise aus der Haut drücken, daraus kleine Klößchen formen und ebenfalls in die Suppe geben. Die Klößchen etwa 10 Minuten in der Suppe bei schwacher Hitze gar ziehen lassen.

4. Die Suppe mit Salz, Pfeffer und Currypulver würzen und mit Petersilie bestreut servieren.

Kohltopf, deftiger | Einfach

8 Portionen

Pro Portion:
E: 16 g, F: 24 g, Kh: 14 g, kJ: 1398, kcal: 334

1 kg	*TK-Rosenkohl*
½	*Spitzkohl (etwa 500 g)*
½ Kopf	*Wirsing (etwa 500 g)*
500 g	*fest kochende Kartoffeln, z. B. Hansa*
500 g	*Cabanossi oder geräucherte Mettwürstchen*
6 EL	*Speiseöl*
2 l	*Gemüsebrühe*
	Salz
	frisch gemahlener Pfeffer
	Kümmelsamen
2 Bund	*glatte Petersilie*

Zubereitungszeit: 55 Min., ohne Auftauzeit
Garzeit: etwa 35 Min.

1. Rosenkohl auftauen lassen. Von Spitzkohl und Wirsing die groben äußeren Blätter entfernen, jeweils den Strunk herausschneiden. Spitzkohl und Wirsing waschen, abtropfen lassen und in große Stücke schneiden.

2. Kartoffeln waschen, schälen, abspülen und in Würfel schneiden. Cabanossi oder Mettwürstchen in dünne Scheiben schneiden.

3. Speiseöl in einem Bräter erhitzen. Kartoffelwürfel, Spitzkohl-, Wirsingstücke, Rosenkohl und Wurstscheiben portionsweise darin andünsten. Brühe hinzugießen. Mit Salz, Pfeffer und Kümmel würzen. Die Zutaten zum Kochen bringen und zugedeckt bei schwacher Hitze etwa 35 Minuten garen.

4. Petersilie abspülen und trockentupfen. Die Blättchen von den Stängeln zupfen. Blättchen fein hacken und unter den Kohltopf rühren. Mit Salz und Pfeffer abschmecken.

Beilage: Kleine Roggenbrötchen oder ein rustikales Bauernbrot.

Konfetti-Suppe | Mit Alkohol

8 Portionen

Pro Portion:
E: 2 g, F: 23 g, Kh: 7 g, kJ: 1087, kcal: 259

Für das Gemüse-Konfetti:

je 1	*rote, grüne und gelbe Paprikaschote (je 150 g)*
1	*Zucchini (200 g)*
2	*dicke Möhren*

Für die Suppe:

2 l	*Gemüsefond oder -brühe*
200 ml	*Weißwein*
2 Pck. (je 250 ml)	*Sauce Hollandaise (Fertigprodukt)*
200 ml	*Schlagsahne*
	Salz
	frisch gemahlener Pfeffer
	geriebene Muskatnuss

Zubereitungszeit: 90 Min.

1. Für das Gemüse-Konfetti Paprikaschoten vierteln, entstielen, entkernen, die weißen Scheidewände entfernen und die Schoten waschen. Zucchini waschen und die Enden abschneiden. Möhren putzen, schälen und waschen. Zucchini und Möhren mit einer Aufschnittmaschine oder einem scharfen Gemüsehobel längs in Scheiben schneiden.

2. Aus den Gemüsescheiben und Paprikavierteln mit Hilfe eines kleinen, runden Metallausstechers oder einer Lochtülle des Spritzbeutels Plättchen ausstechen.

3. Für die Suppe Gemüsefond oder -brühe und Weißwein in einem großen Topf zum Kochen bringen. Die Sauce Hollandaise unterrühren, wieder zum Kochen bringen und alles etwa 10 Minuten unter Rühren kochen lassen.

4. Sahne dazugeben und die Suppe mit Salz, Pfeffer und Muskatnuss würzen.

5. Gemüse-Konfetti in Salzwasser kurz blanchieren, abgießen und in die Suppe geben.

Krabbensuppe | Schnell

8 Portionen

Pro Portion:
E: 15 g, F: 10 g, Kh: 5 g, kJ: 752, kcal: 179

6	*Schalotten*
125 g	*Knollensellerie*
2–3	*Möhren*
1	*große gelbe Paprikaschote*
60 g	*Butter*
2 EL	*Olivenöl*
1½ l	*Fischfond oder -brühe*
	Salz
	bunter, grober Pfeffer
50 g	*Krebssuppenpaste*
400–500 g	*Nordsee-Krabben (ohne Schale)*
einige	*Dillzweige*

Zubereitungszeit: 45 Min.

1. Schalotten abziehen. Sellerie und Möhren putzen, schälen und waschen. Paprikaschote halbieren, entstielen, entkernen, die weißen Scheidewände entfernen und die Schote waschen. Die vorbereiteten Zutaten in Würfel schneiden.

2. Butter und Öl in einem großen Topf erhitzen. Die Gemüsewürfel darin andünsten. Mit Fischfond oder -brühe auffüllen, zum Kochen bringen und etwa 10 Minuten kochen lassen.

3. Die Suppe mit Salz und Pfeffer würzen und mit der Krebssuppenpaste binden. Krabben hinzufügen und erhitzen. Die Suppe mit Dillzweigen garnieren.

Beilage: Blätterteigstangen.

Kräuterfleisch, mariniertes I

Gut vorzubereiten

8 Portionen

Pro Portion:
E: 30 g, F: 18 g, Kh: 1 g, kJ: 1209, kcal: 289

600 g Schweinefilet
600 g Roastbeef
Salz
frisch gemahlener Pfeffer
6 EL Speiseöl
etwa 125 ml (⅛ l) Wasser

Für die Marinade:
6 EL Speiseöl
4 EL Rotweinessig
2 TL Dijon-Senf
3 TL rosa Pfefferbeeren
2 EL gehackte Petersilie
2 EL gehackter Dill
2 EL gehackter Kerbel
2 EL feine Schnittlauchröllchen

Zubereitungszeit: 40 Min., ohne Durchziehzeit
Garzeit: etwa 10 Min. für das Schweinefilet, für das Roastbeef etwa 25 Min.

1. Schweinefilet und Roastbeef unter fließendem kalten Wasser abspülen und trockentupfen. Das Schweinefilet evtl. enthäuten, das Roastbeef evtl. entfetten. Beide Fleischsorten mit Salz und Pfeffer bestreuen.

2. Öl in einem Bräter erhitzen. Das Fleisch darin von allen Seiten anbraten, dann mit Wasser ablöschen. Den Bräter ohne Deckel auf dem Rost in den Backofen schieben.

Ober-/Unterhitze: 200–220 °C (vorgeheizt)
Heißluft: 180–200 °C (vorgeheizt)
Gas: etwa Stufe 4 (vorgeheizt)
Garzeit: etwa 10 Minuten für das Schweinefilet, etwa 25 Minuten für das Roastbeef

3. Das Fleisch aus dem Bräter nehmen und etwa 10 Minuten zugedeckt ruhen lassen. Es dann in etwa ½ cm dicke Scheiben schneiden (evtl. mit einer Aufschnittmaschine), mit dem Bratensatz in eine Schüssel geben und mit Salz und Pfeffer bestreuen.

4. Für die Marinade Öl mit Essig, Senf und Pfefferbeeren verrühren und mit Salz und Pfeffer würzen. Petersilie, Dill, Kerbel und Schnittlauch unterrühren. Die Marinade mit dem Fleisch vermengen und mindestens 3–4 Stunden durchziehen lassen, dabei das Fleisch gelegentlich wenden.

5. Das Kräuterfleisch vor dem Servieren evtl. nochmals mit Salz, Pfeffer und Rotweinessig abschmecken und mit der Marinade auf einer Platte anrichten.

Kürbiseintopf | Dauert länger

8 Portionen

Pro Portion:
E: 37 g, F: 26 g, Kh: 18 g, kJ: 2028, kcal: 484

2½ l	*Fleisch- oder Gemüsebrühe*
1 kg	*Rindfleisch (aus der Hüfte)*
1–2 Bund	*Suppengrün*
1 kg	*Tomaten*
2½ kg	*Kürbis*
6	*Zwiebeln*
5 EL	*Speiseöl*
4 EL	*gehackte Basilikumblättchen*
	Salz
	frisch gemahlener Pfeffer
etwas	*Zucker*
evtl. etwas	*Essig*

Zubereitungszeit: 2 Std.

1. Fleisch- oder Gemüsebrühe in einem großen Topf zum Kochen bringen.

2. In der Zwischenzeit Rindfleisch unter fließendem kalten Wasser abspülen. Suppengrün putzen, evtl. schälen und waschen. Rindfleisch und Suppengrün in die kochende Brühe geben. Alles zum Kochen bringen, abschäumen und etwa 75 Minuten kochen lassen.

3. In der Zwischenzeit Tomaten waschen, abtropfen lassen, kreuzweise einschneiden, kurz in kochendes Wasser legen und mit kaltem Wasser abschrecken. Tomaten enthäuten, die Stängelansätze herausschneiden und die Tomaten je nach Größe halbieren oder vierteln.

4. Kürbis halbieren, schälen, die Kerne mit Hilfe eines Löffels herauskratzen und das Fruchtfleisch fein würfeln. Zwiebeln abziehen und in Scheiben schneiden.

5. Öl in einem großen Topf erhitzen. Die Zwiebelscheiben darin andünsten. Die Kürbiswürfel hinzufügen und etwa 5 Minuten mitdünsten lassen.

6. Nach Beendigung der Garzeit das Fleisch aus der Brühe nehmen, etwas abkühlen lassen und in Würfel schneiden. Die Brühe durch ein Sieb gießen, 2 l davon abmessen und zu Zwiebeln und Kürbis in den Topf geben.

7. Tomatenhälften oder -viertel, Rindfleischwürfel und Basilikumblättchen hinzufügen, alles zum Kochen bringen und etwa 5 Minuten kochen lassen.

8. Den Eintopf mit Salz, Pfeffer und Zucker würzen und nach Belieben mit Essig abschmecken.

Beilage: Bauernbrot.

Kürbis-Fisch-Gratin | Raffiniert

8–10 Portionen

Pro Portion:
E: 25 g, F: 30 g, Kh: 28 g, kJ: 2537, kcal: 606

1,2 kg Kürbisfruchtfleisch
1,2 kg Kartoffeln

Für den Guss und zum Bestreuen:
4 Eier (Größe M)
500 ml (½ l) Schlagsahne
Salz
frisch gemahlener Pfeffer
1 Bund Dill

750 g Lachsfilet
6 TL körniger Senf
1 Becher (250 g) Crème fraîche

Zubereitungszeit: 40 Min.
Garzeit: etwa 60 Min.

1. Kürbisfruchtfleisch in große, dünne Scheiben schneiden. Kartoffeln waschen, schälen, abspülen und in dünne Scheiben schneiden oder hobeln.

2. Für den Guss Eier und Sahne verquirlen und mit Salz und Pfeffer würzen. Dill kalt abspülen, trockentupfen, die Spitzen von den Stängeln zupfen und fein schneiden. Die Hälfte des Dills unter den Guss rühren.

3. Kürbis- und Kartoffelscheiben in eine große, flache Auflaufform schichten. Den Guss darüber gießen. Mit Alufolie zudecken. Die Form auf dem Rost in den Backofen schieben.

Ober-/Unterhitze: etwa 180 °C (vorgeheizt)
Heißluft: etwa 160 °C (nicht vorgeheizt)
Gas: Stufe 2–3 (nicht vorgeheizt)
Garzeit: etwa 50 Minuten.

4. In der Zwischenzeit Lachsfilet unter fließendem kalten Wasser abspülen, trockentupfen und in insgesamt 16–20 gleich große Streifen schneiden. Jeden Fischstreifen mit etwas Senf bestreichen und mit Salz und Pfeffer würzen.

5. Die Form aus dem Backofen nehmen, auf einen Kuchenrost stellen und die Alufolie entfernen. Die Lachsfiletstreifen auf das Gratin legen und Crème fraîche darauf verteilen. Die Form wieder auf dem Rost in den Backofen schieben.

Ober-/Unterhitze: etwa 200 °C (vorgeheizt)
Heißluft: etwa 180 °C (vorgeheizt)
Gas: Stufe 3–4 (vorgeheizt)
Garzeit: etwa 10 Minuten.

6. Das Gratin mit dem restlichen Dill bestreut servieren.

Abwandlung: Anstelle von Lachsfilet können Sie auch Rotbarschfilet verwenden.

Tipp: Dazu einen frischen Blattsalat servieren. Das Gratin kann auch gut in der Fettfangschale des Backofens zubereitet werden.

Lachsschnitten mit Dill und Gurken-Tomaten-Salat | Einfach

10 Portionen

Pro Portion:
E: 24 g, F: 27 g, Kh: 4 g, kJ: 1498, kcal: 358

Zum Vorbereiten:
10 Bögen Alufolie
2 EL Speiseöl, z. B. Sonnenblumenöl

10 Lachsfiletstücke (je 125 g)
Salz
frisch gemahlener Pfeffer
2 Pck. gehackter TK-Dill (je 25 g)
1 Bio-Zitrone (unbehandelt, ungewachst)

Für den Gurken-Tomaten-Salat:
500 g Cocktailtomaten
3 Salatgurken (etwa 1 ½ kg)
6–8 EL Kräuteressig
170 ml Speiseöl, z. B. Sonnenblumenöl
Salz
frisch gemahlener Pfeffer

Zubereitungszeit: 65 Min., ohne Durchziehzeit
Grillzeit: etwa 15 Min.

1. Zum Vorbereiten Alufolie auf einer Seite mit Öl bestreichen.

2. Lachsfilets unter fließendem kalten Wasser abspülen, trockentupfen, mit Salz und Pfeffer bestreuen. Je ein Stück Lachsfilet auf einen gefetteten Bogen Alufolie legen.

3. Lachsfilets mit etwa zwei Dritteln von dem Dill bestreuen. Zitrone abwaschen, trockentupfen und in Scheiben schneiden. Jedes Lachsfiletstück mit einer Zitronenscheibe belegen, in der Alufolie gut einpacken.

4. Für den Salat Tomaten waschen, abtrocknen, halbieren und die Stängelansätze herausschneiden. Gurken schälen und die Enden abschneiden. Gurken in dünne Scheiben schneiden oder hobeln.

5. Essig mit Salz und Pfeffer würzen und mit Öl verrühren. Die Gurkenscheiben und Tomatenhälften mit der Marinade vermischen, mit dem restlichen Dill bestreuen. Den Salat zugedeckt im Kühlschrank etwa 1 Stunde durchziehen lassen.

6. Lachsfilet-Päckchen auf den heißen Grill legen und unter gelegentlichem Wenden etwa 15 Minuten grillen.

7. Die Lachsschnitten mit dem Salat servieren.

Lamm-Gemüse-Eintopf | Mit Alkohol

8 Portionen

Pro Portion:
E: 36 g, F: 12 g, Kh: 19 g, kJ: 1436, kcal: 342

1,4 kg	*Lammfleisch aus der Keule, ohne Knochen*
1 kg	*Kartoffeln*
je 1	*rote, grüne und gelbe Paprikaschote*
600 g	*kleine Zucchini*
500 g	*Tomaten*
3	*mittelgroße Zwiebeln*
4–5	*Knoblauchzehen*
4 EL	*Speiseöl*
2	*Lorbeerblätter*
1 EL	*gehackter Rosmarin*
	Salz
	frisch gemahlener Pfeffer
125 ml (⅛ l)	*Fleischbrühe*
125 ml (⅛ l)	*trockener Weißwein*

Zubereitungszeit: 60 Min.
Garzeit: etwa 2 Std.

1. Lammfleisch unter fließendem kalten Wasser abspülen, trockentupfen, in Würfel schneiden.

2. Kartoffeln waschen, schälen, abspülen, abtropfen lassen und in Scheiben schneiden. Paprika halbieren, entstielen, entkernen, die weißen Scheidewände entfernen. Die Schoten waschen, trockentupfen und in Stücke schneiden. Zucchini waschen, abtrocknen und die Enden abschneiden. Zucchini in Scheiben schneiden.

3. Tomaten waschen, kreuzweise einschneiden und einige Sekunden in kochendes Wasser legen. Tomaten kurz in kaltes Wasser legen, enthäuten, halbieren, entkernen, Stängelansätze herausschneiden. Tomaten ebenfalls in Scheiben schneiden. Zwiebeln und Knoblauch abziehen, in kleine Würfel schneiden.

4. Speiseöl in einem großen Topf oder Bräter erhitzen, Fleischwürfel von allen Seiten darin anbraten. Lorbeerblätter und Rosmarin hinzufügen. Mit Salz und Pfeffer bestreuen. Nacheinander Kartoffelscheiben, Paprikastücke, Zucchini-, Tomatenscheiben, Zwiebel- und Knoblauchwürfel einschichten. Jede Gemüseschicht mit Salz und Pfeffer bestreuen. Brühe und Wein hinzugießen. Den Topf oder den Bräter zugedeckt auf dem Rost in den Backofen schieben.

Ober-/Unterhitze: etwa 180 °C (vorgeheizt)
Heißluft: etwa 160 °C (nicht vorgeheizt)
Gas: Stufe 2–3 (nicht vorgeheizt)
Garzeit: etwa 2 Stunden

Lammgulasch | Schnell

8–10 Portionen

Pro Portion:
E: 38 g, F: 12 g, Kh: 18 g, kJ: 1392, kcal: 331

1,4 kg Lammfleisch aus der Keule (ohne Knochen)
4 EL Olivenöl
Salz
frisch gemahlener Pfeffer
250 g getrocknete Tomaten
2 kleine Rosmarinzweige
4 Knoblauchzehen
400 ml Lammfond oder Fleischbrühe
30 g Weizenmehl
3 EL Wasser
1 Dose Flageolets (grüne Bohnenkerne, Abtropfgewicht 250 g)

1 Rosmarinzweig nach Belieben

Zubereitungszeit: 30 Min.
Garzeit: etwa 60 Min.

1. Lammfleisch unter fließendem kalten Wasser abspülen, trockentupfen und in gleich große mundgerechte Würfel schneiden.

2. Olivenöl in 2 Portionen in einem Bräter erhitzen. Fleischwürfel in 2 Portionen von allen Seiten darin kräftig anbraten, mit Salz und Pfeffer bestreuen.

3. Tomaten in einem Sieb unter fließendem Wasser abspülen, abtropfen lassen und in Streifen schneiden. Rosmarinzweige abspülen und trockentupfen. Knoblauch abziehen und in kleine Würfel schneiden. Tomatenstreifen, Rosmarinzweige und Knoblauchwürfel zu den Fleischwürfeln geben und kurz mitbraten. Lammfond oder Brühe hinzugießen, zum Kochen bringen und zugedeckt bei schwacher Hitze etwa 60 Minuten garen.

4. Mehl mit Wasser anrühren, unter das Gulasch rühren und unter Rühren kurz aufkochen lassen. Bohnenkerne in einem Sieb abtropfen lassen, zum gegarten Fleisch geben und kurz miterhitzen. Gulasch mit Salz und Pfeffer abschmecken, nach Belieben mit einem Rosmarinzweig garniert servieren.

Beilage: Kartoffelwürfel mit Kräutern. Dafür Kartoffeln waschen, schälen, abspülen, abtropfen lassen und in gleich große Würfel schneiden. Kartoffelwürfel in kochendem Salzwasser etwa 20 Minuten garen. Kartoffelwürfel abgießen. Speiseöl in einer Pfanne erhitzen. Kartoffelwürfel von allen Seiten goldbraun darin braten. Frisch gehackte Küchenkräuter (z. B. Thymian und Rosmarin) hinzugeben und kurz mit anbraten. Mit Salz und Pfeffer würzen.

Lammgyrossuppe | Raffiniert

8 Portionen

Pro Portion:
E: 24 g, F: 29 g, Kh: 20 g, kJ: 1952, kcal: 466

1 kg Lammfleisch (aus der Keule, ohne Knochen)
4 Knoblauchzehen
6 EL Olivenöl
2 EL Gyros-Gewürzsalz
1 EL getrockneter Oregano
3 kleine Gemüsezwiebeln (600 g)
je 1 rote, gelbe und grüne Paprikaschote
2 mittelgroße Zucchini
1½ l Gemüsebrühe
1 Dose Kidneybohnen (Abtropfgewicht 250 g)
1 Dose (400 g) geschälte Tomaten
Salz
frisch gemahlener Pfeffer
Paprikapulver edelsüß
2 Bund glatte Petersilie

Zubereitungszeit: 80 Min., ohne Durchziehzeit

1. Lammfleisch unter fließendem kalten Wasser abspülen, trockentupfen, zuerst in Scheiben, dann in Streifen oder Würfel schneiden und in eine Schüssel geben.

2. Knoblauch abziehen und durch die Knoblauchpresse zu dem Fleisch geben. Mit Öl, Gyros-Gewürzsalz und Oregano mischen und etwas durchziehen lassen.

3. Gemüsezwiebeln abziehen, halbieren, in Streifen schneiden und mit dem Fleisch mischen.

4. Paprikaschoten halbieren, entstielen, entkernen, die weißen Scheidewände entfernen, die Schoten waschen und in Streifen schneiden. Zucchini waschen, abtrocknen, die Enden abschneiden und Zucchini in dünne Scheiben schneiden.

5. Die Fleisch-Zwiebel-Gewürz-Mischung in einem großen, flachen Topf anbraten. Paprikastreifen und Zucchinischeiben hinzufügen und kurz mitdünsten. Gemüsebrühe hinzugießen, alles zum Kochen bringen und etwa 40 Minuten kochen lassen.

6. Kidneybohnen in ein Sieb geben, kalt abspülen und abtropfen lassen. Tomaten mit der Flüssigkeit und Bohnen zu der Suppe geben, alles wieder zum Kochen bringen, mit Salz, Pfeffer und Paprikapulver würzen und noch etwa 10 Minuten ziehen lassen.

7. Petersilie kalt abspülen, trockentupfen, die Blättchen von den Stängeln zupfen und in feine Streifen schneiden. Die Suppe vor dem Servieren damit bestreuen.

Tipp: Sie können die Suppe auch im Backofen garen. Dazu alle wie oben angegeben vorbereiteten Zutaten (Fleisch unangebraten) in einen Bräter schichten, den Bräter auf dem Rost in den Backofen schieben und die Suppe bei etwa 200 °C (Ober-/Unterhitze, vorgeheizt), etwa 180 °C (Heißluft, nicht vorgeheizt) oder Stufe 3–4 (Gas, nicht vorgeheizt) etwa 75 Minuten garen.

Lammtopf mit Aprikosen I

Raffiniert

8 Portionen

Pro Portion:
E: 39 g, F: 21 g, Kh: 38 g, kJ: 2107, kcal: 503

400 g	*Kichererbsen*
1 l	*Wasser*
1,2 kg	*Lammfleisch aus der Keule, ohne Knochen*
	Salz
	frisch gemahlener Pfeffer
	Cumin (Kreuzkümmel)
2 TL	*gemahlener Ingwer*
2 Döschen (je 0,2 g)	*Safranpulver*
6 EL	*Olivenöl*
5	*mittelgroße Zwiebeln*
500 ml (½ l)	*Gemüsebrühe*
1 große Dose	*Aprikosenhälften (Abtropfgewicht 480 g)*
1 Bund	*glatte Petersilie*
100 g	*abgezogene, ganze Mandeln*

Zubereitungszeit: 40 Min., ohne Einweichzeit
Garzeit: etwa 1 Std.

1. Kichererbsen in eine Schüssel geben, mit Wasser übergießen und über Nacht einweichen.

2. Lammfleisch unter fließendem kalten Wasser abspülen und trockentupfen. Lammfleisch in Würfel schneiden, mit Salz, Pfeffer, Kreuzkümmel, Ingwer und Safran bestreuen.

3. Jeweils die Hälfte des Olivenöls in einem großen Topf oder Bräter erhitzen. Fleischwürfel in 2 Portionen von allen Seiten darin anbraten.

4. Zwiebeln abziehen, in Scheiben schneiden, zu den Fleischwürfeln geben und kurz mit andünsten. Kichererbsen mit dem Einweichwasser und Brühe hinzugeben. Die Zutaten zum Kochen bringen und zugedeckt bei mittlerer Hitze etwa 1 Stunde garen. Aprikosenhälften mit dem Saft hinzufügen.

5. Petersilie abspülen und trockentupfen. Die Blättchen von den Stängeln zupfen.

6. Mandeln und Petersilienblättchen zum Lammtopf geben, erhitzen. Mit den Gewürzen abschmecken.

Lammragout mit Gemüse I

Etwas teurer

8–10 Portionen

Pro Portion:

E: 25 g, F: 13 g, Kh: 18 g, kJ: 1231, kcal: 294

1 kg	*mageres Lammfleisch aus der Schulter (ohne Knochen)*
	Salz
	frisch gemahlener Pfeffer
5 EL	*Olivenöl*
3 EL	*Tomatenmark*
500 ml (½ l)	*Fleischbrühe oder Lammfond*
800 g	*fest kochende Kartoffeln*
3	*rote Paprikaschoten (etwa 600 g)*
3	*Zucchini (etwa 600 g)*
1	*Gemüsezwiebel (etwa 250 g)*
2	*kleine Rosmarinzweige*
1	*Rosmarinzweig*

Zubereitungszeit: 55 Min.
Garzeit: etwa 90 Min.

1. Lammfleisch unter fließendem kalten Wasser abspülen, trockentupfen und in etwa 3 cm große Würfel schneiden. Sehnen und Fettstreifen dabei entfernen. Fleischwürfel mit Salz und Pfeffer würzen.

2. Olivenöl in einem Bräter erhitzen. Fleischwürfel evtl. in 2 Portionen von allen Seiten kräftig darin anbraten. Tomatenmark unterrühren. Brühe oder Fond hinzugießen, zum Kochen bringen und zugedeckt unter gelegentlichem Rühren etwa 50 Minuten garen.

3. Kartoffeln schälen, waschen, abtropfen lassen und in Würfel schneiden. Paprika halbieren, entstielen, entkernen und die weißen Scheidewände entfernen. Die Schoten waschen, trockentupfen und in mundgerechte Stücke schneiden. Zucchini waschen, abtrocknen und die Enden abschneiden. Zucchini längs halbieren und in Scheiben schneiden. Zwiebel abziehen und in Würfel schneiden. Rosmarin abspülen und trockentupfen.

4. Die vorbereiteten Gemüsezutaten und Rosmarin zu den Fleischwürfeln geben, gut vermengen und noch etwa 40 Minuten garen, evtl. verkochte Flüssigkeit durch heißes Wasser ersetzen. Ragout mit den Gewürzen abschmecken und mit einem Rosmarinzweig garniert servieren.

Lasagne all' Arrabiata | Vegetarisch
12 Portionen

Pro Portion:
E: 29 g, F: 29 g, Kh: 49 g, kJ: 2395, kcal: 572

12	*Fleischtomaten (etwa 1,8 kg)*
2 große	
Bund	*Basilikum*
4	*Knoblauchzehen*
3 Pck.	*stückige Tomatensauce (je 500 g)*
	Salz
	frisch gemahlener Pfeffer
etwas	*Tabasco*
900 g	*Mozzarella-Käse*
200 g	*Parmesan-Käse*
etwa 500 g	*Lasagneplatten (ohne Vorkochen)*

Zubereitungszeit: 50 Min.
Garzeit: etwa 50 Min.

1. Tomaten waschen, abtropfen lassen, kreuzweise einschneiden und einige Sekunden in kochendes Wasser legen. Tomaten kurz in kaltes Wasser legen, enthäuten, halbieren, entkernen, Stängelansätze herausschneiden. Fruchtfleisch grob würfeln.

2. Basilikum abspülen und trockentupfen. Die Blättchen von den Stängeln zupfen und in Streifen schneiden. Einige Blättchen zum Garnieren beiseite legen.

3. Knoblauch abziehen und durch eine Knoblauchpresse drücken, zusammen mit der Tomatensauce in einem Topf erhitzen. Basilikum und Tomatenwürfel hinzugeben, etwa 5 Minuten bei schwacher Hitze kochen lassen, dabei ab und zu umrühren. Die Tomatenmasse mit Salz, Pfeffer und Tabasco pikant bis leicht scharf würzen. Mozzarella in einem Sieb abtropfen lassen und in Scheiben schneiden.

4. Etwas von der Tomatenmasse auf dem Boden von zwei großen, flachen Auflaufformen (gefettet) verteilen, mit Parmesan bestreuen und mit Lasagneplatten belegen. Diesen Vorgang zweimal wiederholen. Die oberste Schicht soll aus Tomatenmasse bestehen. Zuletzt Mozzarellascheiben darauf legen.

5. Die Formen auf dem Rost in den Backofen schieben.

Ober-/Unterhitze: etwa 200 °C (vorgeheizt)
Heißluft: etwa 180 °C (nicht vorgeheizt)
Gas: Stufe 3–4 (nicht vorgeheizt)
Garzeit: etwa 50 Minuten.

6. Die Lasagne vor dem Servieren mit den beiseite gelegten Basilikumblättchen garnieren.

Abwandlung: Die Lasagne kann statt mit Mozzarella auch mit Feta-Käse oder mit halb Feta-Käse und halb Mozzarella zubereitet werden.

Lasagne-Gemüse-Röllchen |

Raffiniert

etwa 40 Stück

Pro Stück:
E: 3 g, F: 4 g, Kh: 5 g, kJ: 331, kcal: 79

etwa 40 Lasagneplatten (etwa 1 kg)
4 Zucchini (etwa 800 g)
2 Auberginen (etwa 800 g)
Salz
frisch gemahlener Pfeffer
6 EL Speiseöl
10 Fleischtomaten (etwa 1,2 kg)
4 Knoblauchzehen
2 Bund Basilikum

etwa 40 Holzspieße

geriebener Parmesankäse

Zubereitungszeit: 80 Min.
Garzeit: etwa 20 Min.

1. Lasagneplatten in reichlich Wasser in einigen Minuten etwas weich kochen und anschließend mit kaltem Wasser abschrecken.

2. Zucchini waschen, die Enden abschneiden. Auberginen waschen, Stängelansätze abschneiden und beide Gemüse in dünne Längsscheiben schneiden oder hobeln.

3. Gemüsescheiben mit Salz und Pfeffer bestreuen und in etwas von dem Öl leicht anbraten.

4. Fleischtomaten kreuzweise einschneiden und kurz in kochendes Wasser legen. Tomaten in kaltem Wasser abschrecken, enthäuten, Stängelansätze entfernen und das Fruchtfleisch grob würfeln.

5. Knoblauch abziehen und fein würfeln. Basilikum abspülen, trockentupfen, Blättchen von den Stängeln zupfen und klein schneiden.

6. Knoblauch und Tomatenwürfel in restlichem Öl andünsten, mit Salz, Pfeffer und Basilikum würzen und in einer gefetteten Fettfangschale verteilen.

7. Lasagneplatten ausbreiten, mit je einer Scheibe Zucchini und Aubergine belegen, mit Salz und Pfeffer würzen, aufrollen und mit je einem Holzspieß feststecken. Diese Röllchen auf die Tomaten setzen, mit etwas Parmesan bestreuen und die Fettfangschale in den Backofen schieben.

Ober-/Unterhitze: etwa 180 °C (vorgeheizt)
Heißluft: etwa 160 °C (vorgeheizt)
Gas: Stufe 2–3 (vorgeheizt)
Garzeit: etwa 20 Minuten.

Leberkäsehäppchen | Schnell

8 Portionen

Pro Portion:
E: 20 g, F: 33 g, Kh: 1 g, kJ: 1672, kcal: 399

1 Glas	*Mixed Pickles (Abtropfgewicht 285 g)*
8 Scheiben	*Leberkäse (je etwa ½ cm dick)*
1 Bund	*Petersilie*
einige	*Cocktailtomaten*
einige	*mit Paprika gefüllte Oliven*

Zubereitungszeit: 20 Min.

1. Mixed Pickles in ein Sieb geben und abtropfen lassen.

2. Aus den Leberkäsescheiben mundgerechte Stücke schneiden oder ausstechen. Petersilie abspülen, trockentupfen und die Blättchen von den Stängeln zupfen. Cocktailtomaten waschen, abtrocknen und je nach Größe evtl. halbieren.

3. Das saure Gemüse in bunter Reihenfolge mit Oliven, Cocktailtomaten und Petersilie auf Zahnstocher aufspießen und in je ein Leberkäsestück stecken.

Tipp: Dazu passt süßer Senf und Laugengebäck.

Abwandlung: Anstelle des Leberkäses können Sie auch Fleischwurst oder gebratene Hähnchenbrustfilets verwenden.

Linsensuppe mit Räucherfisch I

Klassisch

8 Portionen

Pro Portion:
E: 39 g, F: 21 g, Kh: 62 g, kJ: 2663, kcal: 636

200 g	*fest kochende Kartoffeln*
1	*Zwiebel*
2 EL	*Olivenöl*
1 EL	*Tomatenmark*
400 ml	*Gemüsebrühe*
3 Dosen (je 800 g)	*Linsen mit Suppengrün*
200 g	*Räucheraal*
200 g	*Schillerlocken*
1 Bund	*Dill*
200 ml	*Schlagsahne*
	Salz
	frisch gemahlener Pfeffer
2 EL	*Balsamico-Essig*

Zubereitungszeit: 35 Min.

1. Kartoffeln waschen, schälen, abspülen und in Würfel schneiden. Zwiebel abziehen und ebenfalls würfeln.

2. Öl in einem großen Topf erhitzen. Zwiebel- und Kartoffelwürfel darin andünsten. Tomatenmark unterrühren, Gemüsebrühe hinzugießen, alles wieder zum Kochen bringen und etwa 15 Minuten kochen lassen.

3. Danach die Linsen mit der Flüssigkeit hinzufügen, alles wieder zum Kochen bringen und weitere 10 Minuten kochen lassen.

4. Räucheraal und Schillerlocken in kleine Stücke schneiden, dabei evtl. Gräten entfernen. Dill kalt abspülen, trockentupfen und die Spitzen von den Stängeln zupfen.

5. Die Fischstücke mit der Sahne in die Suppe geben und erhitzen. Die Suppe mit Salz, Pfeffer und Balsamico-Essig würzen und mit Dillspitzen bestreut servieren.

Lumpensuppe | Einfach

12 Portionen

Pro Portion:
E: 25 g, F: 12 g, Kh: 18 g, kJ: 1192, kcal: 284

1 kg	*Zwiebeln*
3	*Knoblauchzehen*
300 g	*Möhren*
1,2 kg	*Rindfleisch am Stück für Gulasch*
5 EL	*Speiseöl, z. B. Sonnenblumenöl*
	Salz
	frisch gemahlener Pfeffer
2 EL	*Paprikapulver edelsüß*
1–2 EL	*Speiseöl, z. B. Sonnenblumenöl*
2 gestr. TL	*gerebelter Thymian*
2	*Lorbeerblätter*
2 EL	*Weizenmehl*
2,5 l	*Fleischbrühe*
1 Glas	*Champignons in Scheiben (Abtropfgewicht 315 g)*
300 g	*TK-Erbsen*
1 Glas	*Tomatenpaprika in Streifen (Abtropfgewicht 320 g)*
300 g	*Tomaten-Ketchup*

Zubereitungszeit: 45 Min.
Garzeit: etwa 60 Min.

1. Zwiebeln und Knoblauch abziehen und in feine Würfel schneiden. Möhren putzen, schälen, abspülen, abtropfen lassen und in Würfel schneiden.

2. Rindfleisch unter fließendem kalten Wasser abspülen, trockentupfen und in etwa 1 cm große Würfel schneiden. Etwas Speiseöl in einer großen Pfanne erhitzen und die Fleischwürfel portionsweise darin anbraten, mit Salz, Pfeffer und Paprikapulver würzen. Fleischwürfel aus der Pfanne nehmen.

3. Speiseöl in einem großen Topf erhitzen. Zwiebel-, Knoblauch-, und Möhrenwürfel darin andünsten. Thymian und Lorbeerblätter unterrühren. Gemüse mit Mehl bestäuben und kurz anrösten. Brühe nach und nach einrühren und zum Kochen bringen.

4. Fleischwürfel ebenfalls in den Topf geben und zugedeckt bei mittlerer Hitze etwa 45 Minuten köcheln lassen.

5. Champignons in einem Sieb abtropfen lassen. Champignons, tiefgefrorene Erbsen und Tomatenpaprika mit der Flüssigkeit in die Suppe geben. Suppe wieder zum Kochen bringen und etwa 5 Minuten köcheln lassen.

6. Ketchup in die Suppe einrühren und die Suppe nochmals kurz aufkochen. Lorbeerblätter entfernen. Die Suppe mit Salz, Pfeffer und Paprikapulver abschmecken.

Beilage: Bauernbrot.

Maistopf | Gut vorzubereiten
8 Portionen

Pro Portion:
E: 33 g, F: 15 g, Kh: 17 g, kJ: 1411, kcal: 338

4 EL	*Speiseöl*
1,2 kg	*Gulaschfleisch (halb Rind-, halb Schweinefleisch)*
4	*Zwiebeln*
je 2	*rote und grüne Paprikaschoten*
	Salz
	frisch gemahlener Pfeffer
	Cayennepfeffer
500 ml (½ l)	*Fleischbrühe*
2 Dosen (je etwa 360 g)	*Gemüsemais*
300 g	*TK-Erbsen*
2 EL	*gehackte Petersilie*

Zubereitungszeit: 65 Min.
Schmorzeit: etwa 80 Min.

1. Jeweils die Hälfte des Speiseöls in einem großen Topf erhitzen. Das Fleisch evtl. in 2 Portionen von allen Seiten darin anbraten. Zwiebeln abziehen und in kleine Würfel schneiden.

2. Paprika halbieren, entstielen, entkernen, die weißen Scheidewände entfernen. Die Schoten waschen, trockentupfen und in feine Streifen schneiden. Zwiebelwürfel und Paprikastreifen zu dem angebratenen Fleisch geben, unterrühren und mitschmoren lassen. Mit Salz, Pfeffer und Cayennepfeffer bestreuen. Brühe hinzugießen. Die Zutaten zugedeckt etwa 1 Stunde gar schmoren lassen.

3. Mais in einem Sieb abtropfen lassen. Die gefrorenen Erbsen und den Mais kurz vor Beendigung der Garzeit zum Fleisch-Gemüse-Topf geben und etwa 20 Minuten mit erhitzen.

4. Den Maistopf mit Salz und Pfeffer abschmecken und mit Petersilie bestreut servieren.

Mallorquinische Kohlsuppe | Einfach

8 Portionen

Pro Portion:
E: 6 g, F: 16 g, Kh: 18 g, kJ: 1036, kcal: 247

3 Stangen	*Porree (Lauch; etwa 500 g)*
1½ Bund	*Frühlingszwiebeln*
2	*Knoblauchzehen*
700 g	*Tomaten*
750–1000 g	*junger Weißkohl oder Wirsing*
5 EL	*Speiseöl*
2¼–2½ l	*Gemüsebrühe*
8 Scheiben	*Weißbrot (vom Vortag)*
80 g	*Butter*
	Salz
	frisch gemahlener Pfeffer

Zubereitungszeit: 90 Min.

1. Porree und Frühlingszwiebeln putzen, gründlich waschen und in feine Ringe schneiden. Knoblauch abziehen und in Scheiben schneiden.

2. Tomaten waschen, abtrocknen, die Stängelansätze herausschneiden und Tomaten würfeln. Weißkohl oder Wirsing von schlechten Blättern befreien, den Kohl achteln, den Strunk herausschneiden. Den Kohl waschen und in feine Streifen schneiden.

3. Öl in einem großen Topf erhitzen. Porree- und Frühlingszwiebelringe, Kohlstreifen und Knoblauchscheiben darin andünsten.

4. Gemüsebrühe hinzugießen, alles zum Kochen bringen und 30–45 Minuten zugedeckt garen. Etwa 5 Minuten vor Ende der Garzeit Tomatenwürfel hinzufügen und mitgaren.

5. In der Zwischenzeit Weißbrot in Würfel schneiden. Butter in einer Pfanne erhitzen. Die Weißbrotwürfel darin rösten.

6. Die Suppe mit Salz und Pfeffer würzen. Die Brotwürfel in die Suppe geben.

Marinierter Spitzkohl mit Champignons | Vegetarisch

12 Portionen

Pro Portion:
E: 6 g, F: 26 g, Kh: 16 g, kJ: 1424, kcal: 340

Für den Salat:
1,5 kg Spitzkohl
600 g Champignons

Für die Croûtons:
12 Scheiben Toastbrot
3 Knoblauchzehen
150 g Butter oder Margarine

Für die Marinade:
Salz
grob gemahlener bunter Pfeffer
100 ml Apfelessig
150 ml Speiseöl

Zum Anbraten:
3 EL Speiseöl

Zubereitungszeit: 100 Min.

1. Für den Salat Spitzkohl putzen, waschen und mit einem Gemüsehobel zu Streifen verarbeiten oder mit einem Messer in feine Streifen schneiden.

2. Champignons ebenfalls putzen, mit Küchenpapier abreiben und in Scheiben schneiden.

3. Für die Croûtons Toastbrot in feine Würfel schneiden, Knoblauchzehen abziehen und klein schneiden. Butter oder Margarine erhitzen, Knoblauch darin anbraten und die Brotwürfel darin goldbraun rösten.

4. Spitzkohlstreifen in Salzwasser etwa 15 Minuten kochen lassen, danach auf einem Sieb abtropfen lassen (200 ml Flüssigkeit davon auffangen).

5. Für die Marinade Spitzkohl mit Salz und Pfeffer würzen und mit Essig und Öl sowie der aufgefangenen Flüssigkeit vermengen.

6. Champignonscheiben kurz und kräftig in Öl anbraten, salzen und pfeffern und unter den noch lauwarmen Salat mischen. Zum Schluss den Salat mit Croûtons bestreuen und lauwarm servieren.

Tipp: Sie können anstelle von Spitzkohl auch Wirsingkohl oder Chinakohl verwenden.

Marmorpudding | Schnell

12 Portionen

Pro Portion:
E: 7 g, F: 21 g, Kh: 29 g, kJ: 1466, kcal: 350

Für den Schokopudding:

70 g Zartbitterschokolade
1 Eiweiß (Größe M)
1 Pck. Dr. Oetker Pudding-Pulver Schokoladen-Geschmack
500 ml (½ l) Milch
60 g Zucker
1 Eigelb (Größe M)
3–4 TL Instant-Espressopulver

Für den Vanillepudding:

2 Eiweiß (Größe M)
2 Pck. Dr. Oetker Pudding-Pulver Vanille-Geschmack
1 l Milch
50 g Zucker
2 Eigelb (Größe M)

500 ml (½ l) Schlagsahne
2 EL Puderzucker
30 g Zartbitterschokolade

Zubereitungszeit: 30 Min., ohne Kühlzeit

1. Für den Schokopudding Schokolade hacken. Eiweiß steif schlagen. Pudding-Pulver, 6 Esslöffel von der Milch, Zucker und Eigelb verrühren. Die restliche Milch in einem Topf zum Kochen bringen.

2. Den Topf von der Kochstelle nehmen und angerührtes Pudding-Pulver und Espressopulver einrühren. Den Pudding unter Rühren mindestens 1 Minute kochen lassen. Von der Kochstelle nehmen und Schokolade und Eischnee unterheben.

3. Für den Vanillepudding Eiweiß steif schlagen. Pudding-Pulver, 250 ml (¼ l) von der Milch, Zucker und Eigelb verrühren. Die restliche Milch zum Kochen bringen.

4. Den Topf von der Kochstelle nehmen und das angerührte Pudding-Pulver einrühren. Den Pudding unter Rühren mindestens 1 Minute kochen lassen. Von der Kochstelle nehmen und Eischnee unterheben.

5. Die Hälfte des Vanillepuddings in eine kalt ausgespülte Gugelhupfform (Ø 22 cm, Inhalt etwa 2,5 l) füllen, den Schokopudding darauf verteilen und mit dem restlichen Vanillepudding bedecken.

6. Eine Gabel spiralförmig durch die Puddingschichten ziehen, so dass ein Marmormuster entsteht. Den Pudding mit Frischhaltefolie zudecken und mindestens 6 Stunden kalt stellen.

7. Sahne mit Puderzucker halb steif schlagen. Den Pudding auf einen Teller oder eine Servierplatte stürzen und mit der Sahne anrichten. Schokolade mit einem Sparschäler über den Pudding hobeln.

Mexikanische Bohnensuppe

Raffiniert

8 Portionen

Pro Portion:
E: 35 g, F: 21 g, Kh: 41 g, kJ: 2206, kcal: 527

4	*Zwiebeln*
je 1	*gelbe, rote und grüne Paprikaschote (je etwa 200 g)*
2 Stangen	*Porree (Lauch)*
2	*rote Chilischoten*
5 EL	*Olivenöl*
500 g	*Rindergehacktes*
2	*Knoblauchzehen*
	Salz
	frisch gemahlener Pfeffer
	getrockneter Oregano
	Paprikapulver rosenscharf
2 Beutel	*mexikanische Gewürzmischung*
4–6 EL	*Tomatenmark*
1–1½ l	*Fleischbrühe*
2 Dosen	*Kidneybohnen (Abtropfgewicht je 255 g)*
2 Dosen (je 420 g)	*Baked Beans*
4 EL	*gehackte Petersilie*

Zubereitungszeit: 70 Min.

1. Zwiebeln abziehen, halbieren und in Scheiben schneiden. Paprikaschoten vierteln, entstielen, entkernen, die weißen Scheidewände entfernen, die Schoten waschen und in Streifen schneiden.

2. Porree putzen, gründlich waschen und in Ringe schneiden. Chilischoten halbieren, entstielen, entkernen, die Schoten waschen und in kleine Stücke schneiden.

3. Öl in einem großen Topf erhitzen. Die Zwiebelscheiben darin andünsten. Das Rindergehackte hinzufügen und bei mittlerer Hitze anbraten, dabei die Fleischklümpchen mit einer Gabel zerdrücken.

4. Knoblauch abziehen, durch eine Knoblauchpresse drücken und über das Gehackte geben. Mit Salz, Pfeffer, Oregano, Paprikapulver und der mexikanischen Gewürzmischung würzen.

5. Tomatenmark, Paprikastreifen, Porreeringe und Chilischotenstücke dazugeben und umrühren. Fleischbrühe dazugießen, alles zum Kochen bringen und bei schwacher Hitze etwa 15 Minuten leicht kochen lassen.

6. Kidneybohnen in ein Sieb geben, kalt abspülen und abtropfen lassen. Kidneybohnen und die gebackenen Bohnen mit der Flüssigkeit in die Suppe geben und erhitzen. Die Bohnensuppe nochmals mit den Gewürzen kräftig abschmecken und mit Petersilie bestreut servieren.

Mexikanischer Bohnen-Geflügel-Topf | Beliebt

8–10 Portionen

Pro Portion:
E: 26 g, F: 6 g, Kh: 17 g, kJ: 959, kcal: 229

- 2 *gelbe Paprikaschoten (je etwa 150 g)*
- 5 *Hähnchenbrustfilets (je 150 g)*
- 4 EL *Olivenöl*
- 2 l *Hühnerbrühe*
- 1 Dose *Flageolets, grüne Bohnenkerne (Abtropfgewicht 250 g)*
- 1 Dose *Kidneybohnen (Abtropfgewicht 250 g)*
- 1 Dose *Gemüsemais (Abtropfgewicht 285 g)*
- *Salz*
- *frisch gemahlener Pfeffer*
- 4 EL *süße Chilisauce*

Zubereitungszeit: 30 Min.
Garzeit: etwa 45 Min.

1. Paprikaschoten halbieren, entstielen, entkernen und die weißen Scheidewände entfernen. Schoten waschen, abtropfen lassen und würfeln.

2. Fleisch unter fließendem kalten Wasser abspülen, trockentupfen und in Würfel schneiden.

3. Öl portionsweise in einem großen Topf erhitzen. Fleisch- und Paprikawürfel portionsweise darin anbraten. Hühnerbrühe hinzufügen und alles 35 Minuten bei schwacher Hitze kochen lassen.

4. Beide Sorten Bohnen und Mais abtropfen lassen und hinzufügen, mit Salz, Pfeffer und Chilisauce pikant würzen. Die Suppe wieder zum Kochen bringen und noch etwa 10 Minuten leicht kochen lassen.

Tipp: Zu der Suppe Taco-Chips oder ofenwarme Tortillas reichen.

Minifrikadellenauflauf | Einfach

8–10 Portionen

Pro Portion:
E: 33 g, F: 43 g, Kh: 13 g, kJ: 2362, kcal: 565

1 kg	*Gehacktes (halb Rind-, halb Schweinefleisch)*
2	*Eier (Größe M)*
2 Beutel	*Zwiebelsauce (für je 250 ml Wasser)*
6 EL	*Speiseöl, z. B. Sonnenblumenöl*
1 kg	*Möhren*
½ Bund	*Bohnenkraut*
2 Gläser	*feine junge Schnittbohnen (Abtropfgewicht je 330 g)*
	Salz
	frisch gemahlener Pfeffer

Für den Guss:

2 Becher (je 125 g)	*Kräuter-Crème-fraîche*
6 EL	*Schlagsahne*

Zum Bestreuen:

200 g	*geriebener Gratin-Käse*

Zubereitungszeit: 75 Min.
Überbackzeit: etwa 25 Min.

1. Gehacktes mit Eiern und Zwiebelsaucen-Pulver verkneten. Aus der Hackmasse mit angefeuchteten Händen etwa 40 kleine Frikadellen formen.

2. Öl portionsweise in einer Pfanne erhitzen. Die Minifrikadellen portionsweise darin von beiden Seiten knusprig braten. Fertige Frikadellen aus der Pfanne nehmen und auf Küchenpapier abtropfen lassen.

3. Möhren putzen, schälen, waschen, abtropfen lassen und schräg in dünne Scheiben schneiden. Die Möhrenscheiben portionsweise in dem verbliebenen Bratfett unter Wenden einige Minuten garen (evtl. etwas Wasser hinzufügen).

4. Bohnenkraut abspülen, abtropfen lassen und die Blättchen von den Stängeln zupfen. Einige Blättchen zum Garnieren beiseite legen. Bohnen in einem Sieb abtropfen lassen und mit den Möhrenscheiben mischen, mit Salz, Pfeffer und Bohnenkrautblättchen würzen. Die Gemüsemischung in eine große, flache Auflaufform geben. Die Minifrikadellen darauf verteilen.

5. Für den Guss Crème fraîche mit Sahne verrühren und als Kleckse auf dem Auflauf verteilen. Gratin-Käse darauf streuen. Die Form auf dem Rost in den Backofen schieben.

Ober-/Unterhitze: etwa 200 °C (vorgeheizt)
Heißluft: etwa 180 °C (vorgeheizt)
Gas: Stufe 3–4 (vorgeheizt)
Überbackzeit: etwa 25 Minuten.

Vorbereitungstipp:
Sie können den Auflauf bereits am Vortag bis einschließlich Punkt 4 vorbereiten und zugedeckt kalt stellen. Vor dem Verzehr dann ab Punkt 5 fortfahren. Die Überbackzeit verlängert sich dann um etwa 15 Minuten.

Tipp: Dazu schmeckt Kartoffelpüree.

Mitterernachtssuppe, scharfe

Einfach

8 Portionen

Pro Portion:

E: 17 g, F: 12 g, Kh: 24 g, kJ: 1203, kcal: 288

500 g	*Putenbrust*
3	*rote Chilischoten*
2 Dosen	*Gemüsemais (Abtropfgewicht je 340 g)*
3 EL	*Butter oder Butterschmalz*
3 EL	*Currypulver*
2¼ l	*Wasser*
3 Beutel	*Lauchcremesuppe*
200 ml	*Schlagsahne*
	Chilipulver
	Cayennepfeffer

Zubereitungszeit: 40 Min.

1. Putenbrust unter fließendem kalten Wasser abspülen, trockentupfen und in Streifen schneiden. Chilischoten waschen, entkernen und in kleine Würfel schneiden. Mais in einem Sieb abtropfen lassen.

2. Butter oder Butterschmalz in einem großen Topf erhitzen. Die Fleischstreifen darin anbraten. Currypulver darüber streuen und kurz mitbraten.

3. Wasser dazugießen und das Lauchcremesuppenpulver einrühren. Mais und Chilischotenwürfel hineingeben. Das Ganze unter Rühren zum Kochen bringen und unter gelegentlichem Umrühren etwa 5 Minuten kochen lassen.

4. Sahne hinzufügen und die Suppe mit Chilipulver und Cayennepfeffer scharf abschmecken.

Tipp: Nach Belieben zusätzlich 1 Stange Porree (Lauch) putzen, halbieren, gründlich waschen und in sehr dünne Streifen schneiden. In die Suppe geben und nur noch kurz darin erhitzen.

Mitternachts-Tomatensuppe I

Schnell

12 Portionen

Pro Portion:
E: 16 g, F: 29 g, Kh: 13 g, kJ: 1576, kcal: 375

2 kg	*Tomaten*
4	*Gemüsezwiebeln*
5	*Knoblauchzehen*
6–8 EL	*Olivenöl*
2 Dosen	*geschälte Tomaten (je 800 g)*
3 Stangen	*Porree (Lauch)*
	Salz
	frisch gemahlener Pfeffer
1–2 TL	*gerebelter Oregano*
6	*ungebrühte grobe Bratwürste*
1 Topf	*glatte Petersilie*
1 Becher (150 g)	*Crème fraîche oder Schmand*

Zubereitungszeit: 50 Min.

1. Tomaten waschen, abtropfen lassen, halbieren und die Stängelansätze herausschneiden. Tomaten in grobe Stücke schneiden. Gemüsezwiebeln und Knoblauch abziehen und grob würfeln.

2. Öl in einem großen Topf erhitzen. Zwiebel- und Knoblauchwürfel darin andünsten. Tomatenstücke hinzufügen. Tomaten mit der Flüssigkeit aus den Dosen dazugeben, alles zum Kochen bringen und etwa 15 Minuten bei mittlerer Hitze kochen lassen.

3. In der Zwischenzeit Porree putzen, die Stangen längs halbieren, gründlich waschen und in Streifen schneiden. Die Suppe mit Salz, Pfeffer und Oregano würzen und nach Belieben pürieren. Die Porreestreifen in die Suppe geben.

4. Die Bratwurstmasse aus der Haut drücken und als kleine Klößchen ebenfalls in die Suppe geben. Alles zusammen noch etwa 10 Minuten garen. Die Suppe kräftig mit den Gewürzen abschmecken.

5. Petersilie abspülen, trockentupfen, die Blättchen von den Stängeln zupfen, in Streifen schneiden und in die Suppe geben.

6. Die Suppe in Suppentellern oder -tassen anrichten und mit je 1 Klecks Crème fraîche oder Schmand servieren.

Möhren und Grissini mit Parmaschinken | Schnell

12 Stück

Pro Portion:
E: 7 g, F: 9 g, Kh: 20 g, kJ: 851, kcal: 203

Für Möhren mit Parmaschinken:

12	*junge Möhren*
3 EL	*Olivenöl*
1 EL	*Balsamico-Essig*
	Salz
1 Prise	*Zucker*
	frisch gemahlener Pfeffer
6 Scheiben	*Parmaschinken*
	Petersilienblättchen

Für Grissini mit Parmaschinken:

12 dünne Spalten	*Netz- oder Cantaloupmelone, geschält*
12	*Grissinistangen*
12 Scheiben	*Parmaschinken*

Zubereitungszeit: 35 Min., ohne Marinierzeit

1. Für Möhren mit Parmaschinken Möhren schälen, Spitzen abschneiden, vom Grün etwas stehen lassen. Möhren waschen, kurz in kochendem Salzwasser blanchieren, mit kaltem Wasser übergießen und abtropfen lassen.

2. Olivenöl mit Essig, Salz, Zucker und Pfeffer verrühren, die Möhren etwa 60 Minuten darin marinieren, zwischendurch wenden.

3. Die Möhren aus der Marinade nehmen und jeweils mit einer halben Scheibe Parmaschinken umwickeln. Petersilie abspülen, trockentupfen und die Möhren damit garnieren.

4. Für Grissini mit Parmaschinken je 1 Spalte Melone und 1 Grissinistange in eine Scheibe Parmaschinken wickeln.

Tipp: Sofort servieren, die Grissinistangen weichen schnell durch.

Möhrencremesuppe mit Käseklößchen | Dauert länger

12 Portionen

Pro Portion:
E: 9 g, F: 25 g, Kh: 20 g, kJ: 1458, kcal: 348

Für die Möhrencremesuppe:
3 Schalotten
1,5 kg Möhren
150 g Knollensellerie
100 g Butter
knapp 2 l Gemüsebrühe
Salz
etwas Zucker
frisch gemahlener Pfeffer
1 Becher (150 g) Crème fraîche

Für die Käseklößchen:
150 ml Milch
50 g Butter
1 Prise Salz
geriebene Muskatnuss
150 g Weizenmehl
3 Eier (Größe M)
60–70 g fein geraspelter Greyerzer

Zum Bestreuen:
einige Kerbelblättchen
100 g grob gehackte Haselnusskerne

Zubereitungszeit: 90 Min.

1. Für die Suppe Schalotten abziehen und in feine Würfel schneiden. Möhren und Sellerie putzen, schälen und in grobe Würfel zerteilen.

2. In einem großen Topf Butter erhitzen und zuerst die Schalotten, danach Sellerie und Möhren andünsten. Mit Gemüsebrühe auffüllen, aufkochen und zugedeckt bei mittlerer Hitze 15 Minuten köcheln lassen.

3. Die Suppe mit Salz, Zucker und Pfeffer würzen, fein pürieren und mit Crème fraîche verfeinern.

4. Für die Klößchen Milch mit Butter, Salz und Muskat am besten in einem Stieltopf zum Kochen bringen. Mehl sieben, auf einmal in die von der Kochstelle genommene Flüssigkeit schütten, zu einem glatten Kloß rühren und unter Rühren etwa 1 Minute erhitzen.

5. Den glatten Kloß sofort in eine Schüssel geben und nach und nach mit Handrührgerät mit Knethaken auf höchster Stufe die Eier unterarbeiten. Zuletzt Greyerzer unterrühren.

6. In einem Topf Salzwasser aufkochen lassen und kleine Käseklößchen mit zwei kalt abgespülten Teelöffeln abstechen. Klößchen etwa 3 Minuten garen.

7. Möhrencremesuppe mit den Käseklößchen, einigen Kerbelblättchen und Haselnusskernen bestreut servieren.

Tipp: Bundmöhren sind besonders aromatisch.

Möhrensuppe mit Ingwer I

Gut vorzubereiten

8 Portionen

Pro Portion:

E: 10 g, F: 20 g, Kh: 13 g, kJ: 1208, kcal: 288

1 kg	*Möhren*
1	*Zwiebel*
60 g	*frischer Ingwer*
60 g	*Butter oder Margarine*
1 gestr. EL	*Currypulver*
1½ l	*Gemüsebrühe*
	Salz
	frisch gemahlener Pfeffer
1 Beutel	*Kartoffelpüree (für 1–2 Portionen)*
1 Dose (400 ml)	*Kokosmilch*
300 g	*gekochter Schinken*
200 ml	*Schlagsahne*
30 g	*abgezogene, gehobelte Mandeln*
einige	*Minzeblättchen*

Zubereitungszeit: 60 Min.

1. Möhren putzen, schälen und waschen. Zwiebel abziehen. Beide Zutaten in Würfel schneiden. Ingwer schälen und ganz fein würfeln.

2. Butter oder Margarine in einem großen Topf zerlassen. Möhren-, Zwiebel- und Ingwerwürfel darin andünsten. Currypulver darüber stäuben und gut verrühren. Gemüsebrühe hinzugießen, alles zum Kochen bringen und etwa 20 Minuten kochen lassen.

3. Die Suppe fein pürieren und mit Salz und Pfeffer würzen. Kartoffelpüreepulver und Kokosmilch hinzufügen, alles unter Rühren wieder zum Kochen bringen und unter gelegentlichem Umrühren etwa 10 Minuten kochen lassen.

4. In der Zwischenzeit den Schinken in Würfel schneiden. Sahne halb steif schlagen. Schinkenwürfel in die Suppe geben und darin erhitzen.

5. Die Suppe mit Sahne, Mandelblättchen und Minzeblättchen garniert servieren.

Tipp: Nach Belieben die Mandeln in einer Pfanne ohne Fett bräunen.

Mozzarella-Nudel-Salat | Beliebt

8–10 Portionen

Pro Portion:
E: 25 g, F: 34 g, Kh: 53 g, kJ: 2587, kcal: 619

5 l Wasser
5 TL Salz
500 g dreifarbige Farfalle-Nudeln (Schmetterlingsnudeln)

Für die Salatsauce:
5 EL Weißweinessig
2 EL Basilikumessig (oder Kräuteressig)
1 TL Salz
2 TL Zucker
1 gestr. TL geschroteter Pfeffer
150 ml Olivenöl
5 EL Wasser
1 Topf Basilikum

500 g Mozzarella
500 g Cocktailtomaten
500 g kleine Champignons
2 Dosen Gemüsemais (Abtropfgewicht je 285 g)
1 großer Radicchio-Kopf
1 Bund Frühlingszwiebeln
80 g gestiftelte Mandeln oder Pinienkerne

Zubereitungszeit: 40 Min., ohne Durchziehzeit

1. Wasser in einem großen Topf mit Deckel zum Kochen bringen. Salz und Nudeln hinzufügen. Nudeln im geöffneten Topf nach Packungsanleitung zubereiten. Nudeln in ein Sieb abgießen, mit warmen Wasser überspülen, abtropfen und erkalten lassen.

2. Für die Salatsauce die beiden Essigsorten mit Salz, Zucker und Pfeffer gut verrühren. Öl und Wasser nach und nach unterschlagen. Basilikum abspülen, trockentupfen und die Blättchen von den Stängeln zupfen. Blättchen fein schneiden und unterrühren. Die Salatsauce mit den Nudeln mischen und 1–2 Stunden durchziehen lassen.

3. Mozzarella gut abtropfen lassen und in kleine Würfel schneiden. Cocktailtomaten waschen, abtrocknen und nach Belieben halbieren oder vierteln. Stängelansätze herausschneiden. Champignons putzen, mit Küchenpapier abreiben, evtl. abspülen und gut abtropfen lassen.

4. Mais in einem Sieb abtropfen lassen. Radicchio putzen, vierteln, abspülen, abtropfen lassen, Strunk herausschneiden. Radicchio in Streifen schneiden.

5. Frühlingszwiebeln putzen, abspülen, abtropfen lassen und in feine Ringe schneiden. Mandeln oder Pinienkerne in einer Pfanne ohne Fett goldbraun rösten, erkalten lassen.

6. Mozzarellawürfel, Cocktailtomaten, Champignons, Mais, Radicchiostreifen und Frühlingszwiebelringe mit den Nudeln vermengen. Nudelsalat evtl. nochmals mit Salz und Pfeffer abschmecken und mit Mandelstiften oder Pinienkernen bestreut servieren.

Tipp: Mozzarella gibt es auch als kleine Kugeln zu kaufen.

Mozzarellaspieße | Einfach

12 Spieße

Pro Stück:
E: 7 g, F: 14 g, Kh: 2 g, kJ: 686, kcal: 164

je 1 gelbe und rote Paprikaschote
1 Zucchini (etwa 250 g)
36–48 kleine Mozzarella-Kugeln
24 grüne, mit Mandeln gefüllte Jumbo-Oliven
12 dünne Holzspieße

Zum Bestreuen und Beträufeln:
1 Bund Basilikum
frisch gemahlener bunter Pfeffer
150 ml Olivenöl

Zubereitungszeit: 50 Min.

1. Paprikaschoten halbieren, entstielen, entkernen und die weißen Scheidewände entfernen. Schoten waschen, abtropfen lassen und jeweils in 12 mundgerechte Stücke schneiden. Zucchini waschen, abtrocknen und die Enden abschneiden. Zucchini in etwa 1 cm breite Scheiben schneiden.

2. Mozzarella-Kugeln, Oliven, Zucchinischeiben und Paprikastücke in bunter Reihenfolge auf 12 Holzspieße aufstecken. Auf jedem Spieß sollten 3–4 Mozzarella-Kugeln, 2 Oliven, 2 Paprikastücke und Zucchinischeiben sein.

3. Basilikum abspülen, trockentupfen. Blättchen von den Stängeln zupfen. Spieße in eine Schale legen, mit Pfeffer, Basilikum- und Thymianblättchen bestreuen, mit Olivenöl beträufeln.

Nudelauflauf mit Cabanossi und Paprika | Einfach

8 Portionen

Pro Portion:
E: 39 g, F: 38 g, Kh: 89 g, kJ: 3581, kcal: 855

4 Zwiebeln
4 Knoblauchzehen
200 g Möhren
200 g Knollensellerie
400 g Champignons
je 2 rote, gelbe und grüne Paprikaschoten
500 g Cabanossi
6 EL Rapsöl
2 EL Paprikapulver edelsüß
2 Dosen geschälte Tomaten (Einwaage je 400 g)
850 ml Fleischbrühe
Salz
frisch gemahlener Pfeffer
1 kg Nudeln, z. B. Tortiglioni (kurze dicke Röhrennudeln)
450 g geraspelter Gouda-Käse
1 Bund glatte Petersilie

Zubereitungszeit: 65 Min.
Garzeit: etwa 30 Min.

1. Zwiebeln und Knoblauch abziehen und in kleine Würfel schneiden. Möhren und Sellerie putzen, schälen, waschen, abtropfen lassen und in kleine Würfel schneiden. Champignons putzen, mit Küchenpapier abreiben, evtl. abspülen, abtropfen lassen und in Scheiben schneiden. Paprika halbieren, entstielen, entkernen, die weißen Scheidewände entfernen. Die Schoten waschen, abtrocknen und in kleine Würfel schneiden. Cabanossi längs halbieren und in Scheiben schneiden.

2. Rapsöl in einem großen Bräter erhitzen. Zwiebel- und Knoblauchwürfel darin glasig dünsten. Möhren-, Selleriewürfel und Champignonscheiben hinzugeben und mit andünsten. Mit Paprika bestreuen. Tomaten mit dem Saft hinzufügen und Tomaten etwas zerdrücken. Brühe hinzugießen. Die Zutaten zum Kochen bringen und mit Salz und Pfeffer würzen. Nudeln hinzugeben, umrühren und unter Rühren nochmals zum Kochen bringen.

3. Die Form auf dem Rost in den Backofen schieben.

Ober-/Unterhitze: etwa 200 °C (vorgeheizt, untere Einschubleiste)
Heißluft: etwa 180 °C (vorgeheizt)
Gas: Stufe 3–4 (vorgeheizt)
Garzeit: etwa 30 Minuten.

4. Nach etwa 15 Minuten Garzeit Paprikawürfel und Cabanossischeiben hinzugeben und unterrühren. Den Auflauf mit Käse bestreuen. Gleichzeitig die Backofentemperatur auf Ober-/Unterhitze: etwa 160 °C, Heißluft: etwa 140 °C, Gas: Stufe 1–2 reduzieren und den Auflauf fertig garen.

5. Petersilie abspülen und trockentupfen, die Blättchen von den Stängeln zupfen und fein hacken. Den Auflauf mit Petersilie bestreut servieren.

Tipp: Sie können statt der Cabanossi auch die gleiche Menge spanische Chorizo-Wurst verwenden.

Nudeln vom Blech | Vegetarisch

12 Portionen

Pro Portion:
E: 20 g, F: 30 g, Kh: 64 g, kJ: 2568, kcal: 615

3 Stangen Porree (Lauch)
4 l Wasser
4 TL Salz
1 kg Linguine (flache Spaghetti)
500 g Cocktailtomaten
2 gelbe Paprikaschoten
1 Bund glatte Petersilie

Für den Sahneguss:
6 Eier (Größe M)
400 ml Schlagsahne
2 Becher (je 150 g) Crème fraîche
200 ml Gemüsebrühe
200 g geriebener mittelalter Gouda-Käse
Salz
frisch gemahlener Pfeffer

Zubereitungszeit: 60 Min.
Garzeit: 30–40 Min.

1. Porree putzen. Die Stangen seitlich einschneiden, gründlich waschen, abtropfen lassen und in dicke Streifen schneiden. Wasser mit Salz in einem großen Topf mit geschlossenem Deckel zum Kochen bringen.

2. Die Linguine in 2 Portionen im geöffneten Topf bei mittlerer Hitze nach Packungsanleitung knapp bissfest kochen, dabei zwischendurch umrühren. Die Porreestreifen etwa 3 Minuten vor Ende der Garzeit zu den Linguine geben und mitgaren lassen.

3. Anschließend die Porree-Linguine-Mischung in ein Sieb geben, mit heißem Wasser abspülen und abtropfen lassen.

4. Tomaten waschen, abtropfen lassen, halbieren und die Stängelansätze herausschneiden. Paprika halbieren, entstielen, entkernen und die weißen Scheidewände entfernen. Die Schoten waschen, abtropfen lassen und in Streifen schneiden. Petersilie abspülen, trockentupfen und die Blättchen von den Stängeln zupfen. Blättchen fein schneiden.

5. Für den Sahneguss Eier mit Sahne, Crème fraîche, Brühe und Käse verrühren, mit Salz und Pfeffer würzen.

6. Porree-Linguine-Mischung auf 2 Backblechen (gefettet) oder in 2 großen, flachen Auflaufformen (gefettet) verteilen. Tomatenhälften, Paprikastreifen und Petersilie darauf geben. Sahnemasse darüber gießen. Die Backbleche nacheinander (bei Heißluft zusammen) oder die Formen auf dem Rost in den Backofen schieben.

Ober-/Unterhitze: etwa 200 °C (vorgeheizt)
Heißluft: etwa 180 °C (vorgeheizt)
Gas: Stufe 3–4 (vorgeheizt)
Garzeit: 30–40 Minuten. (Die Nudeln nach etwa 25 Minuten Garzeit mit Backpapier zudecken).

Abwandlung: Statt mit Porree können die Nudeln auch mit Möhren- und Zucchinistreifen zubereitet werden. Dafür je 3 Möhren und Zucchini putzen, evtl. schälen, abspülen, abtropfen lassen und in schmale Streifen schneiden, wie unter Punkt 2 beschrieben verarbeiten.

Beilage: Gemischter Salat.

Tipp: Anstelle der Linguine können Sie auch Spaghetti verwenden.

Nudelsalat mit Basilikum-Vinaigrette | Gut vorzubereiten

8 Portionen

Pro Portion:
E: 19 g, F: 11 g, Kh: 38 g, kJ: 1385, kcal: 330

4 l Wasser
4 TL Salz
400 g kurze Bandnudeln

2 Dosen Artischockenherzen (je 240 g)
6 Tomaten
400 g braune Champignons
300 g Kochschinken

Für die Vinaigrette:
3 Knoblauchzehen
2 EL Weißweinessig oder Zitronensaft
5 EL Olivenöl
Salz
frisch gemahlener Pfeffer
Zucker
1 Topf Basilikum

Zubereitungszeit: 35 Min., ohne Durchziehzeit

1. Wasser in einem großen Topf mit geschlossenem Deckel zum Kochen bringen. Salz und Nudeln zugeben und die Nudeln im geöffneten Topf bei mittlerer Hitze nach Packungsanleitung kochen lassen, dabei 4–5-mal umrühren.

2. Anschließend die Nudeln in ein Sieb geben, mit heißem Wasser abspülen und abtropfen lassen.

3. Artischockenherzen in einem Sieb abtropfen lassen. Tomaten waschen, kreuzweise einschneiden und einige Sekunden in kochendes Wasser legen. Tomaten kurz in kaltem Wasser abschrecken, enthäuten, halbieren, entkernen und Stängelansätze entfernen. Tomaten in Spalten schneiden.

4. Champignons putzen, mit Küchenpapier abreiben, evtl. kurz abspülen, trockentupfen und vierteln.

5. Für die Vinaigrette Knoblauch abziehen und durch eine Knoblauchpresse drücken. Essig oder Zitronensaft mit Knoblauch gut verrühren. Olivenöl unterschlagen. Mit Salz, Pfeffer und Zucker abschmecken. Champignonviertel hinzufügen und etwas durchziehen lassen.

6. Basilikum abspülen und trockentupfen, die Blättchen von den Stängeln zupfen und in Streifen schneiden. Basilikumstreifen unter die Champignons heben und mit den Nudeln mischen.

7. Den Salat mit Artischockenherzen, Tomatenspalten und Schinkenstreifen auf einer großen Platte anrichten.

Nudelsalat mit Fleischsalat | Beliebt

12 Portionen

Pro Portion:
E: 14 g, F: 36 g, Kh: 48 g, kJ: 2437, kcal: 580

5 l Wasser
5 gestr. TL Salz
500 g Nudeln, z. B. Hörnchen

Für die Marinade:
4 EL Kräuteressig
Salz
frisch gemahlener Pfeffer
etwas Zucker
8 EL Olivenöl

2 kleine Dosen Ananasscheiben (Abtropfgewicht je 270 g)
20 kleine Gewürzgurken
4 mittelgroße Äpfel
8 hart gekochte Eier
etwa 800 g Fleischsalat (aus dem Kühlregal)
300 g Naturjoghurt
einige Salatblätter, z. B. Lollo bionda
1 Bund Schnittlauch

Zubereitungszeit: 45 Min., ohne Durchziehzeit

1. Wasser in einem großen Topf mit geschlossenem Deckel zum Kochen bringen. Salz hinzufügen. Nudeln in 2 Portionen im geöffneten Topf bei mittlerer Hitze nach Packungsanleitung kochen lassen, gelegentlich umrühren.

2. Anschließend die Nudeln in ein Sieb geben, mit heißem Wasser abspülen und abtropfen lassen.

3. Für die Marinade Essig mit Salz, Pfeffer und Zucker verrühren, Olivenöl unterschlagen. Die Marinade zu den Nudeln geben, untermischen und etwas durchziehen lassen.

4. Ananasscheiben in einem Sieb gut abtropfen lassen und in kleine Stücke schneiden. Gurken abtropfen lassen und in dünne Scheiben schneiden. Äpfel schälen, achteln, entkernen und ebenfalls in dünne Scheiben schneiden. Eier pellen und in Scheiben schneiden. Fleischsalat mit Joghurt verrühren.

5. Die Nudeln abwechselnd mit Ananasstücken, Apfel-, Eierscheiben und Fleischsalat in eine hohe Glasschale oder 12 Portionsgläser schichten. Restlichen Fleischsalat darauf verteilen. Den Salat eine Zeit lang durchziehen lassen.

6. Salatblätter und Schnittlauch waschen und trockentupfen. Den Salat damit garnieren.

Tipp: Der Salat kann schon am Vortag zubereitet und zugedeckt über Nacht kalt gestellt werden. Damit die Äpfel nicht braun werden, die Apfelscheiben vor dem Einschichten mit 2 Esslöffeln Kräuteressig oder Zitronensaft mischen.
Statt Fleischsalat kann auch Waldorfsalat verwendet werden.

Nudelsalat „Sommerbrise" I

Für Gäste

8 Portionen

Pro Portion:
E: 19 g, F: 32 g, Kh: 66 g, kJ: 2669, kcal: 637

6 l Wasser
6 TL Salz
600 g Eliche oder Spiralnudeln

1 große Salatgurke
1 Bund Frühlingszwiebeln
250 g Schafkäse
3 Fenchelknollen
1 Dose Gemüsemais (Abtropfgewicht 285 g)

Für die Sauce:
250 g Naturjoghurt
250 g Salatmayonnaise
150 ml Schlagsahne
7 EL Zitronensaft
etwas Zucker
Salz
frisch gemahlener schwarzer Pfeffer
1 Bund Dill

Zubereitungszeit: 35 Min., ohne Kühlzeit

1. Wasser in einem großen Topf mit geschlossenem Deckel zum Kochen bringen. Salz und Nudeln zugeben und die Nudeln im geöffneten Topf bei mittlerer Hitze nach Packungsanleitung bissfest kochen lassen, dabei 4–5-mal umrühren.

2. Anschließend die Nudeln in ein Sieb geben, mit heißem Wasser abspülen und abtropfen lassen.

3. Gurke schälen, längs vierteln, entkernen und in Stücke schneiden. Frühlingszwiebeln putzen, waschen, abtropfen lassen und in dünne Ringe schneiden. Schafkäse in kleine Würfel schneiden. Vom Fenchel die Stiele dicht oberhalb der Knollen abtrennen, braune Stellen und Blätter entfernen, Wurzelenden gerade schneiden. Knollen waschen, abtropfen lassen, vierteln und in dünne Scheiben schneiden. Fenchelscheiben nach Belieben in kochendem Salzwasser kurz blanchieren. Mais in einem Sieb abtropfen lassen.

4. Für die Sauce Joghurt mit Mayonnaise, Sahne und Zitronensaft verrühren und mit Zucker, Salz und Pfeffer abschmecken. Dill abspülen und trockentupfen. Die Spitzen von den Stängeln zupfen (einige Spitzen zum Garnieren beiseite legen). Spitzen fein schneiden und unterrühren.

5. Nudeln, Gurkenstücke, Zwiebelringe, Käsewürfel, Fenchelscheiben und Mais in eine Schüssel geben. Sauce hinzufügen und gut vermengen. Den Salat bis zum Servieren kalt stellen. Mit Dillzweigen garnieren.

Ofenkartoffeln mit Gemüse-Quark-Füllung | Preiswert

8 Portionen

Pro Portion:
E: 22 g, F: 4 g, Kh: 45 g, kJ: 1336, kcal: 319

8	*große fest kochende Ofenkartoffeln (je etwa 250 g)*
je 2	*kleine rote, grüne und gelbe Paprikaschoten*
500 g	*Magerquark*
500 g	*Speisequark (20% Fett)*
1 Pck.	*gehackte TK-Küchenkräuter (25 g)*
2–3 EL	*frisch geriebener Meerrettich*
	Salz
	frisch gemahlener Pfeffer
1 Bund	*glatte Petersilie*

Außerdem:

8 Bögen	*Alufolie (dünn mit Speiseöl bestrichen)*

Zubereitungszeit: 30 Min.
Garzeit: etwa 60 Min.

1. Kartoffeln gründlich waschen, evtl. abbürsten und abtropfen lassen. Jede Kartoffel in einen Bogen Alufolie wickeln und auf ein Backblech legen. Das Backblech in den Backofen schieben.

Ober-/Unterhitze: 180–200 °C (vorgeheizt)
Heißluft: 160–180 °C (nicht vorgeheizt)
Gas: etwa Stufe 3 (nicht vorgeheizt)
Garzeit: etwa 60 Minuten.

2. Paprikaschoten halbieren, entstielen, entkernen und die weißen Scheidewände entfernen. Schoten waschen, abtropfen lassen und in kleine Würfel schneiden. 1–2 Esslöffel der Paprikawürfel zum Garnieren beiseite legen.

3. Quarksorten in eine Rührschüssel geben. Paprikawürfel, Kräuter und Meerrettich unterrühren, mit Salz und Pfeffer würzen.

4. Petersilie abspülen und trockentupfen. Die Blättchen von den Stängeln zupfen.

5. Gegarte Ofenkartoffeln aus der Alufolie nehmen. Ofenkartoffeln kreuzweise einschneiden, etwas aufdrücken und mit dem Gemüsequark füllen.

6. Ofenkartoffeln mit den beiseite gelegten Paprikawürfeln und Petersilienblättchen garniert servieren.

Ofensuppe | Gut vorzubereiten

12 Portionen

Pro Portion:
E: 31 g, F: 39 g, Kh: 32 g, kJ: 2678, kcal: 637

1 ½ kg	*Schnitzelfleisch*
	Salz
	frisch gemahlener Pfeffer
	gekörnte Fleischbrühe
6	*mittelgroße Zwiebeln*
2 Gläser	*Champignons in Scheiben (Abtropfgewicht je 530 g)*
2 Gläser	*Tomatenpaprika (Abtropfgewicht je 165 g)*
1 Pck. (500 g)	*TK-Erbsen*
1 große Dose	*Ananasstücke (Abtropfgewicht 490 g)*
2 Gläser	*Chilisauce (Fonduesauce, je etwa 320 g)*
1 l	*Schlagsahne*
½ Flasche (225 g)	*scharfer Curryketchup*
etwa 750 ml (¾ l)	*Wasser*

Zubereitungszeit: 1Std.
Backzeit: etwa 1 ½ Std.

1. Schnitzelfleisch kalt abspülen, trockentupfen und in Würfel schneiden. Das Fleisch in einen ofenfesten, großen Topf geben und mit Salz, Pfeffer und Fleischbrühe würzen.

2. Zwiebeln abziehen, in Würfel schneiden und zum Fleisch geben. Champignons mit der Flüssigkeit, den abgetropften Tomatenpaprikastreifen und tiefgefrorenen Erbsen hinzufügen.

3. Ananasstücke abtropfen lassen, die Stücke evtl. kleiner schneiden und zusammen mit der Chilisauce, Sahne und Curryketchup zugeben. Zum Schluss Wasser hinzufügen, so dass die Suppe bedeckt ist, etwas umrühren. Den Topf zugedeckt auf dem Rost in den Backofen schieben.

Ober-/Unterhitze: etwa 200 °C (vorgeheizt)
Heißluft: etwa 180 °C (nicht vorgeheizt)
Gas: Stufe 3–4 (nicht vorgeheizt)
Backzeit: etwa 1 ½ Stunden.

4. Zwischendurch die Ofensuppe umrühren, evtl. etwas Wasser hinzufügen.

Ofenschnitzel | Zum Vorbereiten

8–10 Portionen

Pro Portion:
E: 39 g, F: 37 g, Kh: 18 g, kJ: 2489, kcal: 595

1–2 Zucchini
2 Auberginen (je etwa 400 g)
200 ml Olivenöl
Salz
1 kg Putenschnitzel
frisch gemahlener Pfeffer
2 Pck. Tomaten in Stückchen mit Knoblauch (je 370 g)
2 TL getrockneter Oregano
etwa 2 EL konzentrierte Hühnerbouillon (aus der Flasche)

Für den Guss:
1 Glas (156 ml) Pâté di Olive Verde (Olivenpaste)
300 g Ziegenfrischkäse, z. B. Chavroux
400 ml saure Sahne

Zum Bestreuen:
½ Bund glatte Petersilie

Zubereitungszeit: 50 Min.
Garzeit: etwa 40 Min.

1. Zucchini und Auberginen waschen, abtrocknen und die Enden abschneiden. Zucchini der Länge nach in dünne Scheiben schneiden, Auberginen längs halbieren und dann senkrecht zur Schnittfläche der Länge nach in Scheiben schneiden.

2. Einen Teil des Öls portionsweise in 2 Pfannen erhitzen. Die Zucchini- und Auberginenscheiben darin getrennt portionsweise von beiden Seiten goldbraun braten. Auf Küchenpapier abtropfen lassen und mit Salz würzen.

3. Putenschnitzel unter fließendem kalten Wasser abspülen, trockentupfen und etwas flacher klopfen. Das restliche Öl in dem verbliebenen Bratfett erhitzen. Die Putenschnitzel darin unter Wenden anbraten, mit Salz und Pfeffer bestreuen und aus der Pfanne nehmen.

4. Die Tomatenstückchen mit der Flüssigkeit zu dem heißen Bratensatz in die Pfanne geben, mit Oregano und konzentrierter Hühnerbouillon würzen. Die Tomatensauce in die Fettfangschale des Backofens geben und die Putenschnitzel darauf verteilen, mit Auberginen- und Zucchinischeiben belegen.

5. Für den Guss Olivenpaste, Ziegenfrischkäse und saure Sahne mit einem Schneebesen oder mit Handrührgerät mit Rührbesen cremig verrühren und mit Pfeffer würzen. Den Guss gleichmäßig über die Zutaten gießen. Die Fettfangschale in den Backofen schieben.

Ober-/Unterhitze: 180–200 °C (vorgeheizt)
Heißluft: 160–180 °C (nicht vorgeheizt)
Gas: etwa Stufe 3 (nicht vorgeheizt)
Garzeit: etwa 40 Minuten.

6. In der Zwischenzeit Petersilie abspülen, trockentupfen und die Blättchen von den Stängeln zupfen. Blättchen fein hacken. Die Ofenschnitzel mit Petersilie bestreut servieren.

Tipp: Dazu schmeckt Fladenbrot. Die „Pâté di Olive Verde“ ist eine Zubereitung aus grünen Oliven, Olivenöl und Gewürzen. Wenn Sie keine Olivenpaste bekommen, können Sie stattdessen auch Pesto oder Kräuter in Öl verwenden.

Orangen-Herrencreme

Gut vorzubereiten

15 Portionen

Pro Portion:
E: 7 g, F: 27 g, Kh: 54 g, kJ: 2074 , kcal: 495

8 Blatt	*weiße Gelatine*
1 ½ l	*Milch*
4 Pck.	*Dr. Oetker Pudding-Pulver Vanille-Geschmack*
160 g	*Zucker*
500 ml (½ l)	*frisch gepresster Orangensaft*
1–2 Pck.	*Dr. Oetker Finesse Orangenfrucht*
300 g	*Zartbitter-Schokolade*
750 ml (¾ l)	*Schlagsahne*
50 g	*Zartbitter-Schokoladenraspel zum Bestreuen*
einige	*filetierte Orangenscheiben oder -viertel zum Garnieren*

Zubereitungszeit: 40 Min., ohne Abkühlzeit

1. Gelatine nach Packungsanleitung in kaltem Wasser einweichen. 1 Liter Milch zum Kochen bringen, mit der restlichen Milch Pudding-Pulver und Zucker anrühren, in die kochende Milch rühren und unter Rühren aufkochen lassen. Orangensaft hinzufügen und unter Rühren nochmals aufkochen lassen.

2. Die eingeweichte Gelatine ausdrücken und mit der Orangenfrucht unter den heißen Pudding rühren. Den Pudding in eine Schüssel umfüllen und sofort mit Frischhaltefolie zudecken, damit sich keine Haut auf dem Pudding bildet.

3. Schokolade in kleine Stücke hacken. Sahne steif schlagen. Den erkalteten Pudding mit Handrührgerät mit Rührbesen aufschlagen und evtl. durch ein Sieb streichen (falls sich Klümpchen gebildet haben sollten). Die Schokostückchen und die Sahne unterheben.

4. Den Pudding in eine Servierschüssel füllen und mit Schokoladenraspeln und Orangenscheiben oder -viertel garnieren.

Orangen-Tiramisu | Mit Alkohol

12 Portionen

Pro Portion:
E: 8 g, F: 20 g, Kh: 37 g, kJ: 1729, kcal: 413

500 g	*Cantuccini (italienisches Mandelgebäck)*
125 ml (⅛ l)	*starker Kaffee*
8–10	*Orangen*
125 ml (⅛ l)	*Orangenlikör, z. B. Cointreau*
40 g	*Puderzucker*
500 g	*Naturjoghurt*
500 g	*Vanillejoghurt*
500 ml (½ l)	*Schlagsahne*
etwas	*Kakaopulver zum Bestäuben*

Zubereitungszeit: 60 Min., ohne Durchziehzeit

1. Cantuccini in eine große, flache Auflaufform legen und mit Kaffee tränken.

2. Orangen so schälen, dass die weiße Haut mit entfernt wird. Die Fruchtfilets herausschneiden und in Stücke schneiden. Orangenstücke auf den Cantuccini verteilen, mit Orangenlikör beträufeln, mit Puderzucker bestäuben und 1–2 Stunden durchziehen lassen.

3. Beide Joghurtsorten miteinander verrühren, Sahne steif schlagen und unterheben, die Joghurt-Sahne auf den Orangenfilets verteilen. Tiramisu bis zum Servieren kalt stellen.

4. Vor dem Servieren das Tiramisu mit Kakaopulver bestäuben.

Tipp: Bestreuen Sie die Joghurt-Sahne mit 1 Päckchen Finesse Orangenfrucht, bevor das Tiramisu kalt gestellt wird.Garnieren Sie die Oberfläche mit einigen Orangenzesten.

Orientalischer Fleischtopf I

Dauert länger

12 Portionen

Pro Portion:

E: 39 g, F: 29 g, Kh: 42 g, kJ: 2557, kcal: 611

1,6 kg	*Rindfleisch (aus der Keule)*
80 g	*Butter oder Margarine*
6	*Zwiebeln*
3	*Knoblauchzehen*
2	*Möhren*
400 g	*Langkornreis*
1 kg	*Wirsing oder Spitzkohl*
100 g	*Cashewkerne*
100 g	*Rosinen*
	Salz
	frisch gemahlener Pfeffer
2 EL	*Currypulver*
4 EL	*Mango-Chutney (aus dem Glas)*
2 l	*heiße Fleischbrühe*

Zubereitungszeit: 1 Std.
Garzeit: etwa 90 Min.

1. Rindfleisch unter fließendem kalten Wasser abspülen, trockentupfen und in feine Streifen schneiden. Butter oder Margarine in einem Bratentopf erhitzen und Fleischstreifen portionsweise darin anbraten.

2. Zwiebeln abziehen und würfeln. Knoblauchzehen abziehen und zerdrücken. Möhren putzen, schälen, waschen und in Würfel schneiden.

3. Die drei Zutaten zu dem Fleisch geben, mitschmoren lassen, Langkornreis hinzufügen und kurz durchschmoren lassen.

4. Vom Wirsing oder Spitzkohl die welken Blätter entfernen, Kohl waschen, in feine Streifen schneiden.

5. Kohlstreifen mit Cashewkernen und Rosinen in den Fleisch-Gemüse-Topf geben, etwa 5 Minuten miterhitzen, mit Salz, Pfeffer und Curry kräftig würzen.

6. Mango-Chutney unterrühren, Brühe hinzufügen, den Eintopf umrühren, zugedeckt auf dem Rost in den Backofen schieben, ab und zu umrühren.

Ober-/Unterhitze: etwa 200 °C (vorgeheizt)
Heißluft: etwa 180 °C (nicht vorgeheizt)
Gas: Stufe 3–4 (nicht vorgeheizt)
Garzeit: etwa 90 Minuten.

Tipp: Geben Sie kleine Ananaswürfel mit in den Eintopf.

Paprikagemüse in Orangensauce |

Mit Alkohol

12 Portionen

Pro Portion:

E: 2 g, F: 9 g, Kh: 28 g, kJ: 1046, kcal: 250

3 Zwiebeln
6 Knoblauchzehen
100 ml Maiskeimöl
1,2 l Orangensaft
450 ml Portwein
5 EL flüssiger Honig
3 Döschen (je 0,2 g) Safran
gerebelter Thymian
Salz
frisch gemahlener Pfeffer
je 3 große gelbe, rote und grüne Paprikaschoten
6 Orangen
2 Bund Petersilie

Zubereitungszeit: 70 Min.

1. Zwiebeln und Knoblauch abziehen und in feine Würfel schneiden. Öl in einem großen Topf erhitzen und Zwiebeln und Knoblauch darin andünsten.

2. Orangensaft, Portwein und Honig hinzufügen und den Sud bei starker Hitze um etwa die Hälfte einkochen lassen, dabei gelegentlich umrühren. Sud mit Safran, Thymian, Salz und Pfeffer würzen.

3. In der Zwischenzeit Paprikaschoten halbieren, entstielen, entkernen und die weißen Scheidewände entfernen. Die Schoten waschen und in etwa 2 cm große Stücke schneiden.

4. Orangen so schälen, dass die weiße Haut mit entfernt wird und die Orangen filetieren. Die Paprikastücke in den eingekochten Sud geben und 5–6 Minuten garen.

5. Petersilie abspülen, trockentupfen, die Blättchen von den Stängeln zupfen und fein hacken. Orangenfilets und Petersilie unter das Paprikagemüse heben und servieren.

Paprika-Linsen-Eintopf mit Forelle | Einfach

8 Portionen

Pro Portion:
E: 27 g, F: 12 g, Kh: 41 g, kJ: 1612, kcal: 385

4	*mittelgroße Zwiebeln*
5	*Knoblauchzehen*
1,2 kg	*grüne Paprikaschoten*
1,2 kg	*fest kochende Kartoffeln*
8 EL	*Olivenöl*
2,5 l	*Gemüsebrühe*
400 g	*rote Linsen*
100 g	*Tomatenketchup*
	Salz
	frisch gemahlener Pfeffer
500 g	*geräucherte Forellenfilets*

Zubereitungszeit: 45 Min.
Garzeit: etwa 25 Min.

1. Zwiebeln und Knoblauch abziehen, in kleine Würfel schneiden. Paprika halbieren, entstielen, entkernen, die weißen Scheidewände entfernen. Die Schoten waschen, trockentupfen und in Würfel schneiden. Kartoffeln waschen, schälen, abspülen und ebenfalls in Würfel schneiden.

2. Olivenöl in einem großen Topf oder Bräter erhitzen. Zwiebel- und Knoblauchwürfel darin andünsten. Kartoffelwürfel hinzufügen und kurz mit andünsten. Paprikawürfel ebenfalls kurz mitdünsten lassen. Brühe hinzugießen. Die Zutaten zum Kochen bringen und zugedeckt etwa 15 Minuten bei schwacher Hitze kochen lassen. Linsen hinzugeben und weitere 10 Minuten kochen.

3. Den Eintopf mit Ketchup, Salz und Pfeffer würzen. Forellenfilets grob zerteilen, evtl. Gräten entfernen. Forellenstückchen in den Eintopf geben und kurz erwärmen.

Tipp: Rote Linsen haben eine kurze Garzeit, da sie sonst zerfallen.
Rote Linsen können durch Tellerlinsen ersetzt werden. Dann Tellerlinsen mit den Kartoffelwürfeln andünsten und insgesamt 30–35 Minuten garen.

Parmaschinkenröllchen mit Rucola-Pesto | Für Gäste

8 Portionen

Pro Portion:
E: 18 g, F: 39 g, Kh: 17 g, kJ: 2030, kcal: 485

2 Stangen	*Porree (Lauch, etwa 600 g)*
8	*große fest kochende Kartoffeln*

Für das Pesto:

200 g	*Rucola (Rauke)*
60 g	*Pinienkerne*
40 g	*frisch geriebener Parmesan*
250 ml (¼ l)	*Olivenöl*
etwas	*Salz*
	frisch gemahlener Pfeffer
24 Scheiben	*Parmaschinken (etwa 500 g)*

Zum Garnieren:

1 Topf	*Basilikum*

Zubereitungszeit: 50 Min., ohne Abkühl- und Durchziehzeit

1. Porree putzen, Stangen längs halbieren, gründlich waschen und abtropfen lassen. Porreestangen in 5–7 cm lange Stücke schneiden. Kartoffeln waschen, schälen, abspülen, abtropfen lassen und in 5–7 cm lange Stifte schneiden.

2. Kartoffelstifte in kochendem Salzwasser 10–15 Minuten garen. Anschließend auf ein Sieb geben, abtropfen und abkühlen lassen.

3. Für das Pesto Rucola putzen, waschen, abtropfen lassen und in einen hohen Rührbecher geben. Pinienkerne hinzufügen und mit einem Mixstab pürieren. Parmesan-Käse und Olivenöl unterrühren. Mit etwas Salz und Pfeffer würzen.

4. Kartoffelstifte und Porreestücke in eine flache Schale legen, mit Pesto beträufeln und kalt gestellt etwa 1 Stunde durchziehen lassen.

5. Schinkenscheiben auf einer Arbeitsfläche ausbreiten. Jeweils einige Kartoffelstifte und Lauchstücke darauf verteilen, aufrollen und mit Pfeffer bestreuen.

6. Zum Garnieren Basilikum abspülen und trockentupfen. Die Blättchen von den Stängeln zupfen. Parmaschinkenröllchen auf einer Platte anrichten und mit Basilikumblättchen garniert servieren. Restliches Pesto dazu reichen.

Party-Reistopf | Gut vorzubereiten

12 Portionen

Pro Portion:
E: 36 g, F: 10 g, Kh: 27 g, kJ: 1524, kcal: 364

4 rote Zwiebeln
4 Knoblauchzehen
8 EL Olivenöl
250 g Basmatireis
600 ml Hühner- oder Gemüsebrühe
1½ kg Putengulasch
Salz
frisch gemahlener Pfeffer
4 EL Sojasauce
1½ l Tomatensaft
1 Dose Gemüsemais (265 g Abtropfgewicht)
1 Glas Champignons (315 g Abtropfgewicht)
2 Gläser Tomatenpaprika (je 165 g Abtropfgewicht)
Tabasco
gemahlener Koriander

Zubereitungszeit: 60 Min.

1. Zwiebeln und Knoblauch abziehen, in Würfel schneiden und in 2 Esslöffeln Olivenöl andünsten. Den Reis hinzugeben und kurz mit andünsten. Brühe dazugießen, zum Kochen bringen und den Reis etwa 20 Minuten garen. Es darf zum Schluss nur noch wenig Garflüssigkeit übrig sein.

2. Das restliche Olivenöl in einem Bräter erhitzen, das Putengulasch (nach Belieben die Fleischwürfel vorher noch etwas kleiner schneiden) gut darin anbraten. Das Fleisch mit Salz, Pfeffer und Sojasauce würzen.

3. Tomatensaft zu dem Fleisch gießen und zum Kochen bringen. Mais, Champignons und Tomatenpaprika auf einem Sieb abtropfen lassen und dann ebenfalls hinzufügen. Das Ganze aufkochen, dann etwa 5 Minuten garen und mit Salz, Pfeffer, Tabasco und Koriander würzen.

4. Den Reis in den Eintopf geben und evtl. nochmals mit Pfeffer, Tabasco und Koriander abschmecken.

Penne-Brokkoli-Salat | Schnell

8 Portionen

Pro Portion:
E: 22 g, F: 16 g, Kh: 43 g, kJ: 1764, kcal: 422

750 g frischer Brokkoli oder TK-Brokkoli
500 g Penne tricolori oder einfarbig
400 g Cocktailtomaten
1 Bund Petersilie
300 g Hähnchenbrustaufschnitt

Für die Sauce:
5 EL Weinessig
1 TL Salz
frisch gemahlener Pfeffer
1 EL Zucker
100 ml Walnussöl

150 g fein geriebener Höhlenkäse
30 g Pinienkerne

Zubereitungszeit: 35 Min.

1. Brokkoli putzen, waschen und in Röschen teilen. In kochendem Salzwasser etwa 5 Minuten garen, kalt abschrecken und abtropfen lassen.

2. Nudeln nach Packungsanleitung im gleichen Kochwasser bissfest garen, kalt abschrecken und abtropfen lassen.

3. Tomaten waschen, evtl. halbieren und in eine große Schüssel geben. Petersilie abspülen, trockentupfen, Blättchen von den Stängeln zupfen und grob hacken. Hähnchenbrust in schmale Streifen schneiden.

4. Für die Sauce Essig, Salz, Pfeffer und Zucker verrühren und Öl unterschlagen.

5. Brokkoli, Nudeln, Hähnchenbrustaufschnitt und Käse in die Schüssel geben. Die Sauce hinzugeben und alles gut verrühren. Pinienkerne darüber streuen, alles gut vermengen und servieren.

Pfefferonen „italienisch" | Schnell

48 Stück

Pro Stück: E: 3 g, F: 3 g, Kh: 0 g, kJ: 167, kcal: 40

2 Gläser	*griechische Pfefferonen „mild-pikant" (Abtropfgewicht je 170g)*
500 g	*Mozzarella*
120 g	*Parmaschinken*
3	*Tomaten*
1 Bund	*Basilikum*
4 EL	*Olivenöl*
2 EL	*Balsamico-Essig*
	Salz
	frisch gemahlener Pfeffer

Zubereitungszeit: 35 Min.

1. Pfefferonen in einem Sieb abtropfen lassen. Mozzarella gut abtropfen lassen. Schinken fein würfeln. Tomaten waschen, abtropfen lassen, vierteln, die Stängelansätze entfernen, Tomaten entkernen und Fruchtfleisch in kleine Würfel schneiden.

2. Mozzarella ebenfalls würfeln. Basilikum abspülen, trockentupfen und die Blättchen von den Stängeln zupfen. Einige Blättchen zum Garnieren beiseite legen. Restliche Blättchen in Streifen schneiden.

3. Tomaten, Schinken, Mozzarella und Basilikum in eine Schüssel geben. Öl und Essig darüber träufeln und vermengen, mit Salz und Pfeffer würzen.

4. Die Pfefferonen längs einschneiden, die Kerngehäuse entfernen, die Pfefferonen mit der Tomaten-Mozzarella-Mischung füllen und auf einer Platte anrichten, mit den beiseite gelegten Basilikumblättchen garnieren.

Tipp: Pfefferonen (auch unter Pfefferoni auf dem Markt) sind etwas dicker als Peperoni aus dem Glas und können deshalb besser gefüllt werden.

Pfifferlings-Rindfleisch-Topf

Mit Alkohol

8 Portionen

Pro Portion:
E: 29 g, F: 13 g, Kh: 7 g, kJ: 1139, kcal: 272

200 g durchwachsener Speck
4 mittelgroße Zwiebeln
1 kg Möhren
500 g Pfifferlinge
1 kg mageres Rindfleisch
Salz
frisch gemahlener Pfeffer
Tabascosauce
2 Lorbeerblätter
375 ml (3/8 l) Fleischbrühe
125 ml (1/8 l) Weißwein
2 Becher (je 150 g) saure Sahne

Zubereitungszeit: 65 Min.
Garzeit: etwa 1½ Std.

1. Speck in kleine Würfel schneiden und in einer Pfanne auslassen. Zwiebeln abziehen, in Scheiben schneiden, zu den Speckwürfeln geben und glasig dünsten lassen.

2. Möhren putzen, schälen, waschen, abtropfen lassen und in Scheiben schneiden. Pfifferlinge putzen, mit Küchenpapier abreiben, evtl. abspülen und trockentupfen. Große Pfifferlinge halbieren.

3. Rindfleisch unter fließendem kalten Wasser abspülen, trockentupfen und in kleine Würfel schneiden. Speck-Zwiebel-Masse, Fleischwürfel, Möhrenscheiben und zuletzt Pfifferlinge in eine große hohe Auflaufform oder in einen hohen Topf (Bräter) schichten, dabei jede Schicht mit Salz und Pfeffer und nach Belieben mit Tabascosauce würzen. Lorbeerblätter hinzufügen.

4. Brühe mit Wein und saurer Sahne verrühren, hinzugießen. Die Form oder den Topf (Bräter) zugedeckt auf dem Rost in den Backofen schieben.

Ober-/Unterhitze: etwa 200 °C (vorgeheizt)
Heißluft: etwa 180 °C (nicht vorgeheizt)
Gas: Stufe 3–4 (nicht vorgeheizt)
Garzeit: etwa 1½ Std.

Pflaumen im Speckmantel |

Schnell

20 Stück

Pro Stück:

E: 1 g, F: 3 g, Kh: 6 g, kJ: 268, kcal: 64

20	*große entsteinte Backpflaumen*
5 EL	*Portwein*
10 Scheiben	*Bacon (Frühstücksspeck)*
	Olivenöl

Außerdem:

Holzstäbchen und -spieße

Zubereitungszeit: 20 Min., ohne Marinierzeit

1. Pflaumen in eine flache Schale legen und mit Portwein übergießen. Pflaumen mehrere Stunden darin marinieren.

2. Baconscheiben längs halbieren. Die Pflaumen aus der Marinade nehmen und jeweils mit den Speckscheiben umwickeln. Mit Holzstäbchen feststecken.

3. Olivenöl erhitzen und die umwickelten Pflaumen darin von allen Seiten anbraten, herausnehmen und abkühlen lassen.

Pfundstopf | Gut vorzubereiten

12 Portionen

Pro Portion:
E: 41 g, F: 36 g, Kh: 10 g, kJ: 2225, kcal: 531

500 g Rindfleisch zum Braten
500 g Schweinefleisch zum Braten
500 g Hackfleisch (halb Rind-, halb Schweinefleisch)
500 g Thüringer Mett
Salz
frisch gemahlener Pfeffer
500 g durchwachsener Speck
500 g Zwiebeln
1 Dose Tomaten (800 g)
500 g rote Paprikaschoten
500 g grüne Paprikaschoten
250 ml (¼ l) Zigeunersauce (Fertigprodukt)
250 ml (¼ l) heiße Fleischbrühe

Zubereitungszeit: 30 Min.
Garzeit: etwa 2 Std.

1. Rind- und Schweinefleisch unter fließendem kalten Wasser abspülen, trockentupfen, würfeln und in eine große Auflaufform (gefettet) geben.

2. Hackfleisch und Mett mit Salz und Pfeffer abschmecken, kleine Bällchen formen und in die Auflaufform geben.

3. Speck in kleine Würfel schneiden. Zwiebeln abziehen und fein würfeln. Tomaten etwas zerkleinern. Zwiebelwürfel, Tomaten und Tomatensaft in die Auflaufform geben.

4. Paprikaschoten halbieren, entstielen, entkernen und die weißen Scheidewände entfernen. Schoten waschen, abtropfen lassen und in Streifen schneiden. Paprikastreifen in die Auflaufform geben.

5. Zigeunersauce und heiße Fleischbrühe hinzugießen. Den Pfundstopf gut durchrühren, zudecken und auf dem Rost in den Backofen schieben.

Ober-/Unterhitze: etwa 200 °C (vorgeheizt)
Heißluft: etwa 180 °C (nicht vorgeheizt)
Gas: etwa Stufe 4 (nicht vorgeheizt)
Garzeit: etwa 2 Stunden.

Pilztopf mit Grießklößchen I

Etwas aufwändiger

8 Portionen

Pro Portion:
E: 34 g, F: 27 g, Kh: 27 g, kJ: 2108, kcal: 503

1 kg mageres Rindfleisch aus der Schulter
1 Gemüsezwiebel (etwa 300 g)
4 EL Speiseöl
2 EL (50 g) Tomatenmark
500 ml (½ l) Fleischbrühe
300 ml trockener Rotwein, z. B. Burgunder
Salz, Pfeffer
1 gestr. EL mittelscharfer Senf
je 200 g frische kleine weiße und braune Champignons
200 g frische Austernpilze
200 g frische Pfifferlinge oder Pfifferlinge aus der Dose
2 Pck. TK-Kräuter der Provence

Für die Grießklößchen:
500 ml (½ l) Milch
40 g Butter oder Margarine
Salz
frisch geriebene Muskatnuss
250 g Hartweizengrieß
2 Eier (Größe M)
2 Becher (je 200 g) Schmand

Zubereitungszeit: 60 Min.
Garzeit: etwa 70 Min.

1. Rindfleisch unter fließendem kalten Wasser abspülen, trockentupfen und in nicht zu kleine Würfel schneiden. Zwiebel abziehen und in kleine Würfel schneiden.

2. Speiseöl in einem Bräter erhitzen. Fleischwürfel von allen Seiten kräftig darin anbraten. Zwiebelwürfel hinzufügen und ebenfalls darin anbraten. Tomatenmark unterrühren. Die Hälfte der Brühe hinzugießen, zum Kochen bringen und einkochen lassen.

3. Restliche Brühe und Wein hinzugießen. Mit Salz, Pfeffer und Senf würzen. Die Zutaten zum Kochen bringen und zugedeckt etwa 70 Minuten garen, evtl. noch etwas Brühe hinzugießen.

4. Champignons, Austernpilze und Pfifferlinge putzen, mit Küchenpapier abreiben, evtl. abspülen und abtropfen lassen (Pfifferlinge aus der Dose abtropfen lassen). Größere Austernpilze oder Pfifferlinge etwas kleiner schneiden.

5. Nach etwa 1 Stunde Garzeit Pilze und Kräuter der Provence hinzugeben, zum Kochen bringen und den Pilztopf fertig garen.

6. Für die Grießklößchen Milch mit Butter oder Margarine, Salz und Muskat in einem Topf zum Kochen bringen, dann von der Kochstelle nehmen. Grieß unter Rühren hineinstreuen, zu einem glatten Kloß rühren und noch etwa 1 Minute auf der Kochstelle erhitzen. Den heißen Kloß in eine Schüssel geben und die Eier unterrühren.

7. Aus der Masse mit Hilfe von 2 in heißes Wasser getauchten Teelöffeln kleine Klößchen formen, in kochendes Salzwasser geben und ohne Deckel etwa 5 Minuten gar ziehen lassen.

8. Grießklößchen mit einem Schaumlöffel herausnehmen und in den fertigen Pilztopf geben. Schmand unterrühren oder zu dem Pilztopf reichen.

Pizza Hawaii | Einfach

8–10 Portionen (2 Backbleche)

Pro Portion:
E: 31 g, F: 20 g, Kh: 74 g, kJ: 2525, kcal: 602

Für den Hefeteig:

600 g	*Weizenmehl*
2 Pck.	*Dr. Oetker Trockenbackhefe*
350 ml	*lauwarmes Wasser*
2 EL	*Speiseöl*
2 TL	*Salz*

Für den Belag:

2 Dosen (je 400 g)	*Pizza-Tomaten*
	Salz
	frisch gemahlener Pfeffer
	gerebelter Oregano
2	*große Zwiebeln*
400 g	*gekochter Schinken in Scheiben*
2 Dosen	*Ananasscheiben (Abtropfgewicht je etwa 500 g)*
400 g	*geriebener Käse, z. B. Pizza-Käse*

Zum Bestreuen:
glatte Petersilie oder Kerbelblätter

Zubereitungszeit: 60 Min., ohne Teiggehzeit
Backzeit: etwa 20 Min. je Blech

1. Für den Teig Mehl in eine Rührschüssel sieben und mit der Hefe sorgfältig vermischen. Wasser, Öl und Salz hinzufügen.

2. Die Zutaten mit Handrührgerät mit Knethaken zunächst auf niedrigster, dann auf höchster Stufe in etwa 5 Minuten zu einem glatten Teig verarbeiten. Den Teig zugedeckt so lange an einem warmen Ort stehen lassen, bis er sich sichtbar vergrößert hat.

3. In der Zwischenzeit für den Belag Pizza-Tomaten mit Salz, Pfeffer und Oregano würzen. Die Zwiebeln abziehen und erst in Scheiben schneiden, dann in Ringe teilen. Gekochten Schinken in Streifen schneiden. Die Ananasscheiben in einem Sieb abtropfen lassen und halbieren.

4. Den Teig leicht mit Mehl bestäuben, aus der Schüssel nehmen, auf der leicht bemehlten Arbeitsfläche nochmals kurz durchkneten und halbieren. Jede Teighälfte auf einem gefetteten Backblech (30 x 40 cm) ausrollen.

5. Die Tomatenmasse auf den Teig streichen. Zwiebelringe, Schinkenstreifen und Ananasscheiben darauf legen und mit Käse bestreuen. Die Backbleche nacheinander (bei Heißluft zusammen) in den Backofen schieben.

Ober-/Unterhitze: 200–220 °C (vorgeheizt)
Heißluft: 180–200 °C (vorgeheizt)
Gas: etwa Stufe 4 (vorgeheizt)
Backzeit: etwa 20 Minuten je Blech.

6. Vor dem Servieren die Pizzen mit Petersilie oder Kerbelblättern bestreuen.

Tipp: Verwenden Sie statt Schinken Putenbrustaufschnitt.

Pizzakartoffeln | Raffiniert

10 Portionen

Pro Portion:
E: 9 g, F: 15 g, Kh: 22 g, kJ: 1093, kcal: 261

10 fest kochende Kartoffeln (je 130–150 g)
1 EL Salz
2 EL Kümmelsamen
frisch gemahlener Pfeffer
400 g Tomaten
1 Zwiebel
1 Knoblauchzehe
30 g Butter
1 EL frische Kräuter (Rosmarin, Oregano, Thymian) oder
1 TL getrocknete Kräuter der Provence
1 EL gehackte Petersilie
10 schwarze entsteinte Oliven
10 grüne, mit Paprika gefüllte Oliven
250 g grob geriebener mittelalter Gouda-Käse

Zubereitungszeit: 40 Min.
Backzeit: etwa 25 Min.

1. Kartoffeln gründlich waschen oder abbürsten und mit Wasser bedeckt zum Kochen bringen. Salz und Kümmel hinzufügen und die Kartoffeln zugedeckt in etwa 25 Minuten gar kochen. Kartoffeln abgießen, mit kaltem Wasser abschrecken und etwas abkühlen lassen.

2. Tomaten waschen, abtropfen lassen, halbieren und die Stängelansätze herausschneiden. Tomaten fein würfeln. Zwiebel und Knoblauch abziehen und fein würfeln. Butter in einer Pfanne zerlassen. Tomaten mit Zwiebel- und Knoblauchwürfeln darin 3–5 Minuten dünsten, dabei etwas einkochen lassen.

3. Kartoffeln der Länge nach halbieren, mit einem Kugelausstecher oder einem Teelöffel gut ½ cm tief aushöhlen und mit Salz und Pfeffer würzen. Kartoffelinneres mit einer Gabel zerdrücken, mit den Kräutern mischen und mit Salz und Pfeffer würzen.

4. Kartoffelmasse mit der Tomatenmasse verrühren. Schwarze Oliven halbieren, grüne in Scheiben schneiden.

5. Tomaten-Kartoffel-Masse mit Oliven und der Hälfte des Käses mischen, bergartig in die Kartoffelhälften füllen und mit dem restlichen Käse bestreuen. Kartoffeln auf ein Backblech (mit Backpapier belegt) legen. Das Backblech in den Backofen schieben.

Ober-/Unterhitze: etwa 200 °C (vorgeheizt)
Heißluft: etwa 180 °C (vorgeheizt)
Gas: Stufe 3–4 (vorgeheizt)
Backzeit: etwa 25 Minuten.

Tipp: Für einen Dip 1 Becher (150 g) Crème fraîche und 300 g Naturjoghurt verrühren, 2–3 Esslöffel gemischte, gehackte Kräuter unterrühren und mit Salz und Pfeffer würzen. Den Dip zu den heißen Pizzakartoffeln servieren. Dazu schmeckt ein knackiger gemischter Blattsalat.

Pizzastreifen | Beliebter Snack

54 Stück

Pro Stück: E: 1 g, F: 2 g, Kh: 4 g, kJ: 179, kcal: 43

Für den Teig:

450 g (6 Scheiben)	*TK-Pizzateig*

Für den Belag:

1 Rolle	*Knoblauchbutter (125 g)*
2 Bund	*Schnittlauch*
54 hauchdünne Scheiben	*geräucherter Kernschinken (etwa 200 g)*

Zubereitungszeit:
45 Min., ohne Auftau- und Abkühlzeit
Backzeit: etwa 15 Min. je Blech

1. Für den Teig TK-Pizzateig-Scheiben nach Packungsanleitung nebeneinander zugedeckt auftauen lassen.

2. Jede Teigscheibe quer in 9 Streifen schneiden und mit einer Gabel mehrmals einstechen. Knoblauchbutter in kleinen Stücken darauf verteilen.

3. Die Teigstreifen auf 2 Backbleche (mit Backpapier belegt) verteilen. Die Backbleche nacheinander (bei Heißluft zusammen) in den Backofen schieben.

Ober-/Unterhitze: etwa 200 °C (vorgeheizt)
Heißluft: etwa 180 °C (vorgeheizt)
Gas: Stufe 3–4 (vorgeheizt)
Backzeit: etwa 15 Minuten je Blech.

4. Die Pizzastreifen vom Backpapier lösen und auf einen Kuchenrost legen.

5. Schnittlauch abspülen und trockentupfen. Die Pizzastreifen mit einigen Schnittlauchhalmen belegen und mit je 1 Schinkenscheibe umwickeln.

Tipp: Anstelle von TK-Pizzateig können Sie auch eine Packung Grundmischung Pizzateig verwenden. Den Teig nach Packungsanleitung zubereiten, zu einem Rechteck von 30 x 40 cm ausrollen und in 10 x 20 cm große Stücke schneiden. Dann weiterarbeiten wie in Punkt 2 angegeben.

Pizzasuppe | Zum Vorbereiten

12 Portionen

Pro Portion:
E: 8 g, F: 11 g, Kh: 15 g, kJ: 808, kcal: 193

3	*gelbe Paprikaschoten*
300 g	*Porree (Lauch)*
3	*Knoblauchzehen*
4 EL	*Olivenöl*
1–2 TL	*gerebelter Thymian*
2	*Lorbeerblätter*
750 ml (¾ l)	*Gemüsebrühe*
2 Gläser	*Champignons in Scheiben (Abtropfgewicht je 200 g)*
2 Dosen	*Kidneybohnen (Abtropfgewicht je 250 g)*
½ Bund	*Basilikum*
3 Dosen	*passierte Tomaten (je 800 g Inhalt)*
250 g	*Crème fraîche*
	Salz
	frisch gemahlener Pfeffer
	Paprikapulver rosenscharf

Zubereitungszeit: 45 Min.

1. Paprika halbieren, entstielen, entkernen und die weißen Scheidewände entfernen. Die Schoten waschen, abtropfen lassen und in Streifen schneiden. Porree putzen. Die Stangen seitlich einschneiden, gründlich waschen, abtropfen lassen und in Streifen schneiden. Knoblauch abziehen und durch eine Knoblauchpresse drücken.

2. Olivenöl in einem großen Topf erhitzen. Knoblauch, Paprika- und Porreestreifen darin andünsten. Thymian und Lorbeerblätter dazugeben. Brühe hinzugießen, umrühren und alles zum Kochen bringen. Die Suppe zugedeckt etwa 15 Minuten bei schwacher Hitze köcheln lassen.

3. Champignons und Kidneyohnen in ein Sieb geben, mit kaltem Wasser abspülen und abtropfen lassen. Basilikum abspülen und trockentupfen. Die Blättchen von den Stängeln zupfen. Etwa die Hälfte der Blätter in feine Streifen schneiden.

4. Passierte Tomaten, Champignons und Kidneybohnen hinzufügen. Die Suppe umrühren und nochmals aufkochen lassen. Crème fraîche mit etwas Suppe glatt rühren, dann unter die restliche Suppe rühren und miterhitzen. Die Suppe mit Salz, Pfeffer und Paprika abschmecken. Lorbeerblätter entfernen. In Streifen geschnittenes Basilikum unterrühren.

5. Die Suppe mit den restlichen Basilikumblättchen garniert servieren.

Tipp: Die Kidneybohnen können durch weiße Bohnen aus der Dose ersetzt werden.

Porree-Curry-Salat | Einfach

12 Portionen

Pro Portion:
E: 21 g, F: 16 g, Kh: 7 g, kJ: 1078, kcal: 258

900 g Hähnchenbrustfilet
Salz
frisch gemahlener Pfeffer
3 EL Speiseöl, z. B. Rapsöl
1,2 kg Porree (Lauch)
100 g Cashewkerne
300 g Magermilchjoghurt
250 g Salatmayonnaise
1 gestr. TL Zucker
etwa 2 EL Currypulver

einige glatte Petersilienstängel zum Garnieren

Zubereitungszeit:
45 Min., ohne Abkühl- und Durchziehzeit

1. Hähnchenbrustfilet unter fließendem kalten Wasser abspülen, trockentupfen und mit Salz und Pfeffer bestreuen. Speiseöl in einer Pfanne erhitzen. Hähnchenbrustfilet darin von allen Seiten in etwa 10 Minuten gut durchbraten. Dann die Filets erkalten lassen.

2. Vom Porree die Außenblätter entfernen, Wurzelenden und dunkles Grün abschneiden, die Stangen seitlich einschneiden, gründlich waschen und abtropfen lassen. Porree wahlweise in sehr dünne Ringe oder Streifen schneiden.

3. Cashewkerne in einer Pfanne ohne Fett goldbraun rösten. Joghurt mit Mayonnaise verrühren und mit Salz, Pfeffer, Zucker und Curry würzig abschmecken. Hähnchenbrust in dünne Streifen schneiden.

4. Die vorbereiteten Zutaten vorsichtig miteinander vermischen und einige Zeit durchziehen lassen. Petersilie abspülen und trockentupfen. Den Salat vor dem Servieren mit Petersilie garnieren.

Porree-Geflügel-Eintopf mit Käseklößchen | Klassisch

8 Portionen

Pro Portion:
E: 45 g, F: 24 g, Kh: 23 g, kJ: 2047, kcal: 488

Für die Suppe:

2 kleine Poularden (je etwa 1 kg)
Instant-Gemüsebrühe
1,5 kg Porree (Lauch)
600 g Möhren
2 Rosmarinzweige oder
1 TL Rosmarinnadeln
2–3 Zweige vorbereiteter Thymian
Salz
frisch gemahlener Pfeffer

Für die Klößchen:

250 ml (¼ l) Milch
250 ml (¼ l) Gemüsebrühe
150 g Tomatenmark
1 gestr. TL Salz
200 g Hartweizengrieß
50 g Butter
3 Eier (Größe M)
150 g geriebener alter Gouda-Käse

Zubereitungszeit: 75 Min., ohne Abkühlzeit
Garzeit: etwa 100 Min.

1. Für die Suppe Poularden unter fließendem kalten Wasser abspülen und trockentupfen. Wasser in einem großen Topf zum Kochen bringen. Poularden und Instant-Brühe hinzugeben, zum Kochen bringen und zugedeckt bei schwacher Hitze etwa 80 Minuten kochen.

2. Porree putzen, die Stangen längs halbieren. Porree waschen, abtropfen lassen und in schräge Scheiben schneiden. Möhren putzen, schälen, waschen, abtropfen lassen und ebenfalls in schräge Scheiben schneiden.

3. Die garen Poularden aus der Brühe nehmen und etwas abkühlen lassen. Das Fleisch von den Knochen lösen, die Haut entfernen. Das Fleisch in kleine Stücke schneiden. Porree- und Möhrenscheiben in der verbliebenen Brühe mit Rosmarinzweigen oder -nadeln und Thymianzweigen zugedeckt 15–20 Minuten garen. Brühe mit Salz, Pfeffer und Instant-Brühe abschmecken.

4. Für die Klößchen Milch, Brühe, Tomatenmark und Salz in einem Topf zum Kochen bringen, Topf von der Kochstelle nehmen. Grieß unter Rühren mit einem Kochlöffel hineinstreuen, zu einem glatten Kloß rühren und noch etwa 1 Minute auf der Kochstelle erhitzen. Den heißen Kloß in eine Schüssel geben, Butter, Eier und Käse sofort unterrühren.

5. Aus der Masse mit Hilfe von 2 in heißes Wasser getauchten Teelöffeln kleine Klößchen formen, portionsweise in kochendes Salzwasser geben, zum Kochen bringen und etwa 5 Minuten darin gar ziehen lassen, bis sie an der Wasseroberfläche schwimmen. Klößchen mit einer Schaumkelle herausnehmen und in den Eintopf geben. Hühnerfleischstückchen ebenfalls hineingeben und mit erhitzen. Eintopf mit Salz und Pfeffer abschmecken.

Präsidentensuppe | Raffiniert

12 Portionen

Pro Portion:
E: 22 g, F: 31 g, Kh: 7 g, kJ: 1783, kcal: 426

3	*große Zwiebeln*
2	*Knoblauchzehen*
6 EL	*Speiseöl*
1 kg	*Gehacktes (halb Rind-, halb Schweinefleisch)*
1 Dose	*Sauerkraut (770 g Abtropfgewicht)*
1 Dose (140 g)	*Tomatenmark*
1 l	*Tomatensaft*
1 l	*Fleischbrühe*
	Paprikapulver edelsüß
	gemahlener Kümmel
	Salz
	frisch gemahlener Pfeffer
	Tabasco
8–10	*Gewürzgurken*
1 Bund	*Petersilie*
300 g	*saure Sahne*

Zubereitungszeit: 55 Min.

1. Zwiebeln und Knoblauch abziehen, Zwiebeln grob, Knoblauch fein würfeln und beides in Öl andünsten. Gehacktes hinzufügen und gut anbraten. Evtl. vorhandene Klümpchen mit einer Gabel zerdrücken.

2. Sauerkraut auseinanderzupfen und hinzufügen. Tomatenmark, -saft, Fleischbrühe, Paprika, Kümmel, Salz und Pfeffer dazugeben, aufkochen lassen und bei schwacher Hitze etwa 30 Minuten kochen lassen.

3. Die Suppe mit Tabasco und den Gewürzen abschmecken. Gewürzgurken in feine Scheiben schneiden und hinzufügen.

4. Petersilie abspülen, trockentupfen und fein hacken. Die Suppe in Suppentassen oder -teller füllen und auf jede Portion etwas saure Sahne und Petersilie geben.

Putenrollbraten | Für Gäste

12 Portionen

Pro Portion:
E: 38 g, F: 7 g, Kh: 1 g, kJ: 1030, kcal: 246

80 g eingelegte, geröstete rote Paprika (aus dem Glas)
50 g schwarze, entsteinte Oliven
15 g Kapern
1 Putenbrust (etwa 1,8 kg, vom Fleischer als Rollbraten zuschneiden lassen)
200 g Doppelrahm-Frischkäse mit Kräutern
Salz
frisch gemahlener Pfeffer
Paprikapulver edelsüß
etwas Speiseöl

Zubereitungszeit: 25 Min.
Garzeit: etwa 60 Min.

1. Paprika, Oliven und Kapern in einem Sieb gut abtropfen lassen. Paprika und Oliven grob hacken.

2. Putenbrust unter fließendem kalten Wasser abspülen, trockentupfen und flach auf die Arbeitsfläche legen. Das Fleisch mit dem Frischkäse bestreichen. Paprika, Oliven und Kapern darauf verteilen.

3. Den Braten von der Längsseite her aufrollen und mit Küchengarn fest zusammenbinden. Den Braten mit Salz, Pfeffer und Paprika einreiben und in eine mit Öl ausgestrichene Fettfangschale legen. Die Fettfangschale in den Backofen schieben.

Ober-/Unterhitze: etwa 180 °C (vorgeheizt)
Heißluft: etwa 160 °C (nicht vorgeheizt)
Gas: Stufe 2–3 (nicht vorgeheizt)
Garzeit: etwa 60 Minuten.

4. Den Braten etwa 10 Minuten ruhen lassen, dann das Küchengarn entfernen und den Braten in dünne Scheiben schneiden.

Tipp: Die eingelegten, gerösteten Paprika sind auch unter dem Namen „Pimientos" im Handel. Es sind kleine, scharfe Schoten, die in einem Stück verarbeitet werden. Sie können ersatzweise auch 1 rote Paprikaschote halbieren, entstielen, entkernen, die weißen Scheidewände entfernen, die Schote waschen, in kochendes Wasser geben, 6–8 Minuten kochen lassen, kalt abspülen, die Haut abziehen und die Schote grob hacken.

Vorbereitungstipp: Sie können den Braten bereits am Vorabend so weit vorbereiten und zugedeckt kalt stellen, dass Sie ihn vor dem Verzehr nur noch in den Backofen schieben müssen.

Puten-Pilz-Gulasch | Beliebt

8–10 Portionen

Pro Portion:
E: 38 g, F: 11 g, Kh: 2 g, kJ: 1115, kcal: 267

1 ½ kg Putenfleisch aus der Oberkeule (ohne Knochen)
Salz
frisch gemahlener Pfeffer
2 gestr. TL Paprikapulver edelsüß
5 EL Rapsöl
3 EL Tomatenmark
300 ml Geflügelbrühe oder -fond
1 Bund Thymian
1 EL grüne Pfefferkörner
400 g Champignons
400 g Austernpilze
200 g frische Pfifferlinge (oder aus der Dose)
1 EL rosa Pfefferbeeren

Zubereitungszeit: 50 Min.
Garzeit: etwa 60 Min.

1. Putenfleisch unter fließendem kalten Wasser abspülen und trockentupfen. Fleisch in Würfel schneiden, mit Salz, Pfeffer und Paprikapulver bestreuen.

2. Öl in einem Bräter erhitzen. Fleischwürfel evtl. in 2 Portionen von allen Seiten kräftig darin anbraten. Tomatenmark unterrühren. Brühe oder Fond hinzugießen, zum Kochen bringen und zugedeckt bei schwacher Hitze etwa 60 Minuten garen, dabei ab und zu umrühren.

3. Thymian abspülen und trockentupfen, einige Stängel zum Garnieren beiseite legen. Restliche Thymianstängel mit den Pfefferkörnern nach etwa 30 Minuten Garzeit zum Bratensud geben.

4. Champignons, Austernpilze und Pfifferlinge putzen, mit Küchenpapier abreiben, evtl. kurz abspülen und trockentupfen. Pfifferlinge aus der Dose in einem Sieb gut abtropfen lassen.

5. Die Pilze nach etwa 50 Minuten Garzeit zum Gulasch geben und etwa 10 Minuten mitgaren lassen. Gulasch nochmals mit den Gewürzen abschmecken.

6. Puten-Pilz-Gulasch mit den beiseite gelegten Thymianstängeln und Pfefferbeeren garniert servieren.

Putenstreifen, provenzalische Art

Raffiniert

8 Portionen

Pro Portion:
E: 21 g, F: 15 g, Kh: 7 g, kJ: 1110, kcal: 265

750 g Putenbrust
4 EL Speiseöl
2 Knoblauchzehen
2 TL Salz
frisch gemahlener Pfeffer
getrocknete Kräuter der Provence
2 Gläser Artischockenherzen (Abtropfgewicht je 240 g)
6 mittelgroße Tomaten
3 EL Olivenöl
2 EL Zitronensaft
200 g geriebener Emmentaler
2 EL Basilikumstreifen

Zubereitungszeit: 40 Min.
Überbackzeit: etwa 20 Min.

1. Putenbrust unter fließendem kalten Wasser abspülen, trockentupfen und in breite Streifen schneiden. Speiseöl in einer Pfanne erhitzen und die Putenbruststreifen darin portionsweise von allen Seiten kurz anbraten.

2. Knoblauch abziehen, würfeln, mit Salz zu einer Paste zerreiben und mit den Putenbruststreifen vermengen. Mit Pfeffer und Kräutern der Provence würzen.

3. Artischockenherzen auf ein Sieb geben und gut abtropfen lassen. Tomaten waschen, abtrocknen, halbieren und die Stängelansätze herausschneiden, Tomaten entkernen und in Stücke schneiden.

4. Fleischstreifen, Artischockenherzen und Tomatenstücke in einer großen, flachen Auflaufform verteilen. Olivenöl und Zitronensaft darüber träufeln und Emmentaler darüber streuen.

Ober-/Unterhitze: etwa 200 °C (vorgeheizt)
Heißluft: etwa 180 °C (vorgeheizt)
Gas: Stufe 3–4 (vorgeheizt)
Überbackzeit: etwa 20 Minuten.

5. Den Auflauf vor dem Servieren mit Basilikum bestreuen.

Tipp: Dazu passen Kräuterkartoffeln. Die Tomaten nach Belieben enthäuten.

Quarkauflauf mit Äpfeln | Einfach

12 Portionen

Pro Portion:
E: 16 g, F: 16 g, Kh: 52 g, kJ: 1803, kcal: 431

100 g	*Butter*
200 g	*Zucker*
2 Pck.	*Dr. Oetker Vanillin-Zucker*
4	*Eier (Größe M)*
2 Tropfen	*Zitronen-Aroma*
1 Prise	*Salz*
1 kg	*Magerquark*
200 g	*Hartweizengrieß*
2 Pck.	*Dr. Oetker Pudding-Pulver Vanille-Geschmack*
2 gestr. TL	*Dr. Oetker Backin*
1 kg	*säuerliche Äpfel*
1 TL	*Zitronensaft*
60 g	*Rosinen*
50 g	*Sonnenblumenkerne*
2 EL	*Zimt-Zucker*
60 g	*Butter*

Zubereitungszeit: 40 Min.
Backzeit: etwa 60 Min.

1. Butter mit Handrührgerät mit Rührbesen auf höchster Stufe geschmeidig rühren. Nach und nach Zucker, Vanillin-Zucker, Eier, Aroma, Salz und Quark unterrühren.

2. Grieß mit Pudding-Pulver und Backpulver mischen, portionsweise auf mittlerer Stufe unterrühren.

3. Äpfel waschen, abtrocknen, nach Belieben schälen, vierteln und entkernen. Zwei Äpfel in Spalten, die restlichen Äpfel in Würfel schneiden. Apfelspalten mit Zitronensaft beträufeln. Rosinen und Apfelwürfel unter die Quarkmasse heben. Den Teig in eine große, flache Auflaufform (gefettet) geben und glatt streichen. Apfelspalten auf der Quarkmasse verteilen.

4. Den Auflauf mit Sonnenblumenkernen und Zimt-Zucker bestreuen. Butter in Flöckchen darauf setzen. Die Form auf dem Rost in den Backofen schieben.

Ober-/Unterhitze: 180–200 °C (vorgeheizt)
Heißluft: 160–180 °C (nicht vorgeheizt)
Gas: etwa Stufe 3 (nicht vorgeheizt)
Backzeit: etwa 60 Minuten.

Tipp: Den Auflauf in mehreren kleinen Formen zubereiten.

Quark-Kartoffel-Suppe | Preiswert

8 Portionen

Pro Portion:
E: 12 g, F: 28 g, Kh: 16 g, kJ: 1554, kcal: 370

800 g	*überwiegend fest kochende Kartoffeln*
1	*mittelgroße Zwiebel*
1 Bund	*Kerbel*
50 g	*Butter*
2 l	*Gemüsebrühe*
250 g	*Magerquark*
	Salz
	frisch gemahlener Pfeffer
250 g	*Champignons*
200 g	*magerer Speck*
1 Glas	*Saftwürstchen (Abtropfgewicht 195 g)*
2 EL	*Speiseöl*
1 Bund	*Schnittlauch*

Zubereitungszeit: 70 Min.

1. Kartoffeln waschen, schälen, abspülen und klein schneiden. Zwiebel abziehen und fein würfeln. Kerbel kalt abspülen, trockentupfen, einige Zweige zum Garnieren beiseite legen, die restlichen Blättchen von den Stängeln zupfen und etwas klein schneiden.

2. Butter in einem großen Topf zerlassen. Kartoffel- und Zwiebelwürfel darin andünsten. Gemüsebrühe und Kerbel hinzufügen, alles zum Kochen bringen und etwa 30 Minuten kochen lassen.

3. Die Zutaten dann pürieren. Quark unterrühren. Die Suppe salzen, pfeffern und unter Rühren erhitzen.

4. Champignons putzen, mit Küchenpapier abreiben, evtl. abspülen und abtropfen lassen. Speck, Würstchen und Champignons in dünne Scheiben oder kleine Würfel schneiden.

5. Öl in einer Pfanne erhitzen. Speck darin anbraten. Danach Champignons und Würstchen hinzufügen und ebenfalls anbraten. Die Zutaten in die Suppe geben.

6. Schnittlauch kalt abspülen, trockentupfen und in Röllchen schneiden. Kerbelblättchen von den zurückgelassenen Stängeln zupfen. Die Suppe mit den Kräutern bestreut servieren.

Quark-Nudel-Auflauf | Gut vorzubereiten

8 Portionen

Pro Portion:
E: 32 g, F: 42 g, Kh: 40 g, kJ: 2810, kcal: 676

4 l	*Wasser*
4 gestr. TL	*Salz*
400 g	*Spaghetti*
1 Topf	*Schnittlauch*
500 g	*Magerquark*
300 g	*Crème fraîche*
6	*Eier (Größe M)*
1–2 TL	*gemahlener Kümmel*
	Salz
	frisch gemahlener Pfeffer
4	*geräucherte Mettwürstchen (je 120 g)*
100 g	*durchwachsener Speck*

Zubereitungszeit: 45 Min.
Garzeit: etwa 45 Min.

1. Wasser in einem großen Topf zum Kochen bringen. Salz und Spaghetti hinzugeben und nach Packungsanleitung im geöffneten Topf bissfest garen. Dabei gelegentlich umrühren. Spaghetti in ein Sieb geben, mit Wasser abspülen und abtropfen lassen.

2. Schnittlauch abspülen, trockentupfen und in feine Röllchen schneiden. Einen Esslöffel Schnittlauchröllchen zum Garnieren beiseite legen. Quark mit Crème fraîche, Eiern, Kümmel und Schnittlauchröllchen verrühren, mit Salz und Pfeffer würzen.

3. Mettwürstchen in Scheiben schneiden, mit den Spaghetti unter den Quark heben und in eine große Auflaufform (gefettet) füllen.

4. Speck in dünne Scheiben schneiden, auf die Quark-Spaghetti-Masse geben und die Form auf dem Rost in den Backofen schieben.

Ober-/Unterhitze: 200 °C (vorgeheizt)
Heißluft: 180 °C (nicht vorgeheizt)
Gas: Stufe 3–4 (nicht vorgeheizt)
Garzeit: etwa 45 Minuten.

5. Den Auflauf mit den beiseite gelegten Schnittlauchröllchen bestreuen.

Quarkschichtspeise | Gut vorzubereiten

12 Portionen

Pro Portion:
E: 14 g, F: 17 g, Kh: 36 g, kJ: 1535, kcal: 367

1 kg Magerquark
250 g Crème double
150 g Zucker
100 ml Zitronensaft
100 ml Blutorangensaft (frisch gepresst oder fertig gekauft)
300 g Löffelbiskuit
200 ml Maracujasaft
250 ml (¼ l) Schlagsahne
2 TL Zucker
2 Bio-Orangen (unbehandelt)

Zubereitungszeit: 60 Min., ohne Kühlzeit

1. Quark und Crème double mit Zucker verrühren und in zwei Portionen teilen. Eine Hälfte mit Zitronensaft vermischen, die andere mit Blutorangensaft verrühren. Nach Geschmack noch etwas Zucker hinzufügen.

2. Zwei hohe Glasschüsseln (je etwa 1 l Inhalt) mit je einem Viertel der Löffelbiskuits auslegen und mit je 2 Esslöffeln Maracujasaft beträufeln.

3. Die Hälfte der Blutorangencreme auf die Löffelbiskuits streichen, wieder mit einem Viertel Biskuit belegen, mit Saft beträufeln und die Zitronencreme darauf verteilen. Wieder Biskuit, Orangencreme, Biskuit und schließlich Zitronencreme einschichten. Dabei die Biskuits mit je 2 Esslöffeln Saft beträufeln. Speise mit Frischhaltefolie zudecken und mindestens 3 Stunden gut kühlen.

4. Zur Dekoration Sahne mit Zucker steif schlagen und in großen Tupfern rundherum auf die Creme setzen. Orangen heiß abwaschen, abtrocknen und mit einem Zestenreißer oder einem scharfen Messer von der Orange die Schale in dünnen Fäden reißen oder schneiden und auf die Tuffs streuen.

Tipp: Statt der Schale kandierte Orangenscheiben vierteln und auf die Tuffs setzen. Wenn der Blutorangensaft nicht genügend färbt, die Creme mit Rote-Bete-Saft oder Erdbeersirup färben.

Radieschensalat mit Cocktailwürstchen | Schnell

8 Portionen

Pro Portion:
E: 11 g, F: 31 g, Kh: 6 g, kJ: 1426, kcal: 342

3 Bund	*Radieschen*
1 kleines Glas	*Gewürzgurken (Abtropfgewicht 190 g)*
3	*grüne Paprikaschoten*
600 g	*Cocktailwürstchen (aus dem Kühlregal oder dem Glas)*
1 kleines Glas	*Silberzwiebeln (Abtropfgewicht 185 g)*
3 EL	*Weißwein-Essig*
	Salz
	frisch gemahlener Pfeffer
125 ml (⅛ l)	*Olivenöl*
1 Bund	*Schnittlauch*

Zubereitungszeit: 30 Min.

1. Radieschen putzen, waschen und abtropfen lassen. Gewürzgurken abtropfen lassen, dabei die Gurkenflüssigkeit auffangen. Gewürzgurken und Radieschen in Scheiben schneiden. Paprikaschoten halbieren, entstielen, entkernen und die Scheidewände entfernen. Paprikaschoten waschen, abtropfen lassen und fein würfeln.

2. Cocktailwürstchen evtl. abtropfen lassen und diagonal halbieren. Silberzwiebeln in ein Sieb geben, abtropfen lassen und mit den vorbereiteten Zutaten in einer Schüssel mischen.

3. Essig mit 2–3 Esslöffeln von der Gurkenflüssigkeit verrühren, mit Salz und Pfeffer würzen. Öl unterschlagen. Sauce evtl. nochmals abschmecken und über die Salatzutaten geben. Schnittlauch abspülen, trockentupfen und in Röllchen schneiden. Salat mit Schnittlauchröllchen garniert servieren.

Tipp: Dazu passt ein kräftiges Bauernbrot. Der Salat schmeckt auch gut mit angebratenem Leberkäse.

Ragout von der Lammkeule

Für Gäste

8 Portionen

Pro Portion:
E: 44 g, F: 12 g, Kh: 41 g, kJ: 1889, kcal: 451

1,2 kg	*Lammfleisch aus der Keule, ohne Knochen*
2 Bund	*Frühlingszwiebeln*
je 2	*rote, gelbe und grüne Paprikaschoten*
200 g	*Cocktailtomaten*
600 g	*fest kochende Kartoffeln*
4 EL	*Speiseöl*
	Salz
	frisch gemahlener Pfeffer
	gerebelter Oregano
2	*Knoblauchzehen*
2 EL	*Tomatenmark (etwa 50 g)*
800 ml	*Fleischbrühe*
500 g	*gelbe Linsen*
1 Bund	*glatte Petersilie*

Zubereitungszeit: 65 Min.
Garzeit: etwa 75 Min.

1. Lammfleisch unter fließendem kalten Wasser abspülen, trockentupfen und in gleich große Würfel schneiden.

2. Frühlingszwiebeln putzen, waschen, abtropfen lassen und in etwa 2 cm große Stücke schneiden. Paprika halbieren, entstielen, entkernen, die weißen Scheidewände entfernen. Die Schoten waschen, trockentupfen und in Würfel schneiden. Tomaten waschen, abtrocknen und evtl. die Stängelansätze herausschneiden. Tomaten nach Belieben enthäuten.

3. Kartoffeln waschen, schälen, abspülen und in Würfel schneiden.

4. Speiseöl in einem Bräter erhitzen. Fleischwürfel von allen Seiten kräftig darin anbraten. Mit Salz, Pfeffer und Oregano bestreuen. Knoblauch abziehen, durch eine Knoblauchpresse drücken, zusammen mit dem Tomatenmark unterrühren. Die Hälfte der Brühe hinzugießen und einkochen lassen. Zwiebelstücke, Paprika- und Kartoffelwürfel hinzufügen, unter Rühren kurz mit andünsten.

5. Linsen in den Fleischtopf geben, restliche Brühe hinzugießen. Mit Salz, Pfeffer und Oregano würzen. Die Zutaten zum Kochen bringen und zugedeckt unter gelegentlichem Rühren etwa 75 Minuten garen. Tomaten unterrühren. Mit Salz, Pfeffer und Oregano abschmecken.

6. Petersilie abspülen und trockentupfen. Die Blättchen von den Stängeln zupfen. Blättchen fein hacken. Das Ragout mit Petersilie bestreut servieren.

Beilage: Tomatensalat.

Tipp: Statt gelber Linsen rote Linsen verwenden. Die roten Linsen jedoch erst nach 60 Minuten Garzeit in den Fleischtopf geben, dann zerfallen sie nicht so sehr.

Raukesuppe mit Möhrenklößchen |

Raffiniert

8 Portionen

Pro Portion:
E: 5 g, F: 13 g, Kh: 10 g, kJ: 755, kcal: 180

Für die Möhrenklößchen:

600 g Möhren
2 EL Butter
2 TL Zucker
Salz
100 ml Wasser
2 Eigelb (Größe M)
4 EL Vollkornsemmelbrösel
2 EL Magerquark
etwas Zucker
2 EL gehackte Petersilie
1 l heiße Gemüsebrühe

Für die Suppe:

4 große Bund Rauke (Rucola)
2 Zwiebeln
80 g Butter
1 l Gemüsebrühe
500 ml (½ l) Buttermilch
Salz
frisch gemahlener Pfeffer

Zubereitungszeit: 80 Min.

1. Für die Möhrenklößchen Möhren putzen, schälen, waschen und in Würfel schneiden. Möhren mit Butter, Zucker, Salz und Wasser in einen Topf geben, zum Kochen bringen und zugedeckt etwa 15 Minuten garen. Die Möhren dann abgießen und durch ein Sieb streichen.

2. Das Möhrenpüree mit Eigelb, Semmelbröseln und Quark mischen und mit Salz und Zucker abschmecken. Petersilie unterrühren.

3. Aus der Masse mit 2 Teelöffeln kleine Klößchen abstechen, portionsweise in die heiße Gemüsebrühe geben (die Brühe darf nicht kochen) und die Klößchen in etwa 5 Minuten gar ziehen lassen.

4. Die garen Klößchen mit einer Schaumkelle aus der Brühe nehmen und warm stellen. Die Brühe durch ein Sieb gießen und 500 ml (½ l) davon abmessen.

5. Für die Suppe Rauke putzen, waschen, abtropfen lassen oder trockenschleudern und in feine Streifen schneiden.

6. Zwiebeln abziehen und fein würfeln. Butter in einem großen Topf zerlassen. Zwiebelwürfel darin andünsten. Gemüsebrühe, die abgemessene Brühe von den Klößchen und Buttermilch hinzugießen und zum Kochen bringen. Mit Salz und Pfeffer würzen.

7. Die Rauke dazugeben und die Suppe kurz pürieren. Die Suppe auf vorgewärmte Suppentassen verteilen und mit den Möhrenklößchen servieren.

Vorbereitungstipp: Sie können die Möhrenklößchen bereits am Vortag zubereiten und einzeln nebeneinander gelegt zugedeckt kalt stellen oder einfrieren. Die Klößchen dann vor dem Verzehr in der Brühe garen (die gefrorenen Klößchen unaufgetaut hineingeben).

Ratatouille-Suppe | Vegetarisch

8 Portionen

Pro Portion:
E: 3 g, F: 8 g, Kh: 7 g, kJ: 477, kcal: 114

2	*kleine Auberginen (je etwa 200 g)*
2	*kleine Zucchini (je etwa 200 g)*
1	*Gemüsezwiebel (etwa 200 g)*
2	*Knoblauchzehen*
je 1	*rote und gelbe Paprikaschote (je etwa 200 g)*
einige Zweige	*Thymian*
6 EL	*Olivenöl*
1 Dose (800 g)	*geschälte Tomaten*
1¼ l	*Gemüsebrühe*
	Salz
	frisch gemahlener Pfeffer
	Paprikapulver edelsüß

Zubereitungszeit: 75 Min.

1. Auberginen und Zucchini waschen, Stängelansätze und Enden abschneiden und beide Zutaten in Würfel schneiden. Gemüsezwiebel und Knoblauch abziehen und würfeln.

2. Paprikaschoten halbieren, entstielen, entkernen, die weißen Scheidewände entfernen, die Schoten waschen und ebenfalls in Würfel schneiden. Thymian kalt abspülen, trockentupfen und die Blättchen von den Stängeln zupfen. Jeweils etwa 100 g der Auberginen-, Zucchini- und Paprikawürfel zum Garnieren beiseite stellen.

3. Die Hälfte des Öls in einem Topf erhitzen. Zwiebel-, Knoblauch- und Gemüsewürfel darin unter Rühren andünsten. Tomaten mit der Flüssigkeit, Gemüsebrühe und Thymianblättchen hinzufügen, alles zum Kochen bringen und etwa 20 Minuten bei schwacher Hitze kochen lassen.

4. Die Suppe anschließend pürieren und mit Salz, Pfeffer und Paprikapulver würzen. Die zurückgelassenen Gemüsewürfel in dem restlichem Öl anbraten und in die Suppe geben.

Räucherfisch-Rahmsuppe | Raffiniert

8 Portionen

Pro Portion:
E: 26 g, F: 30 g, Kh: 24 g, kJ: 2057, kcal: 491

300 g	*Knollensellerie*
2	*Zwiebeln*
60 g	*Butter oder Margarine*
3 EL	*Weizenmehl*
1,6 l	*Gemüsebrühe*
1 Dose	*rote Bohnen (Abtropfgewicht 550 g)*
1 Glas (400 ml)	*Fischfond*
400 ml	*Schlagsahne*
je 150 g	*Räucheraalfilet, Schillerlocken und geräucherte Forellenfilets*
	Salz
	frisch gemahlener Pfeffer

Zubereitungszeit: 65 Min.

1. Sellerie putzen, schälen und waschen. Zwiebeln abziehen. Beide Zutaten in kleine Würfel schneiden.

2. Butter oder Margarine in einem großen Topf erhitzen. Zwiebel- und Selleriewürfel darin andünsten.

3. Mehl darüber stäuben und verrühren. Gemüsebrühe hinzugießen, alles zum Kochen bringen und etwa 20 Minuten kochen lassen.

4. Bohnen in ein Sieb geben, kalt abspülen, abtropfen lassen und mit Fischfond und Sahne hinzufügen. Alles noch weitere 10 Minuten bei schwacher Hitze kochen lassen.

5. In der Zwischenzeit den Fisch in Stücke schneiden, in die Suppe geben und kurz miterhitzen. Die Suppe mit Salz und Pfeffer würzen.

Reis-Gemüse-Gratin | Preiswert

8 Portionen

Pro Portion:
E: 12 g, F: 18 g, Kh: 46 g, kJ: 1745, kcal: 417

500 g Naturreis
1 ½ l Salzwasser
4 mittelgroße Zucchini (je etwa 200 g)
2 Zwiebeln
3 Knoblauchzehen
6 EL Olivenöl
Salz
frisch gemahlener Pfeffer
getrocknete, italienische Kräuter
50 g Butter
Paprikapulver edelsüß
8 mittelgroße Tomaten
250 g Mozzarella

Zubereitungszeit: 50 Min.
Überbackzeit: etwa 15 Min.

1. Reis in das kochende Salzwasser geben, zum Kochen bringen und nach Packungsanleitung ausquellen lassen.

2. In der Zwischenzeit Zucchini waschen, abtrocknen, die Enden abschneiden und Zucchini in etwa ½ cm dicke Scheiben schneiden. Zwiebeln und Knoblauch abziehen und fein würfeln.

3. Öl in einem großen Topf erhitzen und Zwiebel- und Knoblauchwürfel darin andünsten. Die Zucchinischeiben hinzufügen und mitdünsten. Mit Salz, Pfeffer und Kräutern würzen.

4. Den garen Reis auf ein Sieb geben, mit lauwarmem Wasser übergießen und abtropfen lassen. Reis in eine große, flache Auflaufform geben. Butter unter den Reis rühren, mit Salz, Pfeffer und Paprikapulver würzen und glatt streichen.

5. Tomaten waschen, abtrocknen, die Stängelansätze herausschneiden und Tomaten in Scheiben schneiden. Die Tomatenscheiben als Kreis auf den Reis legen und mit Salz, Pfeffer und Kräutern bestreuen. Zucchinischeiben in die Mitte geben.

6. Mozzarella abtropfen lassen, in kleine Stücke schneiden und auf dem Gemüse verteilen. Die Form auf dem Rost in den Backofen schieben.

Ober-/Unterhitze: etwa 220 °C (vorgeheizt)
Heißluft: etwa 200 °C (vorgeheizt)
Gas: Stufe 4–5 (vorgeheizt)
Überbackzeit: etwa 15 Minuten.

Reissalat „Balkan“ | Gut vorzubereiten

12 Portionen

Pro Portion:
E: 10 g, F: 14 g, Kh: 43 g, kJ: 1385, kcal: 330

Für den Salat:
1 l Gemüsebrühe
500 g Reismischung (85 % Parboiled Langkorn, 15 % Wildreis)
1 Dose Gemüsemais (Abtropfgewicht 285 g)
1 Dose Erbsen (Abtropfgewicht 280 g)
2 rote Paprikaschoten (je etwa 160 g)
4 Frühlingszwiebeln

Für das Dressing:
2 TL Sambal Oelek
2 TL Salz
2 TL Paprikapulver edelsüß
4 EL Weißweinessig
6 EL Olivenöl
100 g Tomatenmark
125 ml (⅛ l) Schlagsahne

250 g Schafkäse

Zubereitungszeit: 40 Min., ohne Durchziehzeit

1. Für den Salat Gemüsebrühe zum Kochen bringen, die Reismischung darin etwa 20 Minuten garen, auf ein Sieb geben und mit kaltem Wasser abschrecken. Den Reis gut abtropfen lassen und in eine große Schüssel geben.

2. Mais und Erbsen auf einem Sieb abtropfen lassen und zum Reis geben.

3. Paprikaschoten halbieren, entstielen, entkernen und die weißen Scheidewände entfernen, Schoten waschen und in Würfel schneiden. Frühlingszwiebeln putzen, waschen und in feine Ringe schneiden. Gemüse zum Reis geben und vermischen.

4. Für das Dressing Sambal Oelek, Salz, Paprikapulver und Essig miteinander verrühren. Öl, Tomatenmark und Schlagsahne unterrühren. Den Salat mit dem Dressing verrühren, evtl. nochmals abschmecken und einige Stunden gut durchziehen lassen.

5. Schafkäse würfeln oder in kleine Stücke brechen, teilweise unter den Salat heben und den Rest darauf anrichten.

Rinderchili | Einfach
8–10 Portionen

Pro Portion:
E: 38 g, F: 18 g, Kh: 19 g, kJ: 1649, kcal: 393

1,4 kg	*Rindfleisch aus der Schulter*
	Salz
	frisch gemahlener Pfeffer
5 EL	*Olivenöl*
2	*Gemüsezwiebeln (etwa 700 g)*
1 Dose	*Tomatenstücke (Einwaage 400 g)*
200 ml	*milde Chilisauce*
1 Bund	*glatte Petersilie*
2 Dosen	*Chili-Bohnen (Abtropfgewicht je 425 g)*
½–1 TL	*Chilipulver*

Zum Garnieren:

je 1 rote und grüne Chilischote

Zubereitungszeit: 75 Min.
Garzeit: etwa 1 Std.

1. Rindfleisch unter fließendem kalten Wasser abspülen, trockentupfen und in 2 cm große Würfel schneiden. Fleischwürfel mit Salz und Pfeffer bestreuen.

2. Öl in 2 Portionen in einem Bräter erhitzen. Fleischwürfel in 2 Portionen von allen Seiten darin anbraten.

3. Zwiebeln abziehen, in kleine Würfel schneiden, zu den Fleischwürfeln geben und mitbraten. Tomatenstücke mit Flüssigkeit und Chilisauce hinzugeben. Die Zutaten zum Kochen bringen und zugedeckt bei schwacher Hitze etwa 1 Stunde garen. Eingekochte Flüssigkeit evtl. durch Wasser ergänzen.

4. Petersilie abspülen und trockentupfen. Die Blättchen von den Stängeln zupfen, einige Blättchen zum Garnieren beiseite legen. Restliche Blättchen fein hacken. Chili-Bohnen mit Flüssigkeit und der Petersilie zum Rindfleisch geben und aufkochen lassen. Rinderchili nochmals mit den Gewürzen scharf abschmecken. Chili mit den beiseite gelegten Petersilienblättchen und nach Belieben mit Chilischoten garniert servieren.

Beilage: Kleine Ciabatta- oder Graubrotscheiben mit Paprikaquark. Für den Paprikaquark 250 g Magerquark mit 1 Teelöffel Paprikapulver edelsüß verrühren und mit Salz und Pfeffer abschmecken.

Rinderpörkölt in Biersauce

Für Gäste

8 Portionen

Pro Portion:

E: 25 g, F: 11 g, Kh: 18 g, kJ: 1152, kcal: 275

1 kg	*Rindfleisch aus der Schulter*
500 g	*frische Perlzwiebeln*
oder 1 Glas	*eingelegte Perlzwiebeln (Abtropfgewicht 300 g)*
500 g	*Staudensellerie*
5	*Möhren (etwa 500 g)*
4 EL	*Speiseöl*
	Salz
	frisch gemahlener Pfeffer
500 ml (½ l)	*Gemüsebrühe*
2 EL	*Tomatenmark (etwa 50 g)*
500 ml (½ l)	*Malzbier (dunkles Bier)*
1 Bund	*Oregano*

Zubereitungszeit: 55 Min.

1. Rindfleisch unter fließendem kalten Wasser abspülen, trockentupfen und in Würfel schneiden. Frische Perlzwiebeln abziehen. Eingelegte Perlzwiebeln auf einem Sieb abtropfen lassen, dann etwa 1 Stunde in kaltes Wasser legen, um den Essiggeschmack zu mildern.

2. Sellerie putzen und die harten Außenfäden abziehen. Sellerie waschen, abtropfen lassen und in Würfel schneiden. Möhren putzen, schälen, waschen, abtropfen lassen und ebenfalls in Würfel schneiden.

3. Speiseöl in einem großen Bräter erhitzen und Fleischwürfel von allen Seiten kräftig darin anbraten. Mit Salz und Pfeffer bestreuen. Die Hälfte der Brühe hinzugießen, zum Kochen bringen und zugedeckt etwa 40 Minuten kochen lassen. Perlzwiebeln, Sellerie- und Möhrenwürfel hinzugeben. Tomatenmark unterrühren. Restliche Brühe und Malzbier hinzugießen, zum Kochen bringen und zugedeckt weitere etwa 30 Minuten garen, dabei gelegentlich umrühren.

4. Oregano abspülen und trockentupfen. Die Blättchen von den Stängeln zupfen und Oreganoblättchen unterrühren. Mit Salz und Pfeffer abschmecken.

Beilage: Kartoffelpüree mit gebratenen Zwiebelringen.

Rindfleischtopf mit Rotwein I

Mit Alkohol

8 Portionen

Pro Portion:

E: 35 g, F: 14 g, Kh: 14 g, kJ: 1466, kcal: 350

1,4 kg Rindfleisch aus der Schulter (ohne Knochen)
5 EL Speiseöl
3 EL Tomatenmark
1,5 l Fleischbrühe
4 Möhren (etwa 400 g)
2 Kohlrabi (etwa 400 g)
½ Knollensellerie (300 g)
500 g fest kochende Kartoffeln
2 Gemüsezwiebeln (etwa 400 g)
400 ml trockener Rotwein
Salz
frisch gemahlener Pfeffer
gerebelter Thymian
1 EL mittelscharfer Senf

Zubereitungszeit: 65 Min.
Garzeit: etwa 1½ Std.

1. Rindfleisch unter fließendem kalten Wasser abspülen, trockentupfen und in kleine Würfel schneiden. Jeweils die Hälfte des Speiseöls in einem Bräter erhitzen. Fleischwürfel in 2 Portionen von allen Seiten gut darin anbraten. Tomatenmark unterrühren und kurz mit andünsten. Etwas von der Brühe hinzugießen, zum Kochen bringen, unter gelegentlichem Rühren etwas einkochen lassen.

2. Möhren, Kohlrabi und Sellerie putzen, schälen, waschen, abtropfen lassen und in große Würfel schneiden. Kartoffeln waschen, schälen, abspülen und ebenfalls in große Würfel schneiden. Zwiebeln abziehen und fein würfeln.

3. Vorbereitete Gemüsewürfel zu den Fleischwürfeln geben und mit andünsten. Restliche Brühe und Rotwein hinzugießen. Mit Salz, Pfeffer, Thymian und Senf würzen. Die Zutaten zum Kochen bringen und zugedeckt bei schwacher Hitze etwa 1½ Stunden kochen lassen.

4. Den Rindfleischtopf mit den Gewürzen abschmecken und sofort servieren.

Tipp: Den Fleischtopf können Sie auch mit Schweine- oder Lammschulter zubereiten. Noch würziger schmeckt er, wenn die Fleischstücke am Vortag in Rotwein eingelegt werden.

Abwandlung: Der Rindfleischtopf kann auch mit einer anderen Gemüsemischung zubereitet werden wie z. B. mit 3 Stangen Staudensellerie, 500 g Möhren, 500 g enthäuteten geviertelten Tomaten, 5 großen Zwiebeln und 1 Glas (200 g) schwarzen Oliven. Dann den Rotwein durch 1 l Gemüsebrühe und 250 ml (¼ l) Weißwein ersetzen.
Zusätzlich mit je 1 Esslöffel Thymian-, Rosmarin- und Petersilienblättchen würzen.

Beilage: Bauernbrot oder ofenfrisches Baguette.

Rosenkohlauflauf mit Bratwurstklößchen | Preiswert

8 Portionen

Pro Portion:
E: 20 g, F: 30 g, Kh: 9 g, kJ: 1662, kcal: 398

1 ½ kg Rosenkohl
250 g kleine Zwiebeln oder Schalotten
Salzwasser
50 g Butter oder Margarine
2 TL Zucker
125 ml (⅛ l) Gemüsebrühe
Salz
frisch gemahlener Pfeffer
geriebene Muskatnuss
150 g Tomatenpaprika (aus dem Glas)
5 frische Kalbsbratwürste (etwa 600 g)
250 g mittelalter Gouda

Zubereitungszeit: 60 Min.
Überbackzeit: etwa 25 Min.

1. Rosenkohl von den schlechten äußeren Blättern befreien, etwas vom Strunk abschneiden und die Rosenkohlröschen am Strunk kreuzförmig einschneiden, waschen und abtropfen lassen. Zwiebeln oder Schalotten abziehen und je nach Größe evtl. halbieren.

2. Rosenkohl und Zwiebeln oder Schalotten in kochendes Salzwasser geben und 10–15 Minuten kochen lassen. Das Gemüse auf ein Sieb geben und abtropfen lassen.

3. Butter oder Margarine in einem Topf zerlassen. Zucker hinzufügen und leicht bräunen lassen. Zwiebeln und Rosenkohl darin andünsten. Gemüsebrühe hinzugießen, mit Salz, Pfeffer und Muskat würzen, zum Kochen bringen und einmal aufkochen lassen.

4. Tomatenpaprika auf einem Sieb abtropfen lassen und fein würfeln. Die Bratwurstmasse aus der Haut drücken und mit den Paprikawürfeln mischen. Aus der Masse mit 2 Teelöffeln kleine Klößchen abstechen. Die Klößchen in kochendes Salzwasser geben und etwa 5 Minuten garen. Die Klößchen dann abtropfen lassen.

5. Das Gemüse mit der Brühe in eine große Auflaufform geben und mit den Bratwurstklößchen mischen. Gouda reiben und darüber streuen. Die Form auf dem Rost in den Backofen schieben und den Auflauf goldbraun überbacken.

Ober-/Unterhitze: etwa 200 °C (vorgeheizt)
Heißluft: etwa 180 °C (vorgeheizt)
Gas: Stufe 3–4 (vorgeheizt)
Überbackzeit: etwa 25 Minuten.

Vorbereitungstipp: Sie können Rosenkohl und Bratwurstklößchen bereits am Vortag zubereiten, in die Form geben und zugedeckt kalt stellen. Am Verzehrtag mit Käse bestreuen und wie oben angegeben überbacken. Dann verlängert sich die Überbackzeit um 5–10 Minuten.

Tipp: Dazu Kartoffelbrei servieren.

Rosenkohl-Hackfleisch-Topf |

Einfach

8 Portionen

Pro Portion:
E: 39 g, F: 39 g, Kh: 27 g, kJ: 2568, kcal: 613

4 EL	*Speiseöl*
1,2 kg	*Rindergehacktes*
4 EL (etwa 100 g)	*Tomatenmark*
2 Pck.	*Gemüsecremesuppe (für insgesamt 1 l Flüssigkeit)*
1 kg	*TK-Rosenkohl*
1 Pck.	*Kartoffelpüree (für ½ l Flüssigkeit)*
	Salz
	frisch gemahlener Pfeffer
100 g	*Semmelbrösel*
100 g	*Butter*
150 g	*durchwachsener Speck*
1 Topf	*Majoran*

Zubereitungszeit: 40 Min., ohne Auftauzeit
Garzeit: etwa 10 Min.
Backzeit: etwa 25 Min. je Form

1. Speiseöl in einer großen Pfanne erhitzen. Gehacktes evtl. in 2 Portionen hinzufügen und unter ständigem Rühren darin anbraten, dabei die Fleischklümpchen mit einer Gabel zerdrücken. Tomatenmark unterrühren. Gemüsecremesuppe nach Packungsanleitung zubereiten und hinzufügen.

2. Aufgetauten Rosenkohl zur Hackfleischmasse geben und unter Rühren etwa 10 Minuten garen. Pürreepulver hinzufügen und unter Rühren aufkochen lassen. Mit Salz und Pfeffer würzen. Die Hackfleisch-Rosenkohl-Masse in zwei große flache Auflauf- oder Gratinformen geben. Mit Semmelbröseln bestreuen. Butterflöckchen darauf verteilen.

3. Die Formen nacheinander (bei Heißluft zusammen) auf dem Rost in den Backofen schieben.

Ober-/Unterhitze: etwa 180 °C (vorgeheizt)
Heißluft: etwa 160 °C (vorgeheizt)
Gas: Stufe 2–3 (vorgeheizt)
Backzeit: etwa 25 Minuten je Form.

4. Speck in kleine Würfel schneiden und in einer Pfanne knusprig ausbraten. Majoran abspülen und trockentupfen. Die Blättchen von den Stängeln zupfen. Blättchen fein hacken.

5. Die Speckwürfel vor dem Servieren auf dem Hackfleischtopf verteilen und mit Majoran servieren.

Tipp: Der Hackfleisch-Topf kann auch mit Gehacktem, halb Rind-, halb Schweinefleisch, zubereitet werden.

Rot-grüne Paprikasuppe I

Dauert länger

12 Portionen

Pro Portion:
E: 5 g, F: 23 g, Kh: 21 g, kJ: 1351, kcal: 322

5	*rote Paprikaschoten (etwa 700 g)*
5	*grüne Paprikaschoten (etwa 700 g)*
800 g	*Kartoffeln, vorwiegend fest kochend*
1	*Zwiebel*
1 Bund	*Frühlingszwiebeln*
2 Bund	*Liebstöckel*
120 g	*Butter*
1 EL	*Paprikapulver edelsüß*
4 geh. EL (etwa 80 g)	*Weizenmehl*
3 l	*Gemüsebrühe*
500 ml (½ l)	*Schlagsahne*
	Salz
	frisch gemahlener Pfeffer

Zubereitungszeit: 100 Min.

1. Eine rote und eine grüne Paprikaschote für die Einlage zurücklegen. Restliche Paprikaschoten halbieren, entstielen, entkernen, die weißen Scheidewände entfernen, Schoten waschen, grob zerkleinern und rote und grüne Paprikastücke trennen. Kartoffeln waschen, schälen, abspülen, klein schneiden und in 2 Portionen teilen.

2. Zwiebel abziehen, in Würfel schneiden und zu den roten Paprikastücken geben. Frühlingszwiebeln putzen, waschen, in feine Ringe schneiden und zu den grünen Paprikastücken geben. Liebstöckel abspülen, trockentupfen und zu den grünen Paprikastücken geben.

3. In 2 Töpfen jeweils die Hälfte der Butter erhitzen. In dem einen Topf Gemüsezutaten und Kartoffeln für die rote Suppe, in dem anderen Gemüsezutaten und Kartoffeln für die grüne Suppe andünsten.

4. Rote Paprikastücke mit Paprikapulver und der Hälfte des Mehls bestäuben, die grünen Paprikastücke nur mit der anderen Hälfte des Mehls bestäuben. Beide Gemüse mit jeweils 1½ l Gemüsebrühe und jeweils ¼ l Sahne auffüllen und etwa 40 Minuten unter gelegentlichem Rühren bei schwacher Hitze zugedeckt köcheln lassen.

5. Rote und grüne Suppe getrennt voneinander pürieren und mit Salz und Pfeffer abschmecken.

6. Zurückgelegte Paprikaschoten halbieren, entstielen, entkernen, die weißen Scheidewände entfernen. Schoten waschen, in kleine Würfel schneiden und in Salzwasser 5 Minuten kochen.

7. Zum Servieren zunächst die rote Suppe, dann die grüne in Teller füllen und beide Suppen mit einer Gabel leicht marmorieren. Zum Schluss mit den Paprikawürfeln garnieren und die Suppe servieren.

Tipp: Dazu Weißbrotscheiben servieren.

Rote Bohnensuppe | Gut vorzubereiten

8 Portionen

Pro Portion:
E: 53 g, F: 39 g, Kh: 59 g, kJ: 3462, kcal: 826

750 g	*getrocknete rote Bohnen*
3½ l	*kaltes Wasser*
1 kg	*geräucherte Dicke Rippe*
4	*Rauchenden (Mettwürste)*
4 Stangen	*Porree (Lauch)*
4	*Möhren*
1 kg	*Kartoffeln*
12–14 TL	*körnige Instant-Fleischbrühe*
1–1½ Becher (150–225 g)	*Crème fraîche*
	Salz
	frisch gemahlener Pfeffer
einige	*Zweige Majoran*

Zubereitungszeit: 2½ Std., ohne Einweichzeit

1. Bohnen in dem Wasser 12–24 Stunden einweichen.

2. Dicke Rippe und Rauchenden unter fließendem kalten Wasser abspülen. Die Bohnen mit dem Einweichwasser in einen großen Topf geben, Fleisch und Rauchenden hinzufügen, alles zum Kochen bringen und in 75–90 Minuten knapp gar kochen lassen.

3. In der Zwischenzeit Porree putzen, längs halbieren, gründlich waschen und in Streifen schneiden. Möhren putzen, schälen, waschen und in Stifte schneiden. Kartoffeln waschen, schälen, abspülen und würfeln.

4. Porreestreifen, Möhrenstifte und Kartoffelwürfel mit der Instant-Fleischbrühe in die Suppe geben, wieder zum Kochen bringen und noch etwa 15 Minuten kochen lassen.

5. Fleisch und Rauchenden aus der Suppe nehmen, klein schneiden, mit Crème fraîche wieder in die Suppe geben und erhitzen. Die Suppe mit Salz und Pfeffer würzen.

6. Majoran kalt abspülen, trockentupfen, die Blättchen von den Stängeln zupfen und die Suppe damit garnieren.

Rote Grütze | Klassisch

12 Portionen

Pro Portion:
E: 3 g, F: 1 g, Kh: 44 g, kJ: 885, kcal: 211

500 g Brombeeren
500 g Himbeeren
500 g Johannisbeeren
500 g Erdbeeren (alle Früchte vorbereitet gewogen)
70 g Speisestärke
200 g Zucker
1 l Fruchtsaft, z. B. Sauerkirsch- oder Johannisbeersaft

Zubereitungszeit: etwa 45 Min., ohne Kühlzeit

1. Brombeeren und Himbeeren verlesen, vorsichtig waschen und gut abtropfen lassen. Johannisbeeren und Erdbeeren waschen, gut abtropfen lassen und entstielen. Je nach Größe der Früchte diese halbieren oder vierteln.

2. Speisestärke mit Zucker vermischen, dann mit 4 Esslöffeln von dem Saft anrühren. Den restlichen Saft in einem Topf zum Kochen bringen. Die angerührte Stärke unterrühren, aufkochen lassen und den Topf von der Kochstelle nehmen. Die Beeren unterrühren.

3. Die Rote Grütze in eine Glasschale oder in Dessertschälchen füllen und kalt stellen.

Tipp: Die Rote Grütze als Dessert mit Vanillesauce oder Sahne servieren.
Sie können die Grütze auch mit TK-Beeren zubereiten. Die gefrorenen Früchte dann in den heißen, angedickten Saft rühren.

Abwandlung: Für eine Grüne Grütze 1 kg Stachelbeeren waschen, gut abtropfen lassen und Blüten- und Stängelansätze entfernen. 500 g Kiwis schälen, halbieren und in Stücke schneiden. 500 g kernlose grüne Weintrauben waschen, abtropfen lassen, entstielen und große Trauben halbieren. 40 g Speisestärke mit 300 g Zucker vermischen. Von 750 ml (¾ l) hellem Traubensaft 8 Esslöffel abnehmen und mit der Stärke-Zucker-Mischung verrühren. Den restlichen Saft zum Kochen bringen, angerührte Stärke unterrühren und aufkochen lassen. Stachelbeeren und Weintrauben unterrühren, einmal kurz aufkochen lassen, den Topf von der Kochstelle nehmen und Kiwis unterrühren. Die Grütze in eine Schale füllen und kalt stellen.

Sächsische Bohnensuppe | Preiswert

8 Portionen

Pro Portion:
E: 12 g, F: 22 g, Kh: 20 g, kJ: 1429, kcal: 340

2¼ l Fleisch- oder Gemüsebrühe
750 g Kartoffeln
1,2 kg grüne Bohnen
1 Bund Bohnenkraut
150 g durchwachsener Speck
3 Zwiebeln
200 g Champignons
225–300 g Crème fraîche
150 g Rinder-Saftschinken oder geräucherter Schinken
Salz
frisch gemahlener Pfeffer
4 EL gehackte Petersilie

Zubereitungszeit: 75 Min.

1. Brühe in einem großen Topf zum Kochen bringen.

2. In der Zwischenzeit Kartoffeln schälen, waschen, abspülen und in Würfel schneiden. Von den Bohnen die Enden abschneiden, Bohnen evtl. abfädeln, waschen und in Stücke schneiden. Bohnenkraut kalt abspülen.

3. Kartoffeln, Bohnen und Bohnenkraut in die kochende Brühe geben, alles wieder zum Kochen bringen und etwa 15 Minuten kochen lassen. Dann das Bohnenkraut entfernen.

4. In der Zwischenzeit Speck in Würfel schneiden. Zwiebeln abziehen und ebenfalls würfeln. Champignons putzen, mit Küchenpapier abreiben, evtl. abspülen und blättrig schneiden.

5. Speck- und Zwiebelwürfel in einer Pfanne anrösten und mit den Champignons in die Suppe geben.

6. Crème fraîche unterrühren. Schinken in Streifen schneiden, ebenfalls in die Suppe geben. Die Suppe mit Salz und Pfeffer würzen und mit Petersilie bestreut servieren.

Tipp: Binden Sie das Bohnenkraut mit einem Zwirnsfaden zu einem Sträußchen zusammen, so lässt es sich nachher besser entfernen.

Salami-Pfirsich-Pizza | Fruchtig

8–10 Portionen

Pro Portion:
E: 17 g, F: 16 g, Kh: 59 g, kJ: 1878, kcal: 448

Für den Hefeteig:

600 g Weizenmehl
1 Pck. (42 g) frische Hefe
½ TL Zucker
300 ml lauwarmes Wasser
2 gestr. TL Salz
4 EL Olivenöl

Für den Belag:

1 Dose Pfirsichhälften (Abtropfgewicht 470 g)
250 g Mozzarella-Käse
1 Dose passierte Tomaten (400 g)
Salz
frisch gemahlener Pfeffer
2 TL gerebelter Oregano
120 g italienische Salami in hauchdünnen Scheiben
1 Bund Basilikum

Zubereitungszeit: 50 Min., ohne Teiggehzeit
Backzeit: etwa 20 Min. je Blech

1. Für den Teig Mehl in eine Rührschüssel sieben und in die Mitte eine Vertiefung drücken. Hefe hineinbröckeln, mit Zucker mischen, mit etwas von dem Wasser anrühren und etwa 10 Minuten stehen lassen.

2. Restliches Wasser, Salz und Öl hinzufügen und alles mit Handrührgerät mit Knethaken in etwa 5 Minuten zu einem glatten Teig verkneten. Den Teig zugedeckt an einem warmen Ort gehen lassen, bis er sich sichtbar vergrößert hat.

3. In der Zwischenzeit für den Belag Pfirsiche in einem Sieb gut abtropfen lassen und die Hälften in Spalten schneiden. Mozzarella ebenfalls abtropfen lassen und in Scheiben schneiden.

4. Den Teig auf der leicht bemehlten Arbeitsfläche nochmals durchkneten und halbieren. Jede Teighälfte auf einem Backblech (30 x 40 cm, gefettet) ausrollen, mit den passierten Tomaten bestreichen und mit Salz, Pfeffer und Oregano bestreuen.

5. Salamischeiben, Pfirsichspalten und Mozzarellascheiben darauf verteilen. Die Backbleche nacheinander (bei Heißluft zusammen) in den Backofen schieben.

Ober-/Unterhitze: etwa 200 °C (vorgeheizt)
Heißluft: etwa 180 °C (vorgeheizt)
Gas: Stufe 3–4 (vorgeheizt)
Backzeit: etwa 20 Minuten je Blech.

6. In der Zwischenzeit Basilikum abspülen, trockentupfen und die Blättchen von den Stängeln zupfen. Die Basilikumblättchen vor dem Servieren auf den Pizzen verteilen.

Tipp: Die Pizza gelingt am besten bei Ober- und Unterhitze. Die Backbleche nacheinander im unteren Drittel in den Backofen einschieben. Die Pizzen vor dem Backen nach Belieben zusätzlich mit geriebenem Gouda-Käse bestreuen.

Salsa-Suppe | Raffiniert

8 Portionen

Pro Portion:
E: 20 g, F: 12 g, Kh: 52 g, kJ: 1733, kcal: 414

1 Bund	*Frühlingszwiebeln*
1 Dose	*Kidneybohnen (Abtropfgewicht 500 g)*
1 Dose	*Gemüsemais (Abtropfgewicht 265 g)*
2 EL	*Speiseöl*
etwa 40 g	*Weizenmehl*
1 l	*Gemüsebrühe*
700 ml	*Tomaten-Chili-Sauce (z. B. Texicana Salsa)*
1 Glas (330 g)	*Ajwar (Paprikapaste)*
	Salz
	frisch gemahlener Pfeffer
1 Pck. (25 g)	*TK-Petersilie*

Zubereitungszeit: 35 Min.

1. Frühlingszwiebeln putzen, waschen und in Ringe schneiden. Kidneybohnen und Mais in ein Sieb geben, kalt abspülen und abtropfen lassen.

2. Öl in einem Topf erhitzen. Die Frühlingszwiebelringe darin andünsten. Mit Mehl bestäuben, mit Gemüsebrühe ablöschen und glatt rühren. Tomaten-Chili-Sauce, Ajwar, Kidneybohnen und Mais nacheinander in die Suppe geben und erhitzen.

3. Die Suppe etwa 10 Minuten kochen lassen, anschließend mit Salz und Pfeffer würzen. Mit Petersilie bestreut servieren.

Beilage: Fladenbrot.

Sandwichplatte vegetarisch |

Gut vorzubereiten

12 Portionen

Gorgonzola-Birnen-Sandwich

Pro Portion:
E: 2 g, F: 1 g, Kh: 18 g, kJ: 363, kcal: 87

12 Scheiben Sandwichtoast
1 Dose Birnenhälften (Abtropfgewicht 480 g)
6 EL Birnensaft
300 g Gorgonzola-Käse
frisch gemahlener Pfeffer
einige vorbereitete Salatblätter
einige Birnenstückchen
Paprikapulver edelsüß

Zubereitungszeit: 30 Min., ohne Kühlzeit

1. Von den Sandwichscheiben die Rinden abschneiden. Birnenhälften auf einem Sieb abtropfen lassen, den Saft dabei auffangen. Birnenhälften in kleine Würfel schneiden. 6 Esslöffel Birnensaft mit Gorgonzola pürieren. Birnenwürfel unterheben und mit Pfeffer und Paprika würzen.

2. 6 Sandwichscheiben mit etwas von der Gorgonzola-Birnen-Creme bestreichen, Salatblätter darauf verteilen und die restliche Creme darauf verteilen. Mit den 6 restlichen Sandwichscheiben belegen, fest andrücken, in Frischhaltefolie wickeln, beschweren und etwa 1 Stunde kalt stellen.

3. Sandwiches aus der Folie nehmen und zweimal diagonal durchschneiden, so dass jeweils 4 kleine Sandwiches entstehen.

4. Sandwiches mit Birnenstückchen belegen und mit Paprika bestreuen, auf einer Platte anrichten.

Ricotta-Rucola-Sandwich

Pro Portion:
E: 4 g, F: 4 g, Kh: 10 g, kJ: 401, kcal: 96

12 Scheiben Sandwichtoast
250 g Rucola (Rauke)
250 g Ricotta oder Frischkäse
6 Cocktailtomaten
Salz
frisch gemahlener Pfeffer

Zubereitungszeit: 25 Min., ohne Kühlzeit

1. Von den Sandwichtoastscheiben die Rinden abschneiden. Rucola verlesen, dicke Stängel abschneiden, Rucola waschen, trockentupfen. Die Hälfte von dem Rucola mit Ricotta pürieren, mit Salz und Pfeffer würzen. Cocktailtomaten waschen, trockentupfen, in Scheiben schneiden.

2. Die Sandwichscheiben mit der Ricotta-Rucola-Creme bestreichen, 6 Sandwichscheiben mit den restlichen Rucolablättern und Tomatenscheiben belegen. Die restlichen Sandwichscheiben darauf legen, fest andrücken, in Frischhaltefolie wickeln, beschweren und etwa 1 Stunde kalt stellen.

3. Sandwiches aus der Folie nehmen und jeweils zweimal diagonal durchschneiden, so dass 4 kleine Sandwiches entstehen und auf einer Platte anrichten.

Sauerkrautsuppe mit Croûtons

Mit Alkohol

8 Portionen

Pro Portion:
E: 5 g, F: 27 g, Kh: 22 g, kJ: 1716, kcal: 409

Für die Croûtons:

8 Scheiben Weißbrot
80–100 g Butter

Für die Suppe:

3 mittelgroße Zwiebeln
3 EL Butter oder Margarine
750 g Sauerkraut
600 ml Weißwein
1½ l Gemüsebrühe
75 g Weizenmehl
375 ml (3/8 l) Schlagsahne
Salz
frisch gemahlener Pfeffer
etwas Zucker

Zubereitungszeit: 60 Min.

1. Für die Croûtons Weißbrot in kleine Würfel schneiden. Butter zerlassen und die Weißbrotwürfel darin unter ständigem Rühren goldbraun braten.

2. Für die Suppe Zwiebeln abziehen und fein würfeln. Butter oder Margarine in einem großen Topf zerlassen. Die Zwiebelwürfel darin andünsten. Sauerkraut locker zupfen, hinzufügen und mitdünsten lassen.

3. Weißwein und Gemüsebrühe hinzufügen, alles zum Kochen bringen und etwa 25 Minuten kochen lassen.

4. Mehl mit Sahne verrühren, unter die Suppe rühren, alles zum Kochen bringen und einige Minuten schwach kochen lassen. Die Suppe mit Salz, Pfeffer und Zucker würzen.

5. Die Suppe in vorgewärmte Suppentassen oder -teller geben, die Croûtons darauf verteilen und sofort servieren.

Abwandlung: Die Suppe wird sättigender, wenn Sie geräucherte Mettwürstchen mitkochen. Die Würstchen dann vor dem Servieren in Scheiben schneiden. Sie können auch Brühwürstchen zu der Suppe reichen.

Schafkäse-Dip | Für Gäste
8 Portionen

Insgesamt:
E: 70 g, F: 150 g, Kh: 46 g, kJ: 7581, kcal: 1810

1 Bund (etwa 6 Stück) Frühlingszwiebeln
300 g Schafkäse
6 eingelegte Kirschpaprika
2 Becher (je 150 g) Crème fraîche
150 g Naturjoghurt
100 ml Milch
Salz
frisch gemahlener Pfeffer

Zubereitungszeit: 40 Min.

1. Frühlingszwiebeln putzen, waschen, abtropfen lassen und in feine Ringe schneiden.

2. Schafkäse mit einer Gabel zerdrücken. Kirschpaprika waschen, trockentupfen, halbieren, entstielen, entkernen und in kleine Würfel schneiden. Crème fraîche mit Joghurt und Milch verrühren. Frühlingszwiebelringe, Schafkäse und Paprikawürfel unterrühren und mit Salz und Pfeffer würzen.

Zucchini-Honig-Dip | Raffiniert
8 Portionen

Insgesamt:
E: 18 g, F: 137 g, Kh: 62 g, kJ: 6541, kcal: 1564

2 kleine Zucchini (etwa 450 g)
450 g Crème fraîche
3 EL flüssiger Akazienhonig
Salz
frisch gemahlener Pfeffer

Zubereitungszeit: 25 Min.

1. Zucchini waschen, putzen und in Würfel schneiden. Zucchiniwürfel und Crème fraîche in einen hohen Rührbecher geben und pürieren.

2. Honig unterrühren und den Dip mit Salz und Pfeffer pikant würzen.

Tipp: Zucchini-Honig-Dip passt zu gegrilltem Fleisch, Gemüse und Kartoffeln.

Eier-Senf-Dip | Schnell
8 Portionen

Insgesamt:
E: 47 g, F: 210 g, Kh: 35 g, kJ: 9545, kcal: 2281

3 hart gekochte Eier
3 Becher (je 125 g) Crème fraîche mit Kräutern
2 Becher (je 200 g) Schmand
2–3 EL grobkörniger Senf
Salz, frisch gemahlener Pfeffer

Zubereitungszeit: 20 Min.

1. Eier pellen und in Würfel schneiden. Crème fraîche mit Schmand und Senf verrühren. Eiwürfel unterrühren. Den Dip mit Salz und Pfeffer würzen.

Tipp: Eier-Senf-Dip passt zu kaltem Bratenfleisch, Bratfisch und mariniertem Gemüse.

Scharfe Lasagne | Raffiniert

8 Portionen

Pro Portion:
E: 44 g, F: 46 g, Kh: 100 g, kJ: 4214, kcal: 1005

250 g	Zwiebeln
8	Knoblauchzehen
6 EL	Rapsöl
2 Dosen	geschälte Tomaten (Einwaage je 480 g)
2–6	frische oder getrocknete rote Chilischoten
2 TL	Salz
	frisch gemahlener Pfeffer
2 EL	Zucker
2 TL	gerebelter Oregano
1 TL	gerebelter Thymian
800 g	Tomaten
400 g	Zucchini
400 g	Knollensellerie
1 kg	Lasagneplatten ohne Kochen
2 Dosen	Chilibohnen (Abtropfgewicht je 400 g)
2 Gläser	rote Paprika, enthäutet (Abtropfgewicht je 200 g)
2 Gläser	Pesto alla Calabrese (je 190 g)
600 g	Mozzarella-Käse
180 g	geraspelter Pecorino-Käse
1 TL	Pul Biber (getrocknete, geschrotete Pfefferschoten)

Zubereitungszeit: 80 Min., ohne Ruhezeit
Garzeit: 50 Min. je Form

1. Zwiebeln und Knoblauch abziehen und in kleine Würfel schneiden. Rapsöl in einem Topf erhitzen und Zwiebel- und Knoblauchwürfel darin glasig dünsten. Tomaten etwas zerkleinern und mit dem Saft hinzugeben. Die Zutaten zum Kochen bringen und von der Kochstelle nehmen.

2. Frische Chili abspülen, abtrocknen, halbieren und entkernen. Die Tomatensauce mit Chili, Salz, Pfeffer, Zucker, Oregano und Thymian würzen.

3. Tomaten waschen, abtrocknen und die Stängelansätze herausschneiden. Tomaten in Scheiben schneiden. Zucchini waschen, abtrocknen und die Enden abschneiden. Zucchini der Länge nach in Scheiben schneiden. Sellerie putzen, schälen, waschen, abtropfen lassen und in kleine Würfel schneiden.

4. Tomatenscheiben auf dem Boden von 2 flachen großen Auflaufformen verteilen. Die Hälfte der Tomatensauce darauf geben und mit Lasagneplatten belegen. Dann Zucchinischeiben und Selleriewürfel darauf verteilen. Wieder mit Lasagneplatten belegen. Bohnen mit dem Saft darauf geben und mit Lasagneplatten belegen. Paprika mit dem Saft darauf verteilen und mit Pesto bestreichen. Mit den restlichen Lasagneplatten bedecken. Restliche Sauce darauf geben. Mozzarella in Scheiben schneiden und darauf verteilen. Mit Pecorino und Pul Biber bestreuen.

5. Die Formen nacheinander (bei Heißluft zusammen) in den Backofen schieben.

Ober-/Unterhitze: etwa 200 °C (vorgeheizt)
Heißluft: etwa 180 °C (nicht vorgeheizt)
Gas: Stufe 3–4 (nicht vorgeheizt)
Garzeit: etwa 50 Minuten je Form.

6. Die Lasagne aus dem Backofen nehmen, 10 Minuten ruhen lassen und servieren.

Tipp: Pul Biber gibt es in türkischen Lebensmittelgeschäften. Ersatzweise können Sie auch etwas Tabasco-Sauce verwenden.

Scharfer Tortellonisalat |

Gut vorzubereiten

8–10 Portionen

Pro Portion:
E: 28 g, F: 25 g, Kh: 39 g, kJ: 2158, kcal: 515

je 2	*kleine grüne, rote und gelbe Paprikaschote*
800 g	*Schweinegehacktes*
	Salz
	frisch gemahlener Pfeffer
	Cayennepfeffer
10 EL	*Tomatenketchup*
10 EL	*Obstessig*
etwas	*Zucker*
4 l	*Wasser*
4 TL	*Salz*
2 Pck. (je 500 g)	*Tortelloni mit Käsefüllung (aus dem Kühlregal)*
1	*Salatgurke*
1 Bund	*glatte Petersilie*
200 ml	*lauwarme Gemüsebrühe*

Zubereitungszeit: 45 Min., ohne Abkühl- und Durchziehzeit

1. Paprikaschoten halbieren, entstielen, entkernen und die weißen Scheidewände entfernen, die Schoten waschen und in kleine Würfel schneiden.

2. Eine beschichtete Pfanne ohne Fett erhitzen. Das Gehackte in die Pfanne geben und bei mittlerer Hitze unter Rühren anbraten, dabei die Klümpchen mit einer Gabel zerdrücken. Mit Salz, Pfeffer und Cayennepfeffer würzen. Tomatenketchup, 4 Esslöffel Obstessig und die Paprikawürfel dazugeben. Mit Zucker abschmecken und abkühlen lassen.

3. In der Zwischenzeit Wasser in einem großen, geschlossenen Topf zum Kochen bringen. Salz und Tortelloni zugeben und die Tortelloni im geöffneten Topf bei mittlerer Hitze nach Packungsanleitung bissfest kochen, dabei gelegentlich umrühren. Anschließend Tortelloni in ein Sieb geben, mit kaltem Wasser abspülen und abtropfen lassen.

4. Salatgurke waschen, abtrocknen, der Länge nach halbieren und entkernen. Die Hälften in dünne Scheiben schneiden. Petersilie kalt abspülen, trockentupfen und die Blättchen von den Stängeln zupfen. Einige Blätter zum Garnieren beiseite legen.

5. Gemüsebrühe mit dem restlichen Essig, Salz und Pfeffer in einer Schüssel verrühren. Tortelloni, Gurkenscheiben und Petersilienblätter dazugeben, alles vermischen und mindestens 20 Minuten durchziehen lassen. Mit Salz und Pfeffer abschmecken.

6. Den Tortellonisalat auf einer Platte anrichten und die Hackfleischsauce darauf verteilen. Den Salat mit den zurückgelassenen Petersilienblättern garnieren.

Tipp: In einer unbeschichteten Pfanne das Hackfleisch in 4 Esslöffeln Speiseöl anbraten.

Schichtsalat mit Bohnen |

Klassisch – gut vorzubereiten

12 Portionen

Pro Portion:
E: 19 g, F: 37 g, Kh: 23 g, kJ: 2107, kcal: 503

	Salzwasser
700 g	*grüne TK-Brechbohnen*
300 g	*Staudensellerie*
500 g	*Möhren*
2 Bund	*Frühlingszwiebeln*
8	*hart gekochte Eier*
2 Gläser	*Wachsbrechbohnen (Abtropfgewicht je 370 g)*
2 Dosen	*weiße Riesenbohnen (Abtropfgewicht je 350 g)*
400 g	*Kasseler-Aufschnitt*

Für die Sauce:

1 Bund	*Petersilie*
500 g	*Salatmayonnaise*
500 g	*Schmand*
1–2 TL	*flüssiger Honig*
	Salz
	frisch gemahlener Pfeffer
	Cayennepfeffer

Zubereitungszeit: 1 Std., ohne Durchziehzeit

1. Salzwasser in einem Topf zum Kochen bringen. Grüne Brechbohnen hinzufügen und etwa 10 Minuten kochen lassen. Bohnen in ein Sieb geben, mit kaltem Wasser abspülen und abtropfen lassen.

2. Staudensellerie putzen, waschen, abtropfen lassen und die harten Außenfäden abziehen. Selleriestangen in dünne Scheiben schneiden. Möhren putzen, schälen, abspülen, abtropfen lassen und grob raspeln.

3. Frühlingszwiebeln putzen, waschen, abtropfen lassen und in dünne Ringe schneiden. Einige Ringe zum Garnieren beiseite legen. Eier pellen und in Scheiben schneiden.

4. Wachsbrechbohnen und Riesenbohnen getrennt in Siebe geben und abtropfen lassen. Kasseler-Aufschnitt in Streifen schneiden.

5. Für die Sauce Petersilie abspülen und trockentupfen. Die Blättchen von den Stängeln zupfen. Einige Blättchen zum Garnieren beiseite legen. Restliche Blättchen fein schneiden. Mayonnaise mit Schmand und Honig verrühren, mit Salz, Pfeffer und Cayennepfeffer abschmecken. Petersilie unterrühren.

6. Nacheinander die Zutaten in eine große Schüssel oder 12 Portionsgläser schichten und mit der Salatsauce übergießen. Salat zugedeckt und kalt gestellt etwa 12 Stunden durchziehen lassen. Salat mit beiseite gelegten Petersilienblättchen und Frühlingszwiebelringen garnieren.

Tipp: Anstelle von Schmand können Sie auch saure Sahne oder milden Naturjoghurt verwenden.

Schichtsalat mit Forellenfilets |

Schnell

10–12 Portionen

Pro Portion:
E: 27 g, F: 13 g, Kh: 16 g, kJ: 1234, kcal: 295

1 kleiner Kopf Eisbergsalat
2 Fenchelknollen
1 große Dose Mandarinen (Abtropfgewicht 480 g)
2–3 rote Äpfel
2 EL Zitronensaft
2 EL Wasser
etwa 10 halbierte, geräucherte Forellen

Für die Sauce:
1 Glas Sahnemeerrettich (135 g)
150 g Naturjoghurt
200 g Schmand oder Crème fraîche
5–6 EL Mandarinensaft
Salz
frisch gemahlener weißer Pfeffer
1 Bund Dill

Zubereitungszeit: 30 Min., ohne Durchziehzeit

1. Eisbergsalat putzen, in Streifen schneiden, waschen und trockenschleudern. Von den Fenchelknollen die Stiele dicht oberhalb der Knollen abschneiden, braune Stellen und Blätter entfernen (etwas Fenchelgrün beiseite legen), die Wurzelenden gerade schneiden, die Knollen waschen, halbieren und in dünne Scheiben hobeln.

2. Mandarinen in einem Sieb abtropfen lassen, dabei den Saft auffangen. Äpfel waschen, vierteln, entkernen und in kleine Stücke schneiden. Zitronensaft mit Wasser verrühren und mit den Apfelstücken vermischen. Forellen evtl. entgräten und in Stücke schneiden.

3. Für die Sauce Sahnemeerrettich mit Joghurt und Schmand oder Crème fraîche und Mandarinensaft glatt rühren und mit Salz und Pfeffer würzen. Dill abspülen, trockentupfen, fein schneiden und unter die Sauce rühren.

4. Die vorbereiteten Salatzutaten nacheinander in eine hohe Schüssel schichten, dabei zwischendurch jeweils etwas von der Sauce darüber geben. Die oberste Schicht sollte Sauce sein. Salat etwa 1 Stunde durchziehen lassen. Den Salat mit dem beiseite gelegten Fenchelgrün garnieren.

Tipp: Anstatt Forellenfilets können Sie auch Matjesfilets verwenden.

Schlemmerbraten | Etwas teurer

12 Portionen

Pro Portion:
E: 33 g, F: 21 g, Kh: 18 g, kJ: 1643, kcal: 392

1,8 kg	*Lammrückenfilet*
	Salz
4 EL	*Olivenöl*
100 g	*grüne Pfefferkörner in Lake (aus einem Glas)*
100 g	*mittelscharfer Senf*
200 g	*Semmelbrösel*

Für das Gemüse:

je 1	*rote, gelbe und grüne Paprikaschote (etwa 600 g)*
4	*Zucchini (etwa 800 g)*
6–8	*kleine Schalotten (etwa 300 g)*
2	*Knoblauchzehen*
400 g	*Cocktailtomaten*
1 Bund	*frischer Thymian*
4 EL	*Olivenöl*
	frisch gemahlener Pfeffer
400 ml	*Gemüsebrühe oder -fond*

Zubereitungszeit: 50 Min., ohne Abkühlzeit
Garzeit: etwa 30 Min.

1. Lammfleisch unter fließendem kalten Wasser abspülen und trockentupfen, mit Salz bestreuen. Olivenöl in einer großen Pfanne erhitzen. Das Fleisch darin von allen Seiten kurz anbraten und etwas abkühlen lassen.

2. Pfefferkörner abtropfen lassen. Pfefferkörner fein zerdrücken. Das Fleisch mit Senf bestreichen und die zerdrückten Pfefferkörner darauf verteilen.

3. Semmelbrösel auf einem Backblech verteilen. Das Lammfleisch darin wälzen, so dass es darin eingehüllt ist.

4. Für das Gemüse Paprikaschoten halbieren, entstielen, entkernen und die weißen Scheidewände entfernen. Schoten waschen, abtropfen lassen und in Würfel schneiden. Zucchini waschen, abtrocknen und die Enden abschneiden. Zucchini in große Würfel schneiden.

5. Schalotten und Knoblauch abziehen. Schalotten vierteln. Knoblauch durch eine Knoblauchpresse drücken. Tomaten waschen, abtropfen lassen, halbieren und die Stängelansätze herausschneiden. Thymian abspülen und trockentupfen. Die Blättchen von den Stängeln zupfen und fein hacken.

6. Olivenöl in einem großen Bräter erhitzen. Paprika-, Zucchiniwürfel, Schalotten, Knoblauch, Thymian und Tomaten hinzugeben und darin andünsten, mit Salz und Pfeffer würzen. Brühe oder Fond hinzugießen. Fleisch auf das Gemüse legen. Den Bräter auf dem Rost in den Backofen schieben.

Ober-/Unterhitze: etwa 200 °C (vorgeheizt)
Heißluft: etwa 180 °C (vorgeheizt)
Gas: Stufe 3–4 (vorgeheizt)
Garzeit: etwa 30 Minuten.

Beilage: Bratkartoffeln oder Ofenkartoffeln mit Kräuterquark.

Schlemmertopf | Preiswert

8 Portionen

Pro Portion:
E: 18 g, F: 29 g, Kh: 33 g, kJ: 1964, kcal: 471

2 kg	*gegarte, kleine, fest kochende Pellkartoffeln*
4 EL	*Pflanzenfett*
	Salz
	frisch gemahlener Pfeffer
4	*mittelgroße Zwiebeln*
300 g	*gekochter Schinken*
2 EL	*Butter oder Margarine*
2 Stangen	*Porree (Lauch)*
2 Becher (je 150 g)	*Crème fraîche*
250 ml (¼ l)	*Schlagsahne*
5	*Eier (Größe M)*
	Kümmelsamen

Zubereitungszeit: 40 Min.
Backzeit: etwa 35 Min.

1. Kartoffeln pellen und in Scheiben schneiden. Pflanzenfett in einer Pfanne erhitzen. Kartoffelscheiben hinzufügen und unter mehrmaligem Wenden goldbraun braten. Mit Salz und Pfeffer würzen.

2. Zwiebeln abziehen, in kleine Würfel schneiden und kurz vor Beendigung der Bratzeit zu den Kartoffelscheiben geben und mitbraten lassen.

3. Schinken würfeln. Butter oder Margarine in einer Pfanne zerlassen. Schinkenwürfel darin anbraten.

4. Porree putzen, die Stangen längs halbieren. Porree waschen, abtropfen lassen, in kleine Streifen schneiden, zu den Schinkenwürfeln geben und kurz mit andünsten.

5. Die Bratkartoffeln in eine große flache Auflaufform oder Fettfangschale geben. Schinken-Porree-Masse gleichmäßig darauf verteilen. Mit Salz und Pfeffer würzen. Crème fraîche und Sahne mit Eiern verschlagen, Kümmel unterrühren und über die Bratkartoffeln gießen.

6. Die Form auf dem Rost oder die Fettfangschale in den Backofen schieben.

Ober-/Unterhitze: etwa 200 °C (vorgeheizt)
Heißluft: etwa 180 °C (nicht vorgeheizt)
Gas: Stufe 3–4 (nicht vorgeheizt)
Backzeit: etwa 35 Minuten.

Schnitzelpfanne | Einfach

12 Portionen

Pro Portion:
E: 51 g, F: 61 g, Kh: 8 g, kJ: 3501, kcal: 835

12	*große Schweineschnitzel*
	Salz
	frisch gemahlener Pfeffer
	Butter oder Margarine
12 Scheiben	*Chesterkäse*
1 kg	*frische Champignons (oder aus der Dose)*
3	*Zwiebeln*
250 g	*geräucherter Speck*
4 Stangen	*Porree (Lauch)*
750 ml (¾ l)	*Schlagsahne*
250 g	*Schmand*
	Paprikapulver
	Currypulver
2 Pck.	*Jägersauce (Fertigprodukt)*

Zubereitungszeit: 2 Std., ohne Ziehen lassen

1. Schnitzel unter fließendem kaltem Wasser abspülen, trockentupfen, mit Salz und Pfeffer würzen.

2. Eine Fettpfanne einfetten, die rohen Schnitzel nebeneinander hineinlegen und auf jedes Schnitzel eine Scheibe Käse legen.

3. Pilze putzen, mit Küchenpapier abreiben, in Scheiben schneiden. Zwiebeln abziehen und würfeln, Speck würfeln. Speck, Zwiebeln und Champignons in einer Pfanne anbraten, mit Pfeffer würzen und auf den Schnitzeln verteilen.

4. Porree putzen, das Grün entfernen, nur das Weiße in Ringe schneiden, waschen und auf den Schnitzeln verteilen.

5. Sahne und Schmand verrühren mit Salz, Pfeffer, Paprika und Curry würzen. Jägersauce in die kalte Sahne einrühren und über die Schnitzel in der Fettpfanne gießen. Das Ganze abgedeckt 24 Stunden ziehen lassen.

6. Am nächsten Tag die Schnitzelpfanne im Backofen garen.

Ober-/Unterhitze: etwa 180 °C (vorgeheizt)
Heißluft: etwa 160 °C (nicht vorgeheizt)
Gas: Stufe 2–3 (nicht vorgeheizt)
Bratzeit: etwa 90 Minuten.

Schnitzel „Utrechter Art“ | Mit Alkohol

8 Portionen

Pro Portion:
E: 45 g, F: 31 g, Kh: 5 g, kJ: 2024, kcal: 485

2	*Zwiebeln*
1 kg	*Champignons*
4 EL	*Olivenöl*
40 g	*Butter*
2 Becher (je 150 g)	*Crème fraîche*
125 ml (⅛ l)	*trockener Weißwein*
	Salz
	frisch gemahlener Pfeffer
8	*dünne Putenschnitzel (je etwa 150 g)*
50 g	*Weizenmehl*
4 EL	*Olivenöl*
40 g	*Butter*
250 g	*geriebener Käse, z. B. Pikantje von Gouda*
4	*Tomaten*

Zubereitungszeit: 50 Min.
Garzeit: etwa 15 Min.

1. Zwiebeln abziehen und in kleine Würfel schneiden. Champignons putzen, mit Küchenpapier abreiben, evtl. abspülen, abtropfen lassen und in Scheiben schneiden.

2. Öl in einer Pfanne erhitzen. Butter hinzufügen. Zwiebelwürfel darin glasig dünsten. Champignonscheiben evtl. in 2 Portionen hinzugeben und so lange dünsten, bis die Flüssigkeit verdampft ist. Crème fraîche und Wein unterrühren und kurz aufkochen lassen, mit Salz und Pfeffer würzen.

3. Putenschnitzel unter fließendem kalten Wasser abspülen und trockentupfen. Schnitzel evtl. flach klopfen, mit Salz und Pfeffer bestreuen und in Mehl wenden.

4. Jeweils die Hälfte des Öls in einer großen Pfanne zerlassen, die Hälfte der Butter hinzufügen. Die Schnitzel in 2 Portionen von jeder Seite etwa 2 Minuten darin braten und in eine große flache Auflaufform legen. Die Champignonmasse darauf geben, Käse darauf verteilen.

5. Die Form auf dem Rost in den Backofen schieben und die Schnitzel überbacken, bis der Käse zerlaufen ist.

Ober-/Unterhitze: etwa 200 °C (vorgeheizt)
Heißluft: etwa 180 °C (vorgeheizt)
Gas: Stufe 3–4 (vorgeheizt)
Garzeit: etwa 15 Minuten.

6. Tomaten waschen, abtrocknen, halbieren und die Stängelansätze herausschneiden. Tomaten in Scheiben schneiden. Die Tomatenscheiben nach etwa 10 Minuten Garzeit dachziegelartig auf die Schnitzel legen und die Schnitzel fertig backen. Schnitzel mit Salz und Pfeffer bestreuen.

Beilage: Weiße oder grüne Bandnudeln.

Tipp: Die Schnitzel vor dem Servieren mit Tomatenwürfeln garnieren.

Schokobananen am Spieß | Beliebt

8 Stück

Pro Stück:
E: 5 g, F: 26 g, Kh: 51 g, kJ: 1923, kcal: 463

300 g Halbbitter-Kuvertüre
300 g Vollmilch-Kuvertüre
100 g weiße Kuvertüre
8 Mini-Bananen
oder 4 mittelgroße Bananen

Zubereitungszeit: 30 Min.

1. Halbbitter- und Vollmilch-Kuvertüren getrennt voneinander in kleine Stücke hacken und jeweils in einem kleinen Topf im Wasserbad bei schwacher Hitze zu einer geschmeidigen Masse verrühren.

2. Bananen schälen. Die großen Bananen halbieren. Mini-Bananen bzw. Bananenhälften auf je 2 Holzspieße stecken.

3. Die Hälfte der Bananen mit Halbbitter-, die restlichen mit Vollmilch-Kuvertüre überziehen. Überzogene Bananen etwas abtropfen lassen und auf Backpapier legen.

4. Die weiße Kuvertüre ebenfalls hacken, in einem Topf im Wasserbad schmelzen und in einen kleinen Gefrierbeutel füllen. Eine kleine Ecke des Beutels abschneiden. Die Bananen mit der weißen Kuvertüre besprenkeln. Kuvertüre trocknen lassen.

Schokokuss-Schichtspeise |

Mit Alkohol

12 Portionen

Pro Portion:
E: 5 g, F: 21 g, Kh: 48 g, kJ: 1782, kcal: 423

100 g Kokosraspel
16 Schokoküsse
3–4 EL Kirschwasser
250 g Magerquark
500 ml (½ l) Schlagsahne
2 Pck. Dr. Oetker Sahnesteif
2–3 EL Puderzucker
1 kg Rote Grütze, aus dem Kühlregal

Zubereitungszeit: 20 Min.

1. Kokosraspel in einer Pfanne ohne Fett goldbraun rösten und abkühlen lassen. Die Waffelböden von den Schokoküssen ablösen, hacken und mit Kirschwasser vermischen.

2. Die Schaummasse der Schokoküsse (mit dem Schokoüberzug) in eine Schüssel geben, grob zerkleinern und mit dem Quark verrühren. Sahne mit Sahnesteif und gesiebtem Puderzucker steif schlagen und unterrühren.

3. Kokosraspel mit der Waffelmasse vermengen und abwechselnd mit roter Grütze und der Quark-Sahne-Mischung portionsweise in eine große Glasschüssel schichten.

Tipp: Wenn Kinder mitessen, Kirschwasser durch Apfel- oder Orangensaft ersetzen.

Schokoladenpudding | Klassisch

8–10 Portionen

Pro Portion:
E: 5 g, F: 23 g, Kh: 33 g, kJ: 1548, kcal: 370

80 g Speisestärke
600 ml Milch
400 ml Schlagsahne
200 g Zartbitter- oder Vollmilchschokolade
100 g Zucker

Zubereitungszeit: 20 Min., ohne Kühlzeit

1. Speisestärke mit etwas Milch anrühren, restliche Milch und Sahne erhitzen. Schokolade hacken und mit Zucker unter Rühren darin auflösen. Schokoladenmilch unter Rühren zum Kochen bringen, angerührte Speisestärke einrühren und unter Rühren etwa 1 Minute kochen lassen. Topf von der Kochstelle nehmen.

2. Pudding sofort in eine kalt ausgespülte Puddingform oder Schale geben. Die Oberfläche mit Frischhaltefolie belegen oder dünn mit Zucker bestreuen, damit sich keine Haut bildet. Pudding abkühlen lassen und dann etwa 3 Stunden kalt stellen.

3. Zum Servieren den Pudding am Formrand mit einem Messer lösen. Die Form kurz in heißes Wasser tauchen und den Pudding auf einen Teller stürzen oder ihn löffelweise auf Desserttellern verteilen.

Tipp: Den Pudding zum Servieren mit geschlagener Sahne verzieren und mit Orangenscheiben garnieren.

Variante: **Schoko-Orangen-Pudding**
Bereiten Sie den Pudding mit 80 g Speisestärke, 400 ml Milch, 400 ml Schlagsahne, 200 ml Orangensaft und 200 g Zartbitterschokolade zu und rühren Sie 2 Esslöffel Cointreau (Orangenlikör) unter.

Schwarzbrottaler-Platte | Schwarzbrothäppchen

8 Portionen

5 Scheiben Schwarzbrot
40 g weiche Butter
4 Scheiben Käse (in der Größe der Schwarzbrotscheiben)
Frischhaltefolie

Zubereitungszeit: 20 Min., ohne Kühlzeit

1. Für die Schwarzbrothäppchen 4 Scheiben Schwarzbrot mit etwas Butter bestreichen und mit je 1 Scheibe Käse belegen.

2. Die belegten Schwarzbrotscheiben aufeinander legen, mit der restlichen Schwarzbrotscheibe abschließen. Gut andrücken, in Frischhaltefolie verpackt einige Stunden kalt stellen und durchziehen lassen.

3. Schwarzbrotpäckchen aus der Folie nehmen, mit einem scharfen Messer Würfel schneiden und auf einer Platte anrichten.

Schwarzbrottaler mit Goudaröllchen

etwa 30 Stück

100 g Kräuter-Frischkäse
100 g Doppelrahm-Frischkäse
2 hart gekochte Eier
150 g Räucherlachs
etwas klein geschnittener Dill
etwas Worcestersauce
Salz
frisch gemahlener Pfeffer
5 große Scheiben Gouda
30 runde Scheiben Schwarzbrot
25 g weiche Butter
etwas Paprikapulver edelsüß
Schnittlauchröllchen

Alufolie

Zubereitungszeit: 20 Min., ohne Kühlzeit

1. Für die Schwarzbrottaler beide Käsesorten miteinander verrühren. Eier pellen und in Würfel schneiden. Räucherlachs ebenfalls in Würfel schneiden, mit den Eierwürfeln und Dill unter die Käsecreme rühren. Mit Worcestersauce, Salz und Pfeffer würzen.

2. Von dem Gouda die Rinden abschneiden. Auf jede Käsescheibe etwas von der Eier-Räucherlachs-Mischung streichen und von der schmalen Seite her fest aufrollen. Jeweils eine Käserolle fest in Alufolie wickeln und 1–2 Stunden kalt stellen.

3. Käserollen aus der Folie nehmen und in etwa 1½ cm dicke Scheiben schneiden. Die Schwarzbrotscheiben mit etwas Butter bestreichen und mit je einer Käsescheibe belegen. Schwarzbrottaler mit Paprika bestreuen, mit Schnittlauchröllchen garnieren und auf einer Platte anrichten.

Schwarzwälder Kirschcreme |

Mit Alkohol

12 Portionen

Pro Portion:
E: 5 g, F: 10 g, Kh: 33 g, kJ: 1072, kcal: 256

2 schwach geh. TL	*gemahlene Gelatine, weiß*
4 EL	*kaltes Wasser*
1 l	*Milch*
2 Pck.	*Dr. Oetker Pudding-Pulver Vanille-Geschmack*
150 g (6 gut geh. EL)	*Zucker*
10 EL	*kalte Milch*
etwa 3 EL	*Kirschwasser*
250 ml (¼ l)	*Schlagsahne*
1 Pck.	*Dr. Oetker Vanillin-Zucker*
375 g	*entsteinte Sauerkirschen (aus dem Glas)*
	geraspelte Schokolade

Zubereitungszeit: 90 Min.

1. Gelatine mit Wasser in einem kleinen Topf anrühren, 10 Minuten zum Quellen stehen lassen.

2. Milch zum Kochen bringen. Pudding-Pulver und Zucker mischen, mit der kalten Milch anrühren, unter Rühren in die von der Kochstelle genommene Milch geben und kurz aufkochen lassen.

3. Die gequollene Gelatine hinzufügen, so lange rühren, bis sie aufgelöst ist. Den Pudding kalt stellen und ab und zu durchrühren.

4. Das Kirschwasser unter den erkalteten, aber noch nicht fest gewordenen Pudding rühren. Sahne mit Vanillin-Zucker verrühren, steif schlagen und unter den Pudding heben (etwas zum Verzieren zurücklassen).

5. Die Sauerkirschen gut abtropfen lassen (einige zum Garnieren zurücklassen) und mit der Sahnecreme abwechselnd in Dessertschalen schichten. Die oberste Schicht muss aus Sahnecreme bestehen.

6. Die Schwarzwälder Kirschcreme mit der zurückgelassenen Sahne verzieren und mit den restlichen Kirschen und der Schokolade garnieren.

Schweinebraten mit Kräuterkruste | Mit Alkohol

8–10 Portionen

Pro Portion:
E: 50 g, F: 24 g, Kh: 3 g, kJ: 1736, kcal: 434

2,2 kg	*Schweinefleisch mit Schwarte (aus der Oberschale)*
	Salz
	frisch gemahlener Pfeffer
2 TL	*gerebelter Thymian*
1 TL	*gerebelter Salbei*
1 TL	*geschnittener Rosmarin*
250 ml (¼ l)	*Bier*
250 ml (¼ l)	*Wasser*
2 EL	*Weizenmehl*
4 EL	*kaltes Wasser*

Zubereitungszeit: 60 Min.
Garzeit: etwa 2 Std.

1. Fleisch unter fließendem kalten Wasser abspülen und trockentupfen. Die Schwarte gitterartig einschneiden und die Einschnitte mit Salz, Pfeffer, Thymian, Salbei und Rosmarin einreiben.

2. Das Fleisch mit der Schwarte nach oben in eine mit Wasser ausgespülte Fettfangschale oder einen Bräter legen. Die Fettfangschale (den Bräter ohne Deckel auf dem Rost) in den Backofen schieben.

Ober-/Unterhitze: etwa 200 °C (vorgeheizt)
Heißluft: etwa 180 °C (vorgeheizt)
Gas: Stufe 3–4 (vorgeheizt)
Garzeit: etwa 2 Stunden.

3. Sobald der Bratensatz bräunt, etwas Bier und Wasser hinzugießen. Das Fleisch ab und zu mit dem Bratensatz begießen. Verdampfte Flüssigkeit nach und nach durch Bier und Wasser ersetzen.

4. Das gare Fleisch aus der Fettfangschale oder dem Bräter nehmen und auf einer vorgewärmten Platte etwa 10 Minuten zugedeckt ruhen lassen.

5. Den Bratensatz loskochen, durch ein Sieb gießen, evtl. mit Wasser auf 500 ml (½ l) auffüllen und wieder zum Kochen bringen. Mehl mit dem kalten Wasser anrühren und den Bratensatz damit binden. Die Sauce mit Salz und Pfeffer abschmecken.

6. Das Fleisch in Scheiben schneiden, auf der Platte anrichten und mit der Sauce servieren.

Schweineragout mit Früchten |

Raffiniert

8–10 Portionen

Pro Portion:
E: 33 g, F: 17 g, Kh: 64 g, kJ: 2300, kcal: 550

1,2 kg	*Schweinefleisch (Nacken oder Schulter, ohne Knochen)*
	Salz
	frisch gemahlener Pfeffer
4 EL	*Olivenöl*
1 EL	*Tomatenmark*
300 ml	*Fleischbrühe*
1	*Mango (etwa 500 g)*
1 Bund	*Frühlingszwiebeln*
1	*Ananas (etwa 500 g Fruchtfleisch)*
100 g	*Mango-Chutney*
6 EL	*Fischsauce (erhältlich im Asia-Laden)*

Für den Reis:

2 l	*Wasser*
2 gestr. TL	*Salz*
500 g	*Langkornreis*
1 Bund	*glatte Petersilie*

Zubereitungszeit: 75 Min.
Garzeit: etwa 60 Min.

1. Schweinefleisch unter fließendem kalten Wasser abspülen, trockentupfen und in mundgerechte Stücke schneiden, mit Salz und Pfeffer bestreuen.

2. Olivenöl in einem Bräter erhitzen. Fleischstücke darin evtl. in 2 Portionen von allen Seiten kräftig anbraten. Tomatenmark hinzugeben und kurz mitschmoren. Brühe hinzugießen, zum Kochen bringen und zugedeckt etwa 45 Minuten bei schwacher Hitze kochen lassen. Mango halbieren, Stein herausschneiden. Mangohälften schälen. Fruchtfleisch würfeln.

3. Frühlingszwiebeln putzen, waschen, abtropfen lassen und in etwa 3 cm lange Stücke schneiden. Von der Ananas Schopf mit Stielansatz und dem obersten Stück Schale abschneiden. Die Frucht der Länge nach vierteln und den Strunk herausschneiden. Fruchtfleisch in Stücke schneiden.

4. Ananasstücke, Mangowürfel, Mango-Chutney und Frühlingszwiebelstücke zu den Fleischstücken in den Bräter geben und weitere etwa 15 Minuten garen. Fischsauce unterrühren. Ragout mit Salz und Pfeffer abschmecken.

5. Für den Reis Wasser in einem Topf zum Kochen bringen. Dann Salz und Reis hinzufügen, umrühren, wieder zum Kochen bringen und den Reis nach Packungsanleitung garen. Anschließend in ein Sieb geben und abtropfen lassen.

6. Petersilie abspülen und trockentupfen. Die Blättchen von den Stängeln zupfen. Blättchen klein schneiden. Reis und Petersilie zum Ragout geben, unterrühren und unter Rühren einige Minuten leicht kochen lassen. Nochmals mit Salz und Pfeffer abschmecken und sofort servieren.

Tipp: Dieses Ragout lässt sich schnell in ein Curryragout umwandeln. Dafür die angebratenen Fleischstücke zusätzlich mit 1 gehäuften Esslöffel Currypulver bestäuben. Das Ragout nach Belieben mit Mangospalten und Minze garniert servieren.

Schweinegulaschtopf | Schnell

8 Portionen

Pro Portion:
E: 45 g, F: 34 g, Kh: 30 g, kJ: 2570, kcal: 615

1,5 kg	*Schweinegulasch*
1 kg	*Zwiebeln*
3 Gläser	
(je 250 g)	*Chilisauce*
2 Gläser	
(je 500 g)	*Jägersauce*
2 Dosen	*Champignonscheiben*
	(je etwa 380 g)
2 Becher	
(je 200 ml)	*Schlagsahne*

Zubereitungszeit: 25 Min.
Garzeit: etwa 2 Std.

1. Fleisch evtl. etwas kleiner schneiden und in eine große Auflaufform oder in einen Bräter geben. Zwiebeln abziehen, in Scheiben schneiden und mit dem Fleisch vermengen. Chili- und Jägersauce hinzugeben und untermischen.

2. Die Form (ohne Deckel) auf dem Rost in den Backofen schieben und das Fleisch vorgaren, dabei zwischendurch umrühren.

Ober-/Unterhitze: etwa 200 °C (vorgeheizt)
Heißluft: etwa 180 °C (nicht vorgeheizt)
Gas: Stufe 3–4 (nicht vorgeheizt)
Garzeit: etwa 1 Stunde.

3. Champignonscheiben in einem Sieb abtropfen lassen. Sahne und Champignonscheiben zum vorgegarten Fleisch geben und gut vermischen. Die Form wieder auf dem Rost in den Backofen schieben und bei gleicher Backofeneinstellung in etwa 1 Stunde fertig garen.

Schweinelendchen in Kräuter-Käse-Sauce | Raffiniert

12 Portionen

Pro Portion:
E: 29 g, F: 27 g, Kh: 5 g, kJ: 1698, kcal: 406

4 Schweinefilets (Schweinelendchen, je 350 g)
4 schwach geh. EL Grillgewürz
5 EL Speiseöl
3 Gläser Champignonscheiben (Abtropfgewicht je 315 g)

Für die Kräuter-Käse-Sauce:
400 ml Schlagsahne
200 ml Milch
1 Pck. (200 g) Kräuter-Schmelzkäse
etwas Worcestersauce
1 EL Dijon-Senf
frisch gemahlener Pfeffer
1 TL Currypulver
2 EL Weizenmehl
2 EL gemischte Kräuter, z. B. Schnittlauch, Petersilie

Zubereitungszeit: 40 Min., ohne Marinierzeit
Garzeit: etwa 45 Min.

1. Schweinelendchen unter fließendem kalten Wasser abspülen und trockentupfen, evtl. Fett und Sehnen entfernen. Lendchen dick mit Grillgewürz einreiben, in eine flache Schale legen und zugedeckt über Nacht durchziehen lassen.

2. Speiseöl in einer großen Pfanne erhitzen und die Lendchen von allen Seiten darin anbraten, herausnehmen und 10 Minuten zugedeckt ruhen lassen.

3. Lendchen in etwa 3 cm dicke Scheiben schneiden und in eine große Auflaufform oder Fettfangschale legen.

4. Champignonscheiben in einem Sieb abtropfen lassen und Champignons auf den Lendchen verteilen.

5. Für die Sauce den Bratensaft mit Sahne und Milch verrühren. Schmelzkäse unterrühren. Mit Worcestersauce, Senf, Pfeffer und Curry würzen und die Sauce unter Rühren zum Kochen bringen.

6. Mehl mit etwas Wasser anrühren, in die Sauce geben und unter Rühren nochmals aufkochen lassen. Kräuter unterrühren.

7. Die Sauce über die Lendchen gießen. Die Form auf dem Rost oder die Fettfangschale in den Backofen schieben.

Ober-/Unterhitze: etwa 160 °C (vorgeheizt)
Heißluft: etwa 140 °C (nicht vorgeheizt)
Gas: Stufe 1–2 (nicht vorgeheizt)
Garzeit: etwa 45 Minuten.

Beilage: Spätzle, grüne Bandnudeln und ein gemischter, frischer Salat.

Abwandlung: Dieses Gericht kann auch mit der gleichen Menge Hähnchenbrustfilet zubereitet werden. Zusätzlich können noch 1–2 Bund gewaschene, abgetropfte und in Scheiben geschnittene Frühlingszwiebeln mit in die Sauce gegeben werden.

Sechser Salat | Schnell

8 Portionen

Pro Portion:
E: 20 g, F: 24 g, Kh: 25 g, kJ: 1743, kcal: 416

6	*Pellkartoffeln (600 g)*
6	*kleine Äpfel (780 g)*
6	*hart gekochte Eier*
6	*Gewürzgurken (150 g)*
6	*Zwiebeln (300 g)*
6 Scheiben	*Fleischwurst (300 g)*

Für die Sauce:

150 g	*Salatmayonnaise*
1 Becher	
(150 g)	*Joghurt*
1 gestr. EL	*Senf*
	Salz
	frisch gemahlener Pfeffer
1 Prise	*Zucker*

Zubereitungszeit: 30 Min., ohne Durchziehzeit

1. Kartoffeln pellen und in Scheiben schneiden. Äpfel schälen, vierteln, entkernen und in Stücke schneiden.

2. Eier pellen und in Scheiben schneiden. Gurken in Scheiben schneiden.

3. Zwiebeln abziehen, halbieren und in Streifen schneiden, in Salzwasser 3 Minuten blanchieren, auf ein Sieb geben und abtropfen lassen. Fleischwurst in Streifen schneiden.

4. Mayonnaise, Joghurt und Senf verrühren und mit Salz, Pfeffer und Zucker abschmecken. Die Zutaten damit vermischen und gut durchziehen lassen.

Soupe au Pistou (Französische Gemüsesuppe mit Pesto) | Gut vorzubereiten

8 Portionen

Pro Portion:
E: 10 g, F: 13 g, Kh: 27 g, kJ: 1142, kcal: 272

500–600 g	*Kartoffeln*
300 g	*Möhren*
400 g	*grüne Bohnen*
3	*Zwiebeln*
3–4 EL	*Olivenöl*
2¼ l	*Gemüsebrühe*
1 EL	*getrockneter Thymian*
2 dünne Stangen	*Porree (Lauch; 350 g)*
400 g	*Zucchini*
500 g	*Tomaten*
1 kleine Dose	*weiße Bohnen (Abtropfgewicht 250 g)*
	Salz
	frisch gemahlener Pfeffer

Für den Pistou:

6	*Knoblauchzehen*
1½ EL	*Tomatenmark*
1 EL	*fein gehackte Basilikumblättchen*
3 EL	*geriebener Parmesan-Käse*
4–5 EL	*Olivenöl*

Zubereitungszeit: 80 Min.

1. Kartoffeln waschen, schälen und abspülen. Möhren putzen, waschen und schälen. Beide Zutaten in Würfel schneiden. Von den Bohnen die Enden abschneiden, die Bohnen evtl. abfädeln, waschen und in Stücke brechen oder schneiden. Zwiebeln abziehen und fein würfeln.

2. Öl in einem großen Topf erhitzen. Die Zwiebelwürfel darin andünsten. Brühe hinzugießen und zum Kochen bringen. Kartoffelwürfel, Möhrenwürfel und Bohnenstücke hinzufügen. Alles mit Thymian würzen, zum Kochen bringen und etwa 10 Minuten kochen lassen.

3. Porree putzen, gründlich waschen und in Ringe schneiden. Zucchini waschen, abtrocknen, die Enden abschneiden und Zucchini in kleine Würfel schneiden. Porreeringe und Zucchiniwürfel in die Suppe geben und etwa 3 Minuten mitkochen lassen.

4. Tomaten waschen, abtropfen lassen, kreuzweise einschneiden, kurz in kochendes Wasser legen und mit kaltem Wasser abschrecken. Tomaten enthäuten, die Stängelansätze herausschneiden und das Fruchtfleisch würfeln. Tomatenwürfel und weiße Bohnen mit der Flüssigkeit in die Suppe geben, wieder zum Kochen bringen und 3–5 Minuten kochen lassen. Mit Salz und Pfeffer würzen.

5. Für den Pistou Knoblauch abziehen, durch die Knoblauchpresse drücken und mit Tomatenmark, Basilikum und Parmesan verrühren. Nach und nach Öl hinzufügen und so lange rühren, bis eine cremige Sauce entstanden ist.

6. Den Pistou kurz vor Beendigung der Garzeit in die Suppe rühren oder getrennt dazu reichen.

Tipp: Die Suppe nach Belieben zusätzlich mit gerösteten Weißbrotwürfeln bestreuen.

Spaghetti mit schneller Bologneser Sauce | Für Kinder

8–10 Portionen

Pro Portion:
E: 33 g, F: 27 g, Kh: 90 g, kJ: 3081, kcal: 736

5 Zwiebeln
4 Knoblauchzehen
200 g Möhren
200 g Staudensellerie
600 g Zucchini
6 EL Olivenöl
800 g Gehacktes vom Schwein
1 TL gerebelter Thymian
1 TL gerebelter Oregano
1 Dose geschälte Tomaten (Einwaage 800 g)
1 gestr. EL Salz
2 EL Zucker
frisch gemahlener Pfeffer
2 Dosen pürierte Tomaten (Einwaage je 400 g)
1 Topf Basilikum

je 5 l Wasser
je 5 gestr. TL Salz
1 kg Spaghetti

Zubereitungszeit: 50 Min.

1. Zwiebeln und Knoblauch abziehen und in kleine Würfel schneiden. Möhren putzen und schälen. Sellerie putzen, die harten Außenfäden abziehen. Möhren und Sellerie waschen, abtropfen lassen. Zucchini waschen, abtrocknen und die Enden abschneiden. Möhren, Sellerie und Zucchini in kleine Würfel schneiden.

2. Olivenöl in einem großen Topf erhitzen. Zwiebel- und Knoblauchwürfel darin andünsten. Gehacktes hinzufügen und unter ständigem Rühren etwa 5 Minuten darin anbraten, dabei die Fleischklümpchen mit einer Gabel zerdrücken.

3. Gemüsewürfel, Thymian und Oregano hinzufügen und unterrühren. Geschälte Tomaten mit der Flüssigkeit hinzugeben. Die Zutaten unter Rühren zum Kochen bringen und etwa 5 Minuten unter Rühren kochen lassen, mit Salz, Zucker und Pfeffer würzen. Tomatenpüree unterrühren. Die Sauce nochmals mit den Gewürzen abschmecken und warm stellen.

4. Basilikum abspülen und trockentupfen. Die Blättchen von den Stängeln zupfen. Blättchen fein hacken.

5. Wasser in einem großen Topf mit geschlossenem Deckel zum Kochen bringen. Dann Salz und Spaghetti zugeben. Die Spaghetti in 2 Portionen im geöffneten Topf bei mittlerer Hitze nach Packungsanleitung kochen lassen, dabei zwischendurch umrühren.

6. Anschließend die Nudeln in ein Sieb geben, mit heißem Wasser abspülen und abtropfen lassen. Spaghetti mit der Sauce und Basilikum bestreut servieren.

Tipp: Sie können auch 2 Päckchen TK-Gemüse italienische Art (je 450 g) verwenden.

Spanische Bauernsuppe | Klassisch

8 Portionen

Pro Portion:
E: 40 g, F: 21 g, Kh: 22 g, kJ: 1967, kcal: 470

600 g	*Lammfleisch (aus der Keule, ohne Knochen)*
1	*Gemüsezwiebel*
3 EL	*Olivenöl*
	Salz
	frisch gemahlener Pfeffer
	getrockneter Oregano
	getrocknetes Bohnenkraut
1 l	*Gemüsebrühe*
2 Stangen	*Porree (Lauch)*
etwa 400 g	*Wirsing*
2 Dosen	*weiße Bohnen (Abtropfgewicht je 250 g)*
1 große Dose (800 g)	*geschälte Tomaten*
3–4	*Chorizo (spanische Knoblauchwürste)*
2 EL	*in Streifen geschnittene, glatte Petersilie*

Zubereitungszeit: 80 Min.

1. Lammfleisch unter fließendem kalten Wasser abspülen, trockentupfen und in Würfel oder Streifen schneiden. Gemüsezwiebel abziehen, vierteln und in Streifen schneiden.

2. Öl in einem Topf erhitzen. Die Fleischwürfel oder -streifen von allen Seiten darin anbraten. Zwiebelstreifen hinzufügen und mitdünsten. Mit Salz, Pfeffer, Oregano und Bohnenkraut bestreuen. Mit der Hälfte der Gemüsebrühe auffüllen, alles zum Kochen bringen und etwa 40 Minuten garen.

3. In der Zwischenzeit Porree putzen, die Stangen längs halbieren, gründlich waschen, abtropfen lassen und in Streifen schneiden. Vom Wirsing die groben äußeren Blätter lösen, den Wirsing vierteln und den Strunk herausschneiden. Den Wirsing abspülen, abtropfen lassen und in Streifen schneiden. Bohnen in einem Sieb abtropfen lassen.

4. Porree- und Wirsingstreifen, Bohnen und Tomaten mit der Flüssigkeit zusammen mit der restlichen Brühe in die Suppe geben, alles zum Kochen bringen und noch etwa 15 Minuten garen.

5. Knoblauchwürste in Scheiben schneiden, in die Suppe geben und kurz miterhitzen. Die Suppe mit Petersilie bestreut servieren.

Spargel-Schinken-Röllchen

Schneller Snack

24 Stück

Pro Stück:
E: 2 g, F: 4 g, Kh: 3 g, kJ: 272, kcal: 65

12 Stangen	*grüner Spargel*
	Salzwasser
1 Prise	*Zucker*
70 g	*alter Gouda-Käse*
50 g	*Butter*
12 Scheiben	*Parmaschinken*
6 Scheiben	*dreieckiger Yufkateig (türkischer Laden)*
	Salz
	frisch gemahlener Pfeffer

Zubereitungszeit: 35 Min.
Garzeit: 10–15 Min.

1. Vom Spargel das untere Drittel der Stangen schälen, die Enden abschneiden. Spargel waschen. Salzwasser mit Zucker zum Kochen bringen und den Spargel darin etwa 10 Minuten garen. Anschließend den Spargel mit einer Schaumkelle herausheben, mit kaltem Wasser abschrecken und abtropfen lassen.

2. Käse fein raspeln. Butter zerlassen. Schinkenscheiben diagonal halbieren. Die Spargelstangen quer halbieren.

3. Jedes Yufka-Teigblatt in 4 Dreiecke (Tortenstücke) schneiden und mit der Butter bestreichen. Je ½ Scheibe Parmaschinken darauf legen, mit Käse, Salz und Pfeffer bestreuen. Je 1 Spargelstange auf das breite Teigende legen und den Teig von der breiten Seite her locker aufrollen. Die Röllchen auf ein mit Backpapier belegtes Backblech legen. Das Backblech in den Backofen schieben.

Ober-/Unterhitze: etwa 200 °C (vorgeheizt)
Heißluft: etwa 180 °C (vorgeheizt)
Gas: Stufe 3–4 (vorgeheizt)
Garzeit: 10–15 Minuten.

4. Die Spargel-Schinken-Röllchen möglichst heiß servieren.

Spätzle-Linsen-Salat | Raffiniert

8 Portionen

Pro Portion:
E: 25 g, F: 42 g, Kh: 49 g, kJ: 2821, kcal: 671

5 l Wasser
5 gestr. TL Salz
500 g Spätzle

750 ml (¾ l) Gemüsebrühe

250 g Tellerlinsen
8 Wiener Würstchen
5 mittelgroße Tomaten
1 Bund Frühlingszwiebeln

Für die Marinade:
250 ml (¼ l) warme Gemüsebrühe
1 Glas
(200 g) körniger Senf
2 TL süßer körniger Senf
4 EL Kräuteressig
etwas Kreuzkümmel (Cumin)
Salz
frisch gemahlener Pfeffer
1 geh. TL Currypulver
200 ml Olivenöl

Zubereitungszeit: 50 Min., ohne Durchziehzeit

1. Wasser zugedeckt in einem großen Topf zum Kochen bringen. Dann Salz und Spätzle zugeben. Die Spätzle im geöffneten Topf bei mittlerer Hitze nach Packungsanleitung kochen lassen, dabei ab und zu umrühren.

2. Anschließend die Spätzle in ein Sieb geben, mit heißem Wasser abspülen und abtropfen lassen.

3. Brühe in einem Topf zum Kochen bringen, Linsen hinzufügen und etwa 20 Minuten kochen. Anschließend in ein Sieb geben, den Sud dabei auffangen. Linsen mit kaltem Wasser übergießen und gut abtropfen lassen.

4. Würstchen in Scheiben schneiden. Tomaten waschen, kreuzweise einschneiden und einige Sekunden in kochendes Wasser legen. Tomaten kurz in kaltem Wasser abschrecken, enthäuten, halbieren, entkernen und Stängelansätze entfernen. Tomaten in große Stücke schneiden. Frühlingszwiebeln putzen, waschen, abtropfen lassen und in Ringe schneiden. Die vorbereiteten Salatzutaten in eine große Schüssel geben und vorsichtig mischen.

5. Für die Marinade Brühe mit dem aufgefangenen Sud, den beiden Senfsorten, Essig, Kümmel, Salz, Pfeffer und Curry verrühren. Olivenöl unterschlagen. Die Marinade über die Salatzutaten gießen, vorsichtig mischen und etwas durchziehen lassen. Den Salat vor dem Servieren nochmals mit den Gewürzen abschmecken.

Spinat-Lachs-Auflauf | Beliebt

8–10 Portionen

Pro Portion:
E: 36 g, F: 36 g, Kh: 6 g, kJ: 2103, kcal: 503

1,25–1,5 kg Spinat
2 Zwiebeln
3–4 Knoblauchzehen
4 EL Olivenöl
Salz
frisch gemahlener Pfeffer

Für die Sauce und zum Bestreuen:
200 ml Milch
400 ml Schlagsahne
4–5 TL heller Saucenbinder
300 g Schafkäse
Saft von
2 Zitronen
4 Eigelb (Größe M)

1 kg Lachsfilet ohne Haut
200 g Shrimps

Zubereitungszeit: 55 Min.
Garzeit: etwa 20 Min.

1. Spinat verlesen, evtl. die Wurzelenden abschneiden. Spinat waschen, abtropfen lassen und evtl. etwas kleiner schneiden. Zwiebeln und Knoblauch abziehen und fein würfeln.

2. Öl in einem großen Topf erhitzen. Zwiebel- und Knoblauchwürfel darin glasig dünsten. Spinat hinzufügen und wenige Minuten im geschlossenen Topf dünsten, bis er zusammengefallen ist. Den Spinat kräftig mit Salz und Pfeffer würzen und in eine große, flache Auflaufform geben.

3. Für die Sauce Milch und Sahne in den Topf gießen und aufkochen lassen. Den Saucenbinder einrühren. Schafkäse grob zerbröseln und die Hälfte davon mit Zitronensaft zu der Sauce geben. Mit Salz und Pfeffer würzen. Eigelb mit etwas Sauce verrühren und zu der Sauce geben (nicht mehr kochen lassen).

4. Lachsfilet unter fließendem kalten Wasser abspülen, trockentupfen und in Portionsstücke schneiden. Shrimps kalt abspülen und ebenfalls trockentupfen. Die Lachsstücke auf dem Spinat verteilen und mit Salz und Pfeffer würzen. Shrimps darüber streuen.

5. Die Sauce darüber gießen. Den restlichen Schafkäse darauf verteilen. Die Form auf dem Rost in den Backofen schieben.

Ober-/Unterhitze: etwa 200 °C (vorgeheizt)
Heißluft: etwa 180 °C (vorgeheizt)
Gas: Stufe 3–4 (vorgeheizt)
Garzeit: etwa 20 Minuten.

Beilage: Baguette.

Tipp: Anstelle von frischem können Sie ersatzweise auch TK-Blattspinat verwenden. Den gefrorenen Spinat dann zu den Zwiebelwürfeln in den Topf geben und bei mittlerer Hitze auftauen lassen.
Anstelle von Schafkäse können Sie auch anderen geriebenen Käse verwenden.

Spinatlasagne | Für Kinder

8 Portionen

Pro Portion:
E: 23 g, F: 49 g, Kh: 36 g, kJ: 2961, kcal: 708

1,3 kg	*TK-Blattspinat*
300 g	*Frühstücksspeck (Bacon)*
3 EL	*Speiseöl*
	Salz
	frisch gemahlener Pfeffer
	geriebene Muskatnuss
400 g	*Lasagneblätter*
2 Becher (je 250 g)	*Crème fraîche*
250 g	*Mozzarella-Käse*

Zubereitungszeit: 30 Min., ohne Antauzeit
Garzeit: 30–40 Min.

1. Spinat nach Packungsanleitung antauen lassen. Frühstücksspeck in dünne Streifen schneiden.

2. Öl in einem Topf erhitzen und Speckstreifen darin andünsten. Den angetauten Spinat dazugeben und zugedeckt ganz auftauen lassen (evtl. etwas Wasser hinzufügen). Dann mit Salz, Pfeffer und Muskat würzen.

3. Etwas von der Speck-Spinat-Masse in eine große, flache Auflaufform geben. Darauf eine Schicht Lasagneblätter verteilen und mit Speck-Spinat-Masse bedecken. Dann etwas Crème fraîche darauf verteilen. So fortfahren, bis alle Zutaten verbraucht sind, die oberste Schicht sollte Spinat sein.

4. Mozzarella abtropfen lassen, in dünne Scheiben schneiden und auf die Lasagne legen. Die Form auf dem Rost in den Backofen schieben.

Ober-/Unterhitze: 180–200 °C (vorgeheizt)
Heißluft: 160–180 °C (vorgeheizt)
Gas: etwa Stufe 3 (vorgeheizt)
Garzeit: 30–40 Minuten.

Spinatnudeln | Einfach

8 Portionen

Pro Portion:
E: 21 g, F: 17 g, Kh: 73 g, kJ: 2213, kcal: 529

800 g	*Spaghetti*
4 l	*Wasser*
4 TL	*Salz*
60 g	*Pinienkerne oder abgezogene, gestiftelte Mandeln*
4	*rote Peperoni*
4	*Zwiebeln*
6 EL	*Olivenöl*
2 Pck. (je 450 g)	*TK-Blattspinat*
	Salz
	frisch gemahlener Pfeffer
80 g	*gehobelter Parmesan*

Zubereitungszeit: 55 Min., ohne Abkühlzeit

1. Spaghetti zweimal durchbrechen. Wasser in einem großen Topf mit geschlossenem Deckel zum Kochen bringen. Salz und Spaghetti zugeben und die Spaghetti im geöffneten Topf bei mittlerer Hitze nach Packungsanleitung kochen lassen, dabei gelegentlich umrühren.

2. Anschließend die Spaghetti auf ein Sieb geben, mit heißem Wasser abspülen und abtropfen lassen.

3. Pinienkerne oder Mandeln in einer Pfanne ohne Fett goldbraun rösten, herausnehmen und abkühlen lassen. Peperoni der Länge nach aufschlitzen, entkernen, abspülen, trockentupfen und in Ringe schneiden. Zwiebeln abziehen und in kleine Würfel schneiden.

4. Zwei Esslöffel von dem Olivenöl in der Pfanne erhitzen und Zwiebelwürfel bei mittlerer Hitze darin andünsten. Den unaufgetauten Blattspinat hinzugeben und zugedeckt etwa 10 Minuten garen. Den Deckel abnehmen und den Spinat offen weiter garen, bis die Flüssigkeit verdampft ist. Spinat herausnehmen.

5. Restliches Olivenöl in einer großen Pfanne erhitzen. Spaghetti unter mehrmaligem Wenden darin anbraten. Peperoniringe hinzufügen und kurz mit anbraten. Spinat und Pinienkerne oder Mandeln hinzufügen, unterrühren und mit erhitzen. Mit Salz und Pfeffer würzen.

6. Die Spinatnudeln mit Parmesan bestreut servieren.

Abwandlung: Sie können die Spinatnudeln auch mit Walnusskernen zubereiten. Dann das Olivenöl durch neutrales Speise- oder Nussöl ersetzen.

Spinat- und Weizenwraps I

Gut vorzubereiten

24 Stück

Pro Stück:
E: 7 g, F: 17 g, Kh: 35 g, kJ: 1357, kcal: 322

Für die Curryfüllung:

1	*Lollo bionda*
1 kleines Bund	*Koriander*
200 g	*Mayonnaise*
50 g	*Mango-Chutney*
1 gestr. TL	*Currypulver*
	Salz
	frisch gemahlener Pfeffer
1 Dose	*Ananasstücke (Abtropfgewicht etwa 490 g)*
1 Glas	*Sojabohnenkeimlinge (Einwaage 400 g)*
12	*Spinat-Wraps (500 g, Ø 18 cm, Fertigprodukt)*

Für die Paprikafüllung:

1	*Lollo bionda*
1 Bund	*glatte Petersilie*
je 1	*rote, grüne und gelbe Paprikaschote (etwa 600 g)*
1 große	*Zwiebel*
200 g	*Mayonnaise*
8 EL	*süße Chilisauce*
12	*Weizenmehl-Wraps (560 g, Ø 24 cm, Fertigprodukt)*

Zubereitungszeit: 70 Min.

1. Für die Curryfüllung Salat und Koriander putzen, abspülen und gut abtropfen lassen. Gegebenenfalls mit Küchenpapier trockentupfen. Korianderblätter von den Stängeln zupfen.

2. Mayonnaise mit Mango-Chutney und Currypulver verrühren und mit Salz und Pfeffer würzen. Ananasstücke und Sojabohnenkeimlinge in einem Sieb abtropfen lassen.

3. Spinat-Wraps nacheinander mit je einem Salatblatt, etwas Curry-Mayonnaise, Ananas, Sojabohnenkeimlingen und Korianderblättern belegen und aufrollen.

4. Für die Paprikafüllung Salat und Petersilie putzen, abspülen und trockentupfen. Paprikaschoten halbieren, entstielen, entkernen, weiße Scheidewände entfernen und Schoten waschen. Zwiebel abziehen. Paprika und Zwiebel in dünne Streifen schneiden.

5. Mayonnaise mit Chilisauce verrühren und mit Pfeffer würzen.

6. Weizen-Wraps nacheinander mit je einem Salatblatt, etwas Chilimayonnaise, Paprika- und Zwiebelstreifen und Petersilie belegen und aufrollen oder in Tütenform einschlagen.

Tipp: Die Wraps können im Ganzen oder in diagonale Stücke geschnitten als Fingerfood gereicht werden.

Spitzkohlgratin | Raffiniert

8–10 Portionen

Pro Portion:
E: 24 g, F: 52 g, Kh: 14 g, kJ: 2623, kcal: 627

4–5 Köpfe	*Spitzkohl (2–2 ½ kg)*
3	*Zwiebeln*
4–5	*Knoblauchzehen*
200 g	*getrocknete Tomaten in Öl*
200 g	*Frühstücksspeck (Bacon)*
6 EL	*Olivenöl*
4 EL	*Öl (von den Tomaten)*

Für den Guss:

8	*Eier (Größe M)*
400 ml	*Schlagsahne*
500 g	*Ricotta (italienischer Frischkäse)*
	Salz
	frisch gemahlener Pfeffer

Zum Bestreuen:

80 g	*Pinienkerne*

Zubereitungszeit: 40 Min.
Garzeit: 25–30 Min.

1. Vom Spitzkohl die äußeren Blätter entfernen. Kohlköpfe halbieren und längs in Spalten schneiden. Die Strünke so weit abschneiden, dass die Spalten noch gut zusammen hängen. Die Kohlspalten vorsichtig waschen und abtropfen lassen.

2. Zwiebeln und Knoblauch abziehen und würfeln. Tomaten abtropfen lassen, dabei das Öl auffangen und 4 Esslöffel davon abmessen. Tomaten und Frühstücksspeck in Streifen schneiden.

3. Olivenöl portionsweise in einer Pfanne erhitzen. Die Spitzkohlspalten portionsweise darin unter Wenden etwa 8 Minuten braten. Die Spalten dann aus der Pfanne nehmen und auf den Boden einer großen, flachen Auflaufform oder der Fettfangschale des Backofens legen.

4. Das abgemessene Tomatenöl in der Pfanne erhitzen, Frühstücksspeckstreifen darin knusprig braten. Zwiebel- und Knoblauchwürfel hinzufügen und kurz mitbraten. Zum Schluss Tomatenstreifen untermengen. Die Mischung auf den Spitzkohlspalten verteilen.

5. Für den Guss Eier mit Sahne und Ricotta verrühren. Mit Salz und Pfeffer kräftig würzen und gleichmäßig über dem Kohl verteilen. Mit Pinienkernen bestreuen. Die Form oder Fettfangschale (die Form auf dem Rost) in den Backofen schieben.

Ober-/Unterhitze: etwa 200 °C (vorgeheizt)
Heißluft: etwa 180 °C (vorgeheizt)
Gas: Stufe 3–4 (vorgeheizt)
Garzeit: 25–30 Minuten.

Beilage: Ciabatta.

Tipp: Das Spitzkohlgratin schmeckt auch zu Steaks oder Lammfleisch.

Staudenselleriesalat | Mit Alkohol

8 Portionen

Pro Portion:
E: 8 g, F: 18 g, Kh: 15 g, kJ: 1102, kcal: 263

2 Staudensellerie (etwa 1 kg)
3 Birnen
3 Äpfel
2 rote Paprikaschoten

Für die Gorgonzolacreme:
200 g Gorgonzola-Käse
1 Becher
(150 g) Crème fraîche
5 EL Milch
4–5 EL Weinbrand
Salz
etwas Zucker
frisch gemahlener Pfeffer

80 g Haselnusskerne

Zubereitungszeit: 60 Min.

1. Staudensellerie putzen, waschen und die harten Außenfäden abziehen. Die Stangen in etwa 1 cm große Stücke schneiden, das zarte Blattgrün zurücklegen. Selleriestücke in kochendem Wasser etwa 2 Minuten garen, abgießen, kalt abschrecken und abtropfen lassen.

2. Birnen und Äpfel waschen, abtrocknen und vierteln, Kerngehäuse entfernen und das Obst in kleine Würfel schneiden. Paprikaschoten halbieren, entstielen, entkernen und die weißen Scheidewände entfernen, Schoten waschen und ebenfalls in kleine Würfel schneiden.

3. Für die Gorgonzolacreme Gorgonzola in die Salatschüssel geben und mit einer Gabel fein zerdrücken. Crème fraîche, Milch, Weinbrand, Salz, Zucker und Pfeffer unterrühren.

4. Alle Zutaten mit der Gorgonzolacreme vermengen. Salat nochmals abschmecken, grob gehackte Haselnusskerne und fein gehacktes Selleriegrün unterheben und den Salat servieren.

Tatar-Häppchen | Schnell

20 Stück

Pro Stück:
E: 4 g, F: 3 g, Kh: 4 g, kJ: 256, kcal: 61

3 Schalotten
2 Cornichons
1 Eigelb (Größe M)
250 g Tatar
Salz
1 EL Kapern
1 TL scharfer Senf
frisch gemahlener Pfeffer
Paprikapulver edelsüß
3–4 große Friséesalatblätter
20 Pumpernickeltaler
50 g Butter
3 Cocktailtomaten

Zubereitungszeit: 20 Min.

1. Schalotten abziehen und zusammen mit Cornichons in kleine Würfel schneiden. Cornichonwürfel, Eigelb, die Hälfte der Schalottenwürfel und Tatar vermengen. Mit Salz, Kapern, Senf, Pfeffer und Paprika abschmecken.

2. Friséeblätter unter fließendem kalten Wasser abspülen, trockentupfen und in kleine Stücke teilen. Pumpernickelscheiben mit Butter bestreichen, Salatblätter darauf legen und darauf die Tatarmischung geben.

3. Cocktailtomaten waschen und vierteln. Tomatenviertel zusammen mit den restlichen Schalottenwürfeln auf die Häppchen verteilen.

Tipp: Tatar noch am gleichen Tag verwenden.

Abwandlung: Aus 400 g Thüringer Mett etwa 20 kleine Bällchen formen, in 3 Esslöffeln Speiseöl rundherum anbraten, dann abkühlen lassen. Von einer Salatgurke 20 Scheiben abschneiden, das Gurkeninnere etwas aushöhlen. 200 g Schafkäse mit gut 1 Esslöffel Ajvar (fertig gekauftes Paprikamus) gut verrühren, mit etwas Pfeffer abschmecken und in die Mitte der Gurken geben. Je ein Fleischbällchen auf die Gurkenscheibe setzen und mit einem Holzspießchen feststecken.

Thunfisch-Kartoffelsalat | Einfach

8 Portionen

Pro Portion:
E: 10 g, F: 29 g, Kh: 19 g, kJ: 1651, kcal: 394

Für die Sauce:

3	*frische Eigelb (Größe M)*
2 EL	*Senf*
6 EL	*Weinessig*
etwas	*Zucker*
	Salz
	frisch gemahlener Pfeffer
150 ml	*Olivenöl*
2	*rote Zwiebeln*
2 Pck. (je 500 g)	*Baked Potatoes (Kühlregal)*
2 Dosen	*Thunfisch in Öl (Abtropfgewicht je 150 g)*
200 g	*Staudensellerie*
1 Bund	*glatte Petersilie*
200 g	*Cocktailtomaten*
1	*rote Paprikaschote*

Zubereitungszeit: 50 Min.

1. Für die Sauce Eigelb mit Senf, Essig, Zucker, Salz und Pfeffer in eine Rührschüssel geben, mit Handrührgerät mit Rührbesen verrühren, nach und nach das Öl unterrühren. Zwiebeln abziehen, fein würfeln und unter die Sauce mischen.

2. Für den Salat Kartoffeln pellen und in grobe Würfel zerteilen. Thunfisch abtropfen lassen und zerpflücken.

3. Staudensellerie putzen, waschen, die harten Außenfäden abziehen und Stangen in feine Scheiben schneiden. Petersilie abspülen, trockentupfen, Blättchen von den Stängeln zupfen und fein schneiden.

4. Tomaten waschen. Paprikaschote halbieren, entstielen, entkernen und die weißen Scheidewände entfernen. Schote waschen und in feine Streifen schneiden.

5. Alle Salatzutaten mit der Sauce vermischen und den Salat nochmals mit Essig, Zucker, Salz und Pfeffer abschmecken.

Tipp: Den Kartoffelsalat im Kühlschrank aufbewahren und schnell verzehren. Sie können die Sauce auch ohne frisches Eigelb zubereiten. Dazu 200 g Salatmayonnaise mit 150 g Naturjoghurt verrühren, fein gewürfelte Zwiebeln unterheben und wie im Rezept angegeben weiterverwenden.
Anstelle der Baked Potatoes können Sie auch 1 kg Pellkartoffeln verwenden.

Tiramisu | Klassisch

12 Portionen

Pro Portion:
E: 6 g, F: 21 g, Kh: 17 g, kJ: 1252, kcal: 299

200 g Löffelbiskuits
300 ml Espresso (stark gekocht)
2 EL Orangenlikör
6 Eigelb (Größe M)
60 g Zucker
2 Pck. Dr. Oetker Vanillin-Zucker
500 g Mascarpone
6 Eiweiß (Größe M)
10 g Kakaopulver

Zubereitungszeit: 40 Min.

1. Die Hälfte von den Löffelbiskuits in eine große flache, rechteckige Auflaufform legen. Espresso mit Orangenlikör mischen und die Löffelbiskuits mit der Hälfte der Flüssigkeit tränken.

2. Eigelb mit Zucker und Vanillin-Zucker mit Handrührgerät mit Rührbesen schaumig rühren, nach und nach esslöffelweise Mascarpone unterrühren.

3. Eiweiß steif schlagen und unter die Mascarponemasse heben.

4. Die Hälfte der Creme auf die Löffelbiskuits in der Form geben, die andere Hälfte der Löffelbiskuits darauf schichten und mit der restlichen Espresso-Likör-Mischung tränken, die restliche Creme darüber geben. Das Tiramisu kalt stellen und vor dem Servieren mit Kakaopulver bestäuben.

Tipp: Tiramisu am besten am Vortag zubereiten und über Nacht kalt stellen. Statt Orangenlikör Amaretto (Mandellikör) nehmen.

Tiroler Speckknödelsuppe | Preiswert

8 Portionen

Pro Portion:
E: 8 g, F: 19 g, Kh: 21 g, kJ: 1228, kcal: 293

Für die Speckknödel:

1 Pck.
(200 g) Semmelknödel (im Kochbeutel)
kochendes Salzwasser
200 g magerer Speck oder Schinken
1 EL Speiseöl

Für die Suppe:

1 kleiner
Kopf Wirsing (etwa 400 g)
1 Bund Frühlingszwiebeln (etwa 250 g)
5 Fleischtomaten (etwa 750 g)
2 l Gemüsebrühe
Salz
frisch gemahlener Pfeffer
geriebene Muskatnuss
1 Bund Liebstöckel

Zubereitungszeit: 50 Min.

1. Für die Speckknödel Semmelknödel nach Packungsanleitung in Wasser quellen lassen, dann in kochendem Salzwasser die Hälfte der angegebenen Garzeit ziehen lassen, aus den Kochbeuteln nehmen und die Masse in eine Schüssel geben.

2. Speck oder Schinken fein würfeln. Öl in einer Pfanne erhitzen. Speck- oder Schinkenwürfel darin anbraten, etwas abkühlen lassen und unter die Knödelmasse rühren. Aus der Masse etwa 30 kleine Knödel formen.

3. Für die Suppe vom Wirsing die groben, äußeren Blätter lösen, Wirsing halbieren, vierteln und den Strunk herausschneiden. Wirsing abspülen, abtropfen lassen, in breite Streifen schneiden und die Streifen quer halbieren. Frühlingszwiebeln putzen, waschen und in feine Ringe schneiden.

4. Tomaten waschen, abtropfen lassen, kreuzweise einschneiden, kurz in kochendes Wasser legen und mit kaltem Wasser abschrecken. Tomaten enthäuten, entkernen, die Stängelansätze herausschneiden und das Fruchtfleisch würfeln.

5. Gemüsebrühe in einem großen Topf erhitzen. Wirsingstreifen, Frühlingszwiebelringe und Tomatenwürfel hineingeben, alles zum Kochen bringen und etwa 10 Minuten leicht kochen lassen. Die Suppe mit Salz, Pfeffer und Muskat würzen.

6. Liebstöckel kalt abspülen, trockentupfen und die Blättchen von den Stängeln zupfen. Liebstöckel und Speckknödel in die Suppe geben und alles weitere 10 Minuten ziehen lassen.

Tipp: Anstelle von Speck- oder Schinkenwürfeln können Sie auch gehackte Kräuter unter die Knödelmasse rühren.

Tomaten, gefüllte I

Preiswert–gut vorzubereiten

24 Stück

Pro Stück:
E: 1 g, F: 2 g, Kh: 6 g, kJ: 183, kcal: 44

100 g	*Langkornreis*
24	*kleine Tomaten*
1	*kleine, grüne Paprikaschote*
½ Bund	*Frühlingszwiebeln*
1 kleine Dose (140 g)	*Gemüsemais*
2–3 EL	*Speiseöl*
	Salz, frisch gemahlener Pfeffer

Zubereitungszeit: 40 Min.

1. Reis nach Packungsanleitung garen und erkalten lassen.

2. Tomaten waschen, trockentupfen, einen Deckel abschneiden und das Tomateninnere mit einem Teelöffel aushöhlen.

3. Paprika halbieren, entstielen, entkernen und die weißen Scheidewände entfernen, Schote waschen und fein würfeln. Frühlingszwiebeln putzen, waschen und in feine Ringe schneiden.

4. Mais auf ein Sieb geben, kalt abspülen und abtropfen lassen. Paprika, Frühlingszwiebeln und Mais unter den Reis mischen. Öl unterrühren und mit Salz und Pfeffer abschmecken.

5. Die Masse in die Tomaten füllen und den Deckel darauf legen.

Tipp: Die Tomaten können gut einige Stunden vor Verzehr zubereitet werden. Statt Mais können auch 100 g Käsewürfel unter die Masse gegeben werden.

Abwandlung: 6 Stangen gegarten Spargel in sehr feine Scheiben schneiden. Aus 6 Esslöffeln Olivenöl, 1 Teelöffel Dijon-Senf, 1 Esslöffel Zitronensaft, Salz, Pfeffer und 1 Prise Zucker eine Vinaigrette zubereiten und den Spargel darin marinieren. 2 Esslöffel gehackte, glatte Petersilie unterrühren und die ausgehöhlten Tomaten damit füllen.

Tomatenpizza mit Kräuterteig |

Vegetarisch

8–10 Portionen

Pro Portion:
E: 15 g, F: 21 g, Kh: 53 g, kJ: 1902, kcal: 455

Für den Hefeteig:

600 g	*Weizenmehl*
2 Pck.	*Dr. Oetker Trockenbackhefe*
2 TL	*Salz*
2 EL	*gemischte, gehackte Kräuter, z. B. Rosmarin, Thymian, Oregano*
300 ml	*lauwarmes Wasser*
4 EL	*Olivenöl*

Für den Belag:

1 kg	*Tomaten*
150 g	*Schalotten*
500 g	*Ricotta (italienischer Frischkäse)*
1 Becher (150 g)	*Crème fraîche*
2	*Knoblauchzehen*
	Salz
	frisch gemahlener Pfeffer

Zubereitungszeit: 50 Min., ohne Teiggehzeit
Backzeit: etwa 25 Min. je Blech

1. Für den Teig Mehl in eine Rührschüssel sieben und mit der Hefe sorgfältig vermischen. Salz, Kräuter, Wasser und Öl hinzufügen.

2. Die Zutaten mit Handrührgerät mit Knethaken zunächst auf niedrigster, dann auf höchster Stufe in etwa 5 Minuten zu einem glatten Teig verarbeiten. Den Teig an einem warmen Ort so lange gehen lassen, bis er sich sichtbar vergrößert hat.

3. Den Teig dann auf der leicht bemehlten Arbeitsfläche nochmals durchkneten und halbieren. Jede Teighälfte auf einem Backblech (30 x 40 cm, gefettet) ausrollen.

4. Für den Belag Tomaten waschen, abtrocknen, halbieren und die Stängelansätze herausschneiden. Tomaten in Scheiben schneiden. Schalotten abziehen und in feine Spalten schneiden.

5. Ricotta und Crème fraîche verrühren. Knoblauch abziehen, durch die Knoblauchpresse drücken und unter die Creme rühren. Die Creme mit Salz und Pfeffer würzen, auf den Pizzen verteilen und mit Tomatenscheiben und Schalottenspalten belegen. Die Backbleche nacheinander (bei Heißluft zusammen) in den Backofen schieben.

Ober-/Unterhitze: etwa 200 °C (vorgeheizt)
Heißluft: etwa 180 °C (vorgeheizt)
Gas: Stufe 3–4 (vorgeheizt)
Backzeit: etwa 25 Minuten je Blech.

Tipp: Die Backbleche bei Ober- und Unterhitze im unteren Drittel in den Backofen schieben.

Tomatensuppe mit Reis | Einfach

8 Portionen

Pro Portion:
E: 7 g, F: 3 g, Kh: 39 g, kJ: 893, kcal: 213

200 g	*Langkornreis*
750 ml (¾ l)	*kochendes Salzwasser*
4	*Zwiebeln (160 g)*
2	*Knoblauchzehen*
2 EL	*Olivenöl*
4 Pck. (je 500 g)	*passierte Tomaten*
500 ml (½ l)	*Wasser*
2 EL	*gekörnte Gemüsebrühe*
2 TL	*getrockneter Oregano*
140 g	*Tomatenmark*
	Salz
	frisch gemahlener Pfeffer
	Paprikapulver edelsüß
	Cayennepfeffer
etwas	*Zucker*
4 EL	*gehackte Petersilie*

Zubereitungszeit: 45 Min.

1. Den Reis in das kochende Salzwasser geben, wieder zum Kochen bringen und in etwa 15 Minuten ausquellen lassen. Den Reis dann in ein Sieb geben, mit kaltem Wasser abspülen und abtropfen lassen.

2. In der Zwischenzeit Zwiebeln und Knoblauch abziehen und in Würfel schneiden. Öl in einem großen Topf erhitzen. Zwiebel- und Knoblauchwürfel darin andünsten.

3. Tomaten, Wasser, Gemüsebrühe und Oregano hinzufügen, alles zum Kochen bringen und etwa 10 Minuten kochen lassen.

4. Tomatenmark unterrühren. Die Suppe mit Salz, Pfeffer, Paprikapulver, Cayennepfeffer und Zucker würzen. Den gegarten Reis hinzufügen und erwärmen. Die Suppe mit Petersilie bestreut servieren.

Tortellini-Mangold-Auflauf | Einfach

8–10 Portionen

Pro Portion:
E: 25 g, F: 31 g, Kh: 42 g, kJ: 2244, kcal: 559

1 ½ kg Mangold
Salzwasser

4 l Wasser
4 TL Salz
500 g getrocknete Tortellini mit Käsefüllung
400 g Cocktailtomaten
100 g Walnusskerne
250 g Mozzarella
½ Topf Thymian

Für den Guss:
6 Eier (Größe M)
200 ml Schlagsahne
200 ml Milch
frisch gemahlener weißer Pfeffer
125 g Frühstücksspeck (Bacon)

Zubereitungszeit: 40 Min.
Garzeit: etwa 40 Min.

1. Mangold putzen, gründlich waschen und abtropfen lassen. Die breiten, weißen Blattrippen herausschneiden, in schmale Streifen schneiden. Das Blattgrün in breite Streifen schneiden. Salzwasser zum Kochen bringen. Mangold darin etwa 3 Minuten garen, dann mit einer Schaumkelle herausnehmen und abtropfen lassen.

2. Wasser zugedeckt in einem großen Topf zum Kochen bringen. Dann Salz und Tortellini zugeben. Die Tortellini im geöffneten Topf bei mittlerer Hitze nach Packungsanleitung bissfest kochen, dabei zwischendurch umrühren. Anschließend Tortellini in ein Sieb geben, mit heißem Wasser abspülen und abtropfen lassen.

3. Cocktailtomaten waschen, abtrocknen und halbieren. Die Stängelansätze herausschneiden. Walnusskerne grob hacken. Mozzarella abtropfen lassen und

in Würfel oder Scheiben schneiden. Thymian abspülen und trockentupfen. Einige Stängel zum Garnieren beiseite legen. Von den restlichen Stängeln die Blättchen zupfen.

4. Mangold, Thymianblättchen, Tortellini und Walnüsse mischen und in eine große, flache Auflaufform (gefettet) geben. Tomatenhälften und Mozzarella darauf verteilen.

5. Für den Guss Eier mit Sahne und Milch verquirlen, mit Pfeffer und evtl. Salz würzen und über die vorbereiteten Zutaten gießen. Die Form auf dem Rost in den Backofen schieben.

Ober-/Unterhitze: 180–200 °C (vorgeheizt)
Heißluft: 160–180 °C (vorgeheizt)
Gas: etwa Stufe 3 (vorgeheizt)
Garzeit: etwa 40 Minuten.

6. Speckscheiben in einer Pfanne ohne Fett kross braten und auf Küchenpapier abtropfen lassen. Nach 30 Minuten Garzeit den Speck auf dem Auflauf verteilen, den Auflauf zu Ende garen.

7. Den Auflauf mit den beiseite gelegten Thymianstängeln garnieren.

Tortellini-Salat | Raffiniert

12 Portionen

Pro Portion:
E: 14 g, F: 21 g, Kh: 29 g, kJ: 1558, kcal: 372

500 g getrocknete Tortellini mit Käsefüllung
600 g Tomaten
400 g gekochter Schinken

Für die Salatsauce:
1 kleines Glas (250 g) Miracel Whip
150 g saure Sahne
2 EL Balsamico-Essig
4 EL Olivenöl
2 abgezogene, zerdrückte Knoblauchzehen
Salz
frisch gemahlener Pfeffer
2 EL in Streifen geschnittene Basilikumblätter
1 Bund Schnittlauch in Röllchen geschnitten
gerebelter Thymian

Zubereitungszeit: 50 Min., ohne Durchziehzeit

1. Tortellini nach Packungsanleitung in reichlich Salzwasser garen. Dann auf ein Sieb geben und kurz mit kaltem Wasser abschrecken, abtropfen und erkalten lassen.

2. Tomaten kurze Zeit in kochendes Wasser legen, mit kaltem Wasser abschrecken und enthäuten, Stängelansätze herausschneiden und die Tomaten in Würfel schneiden. Schinken in Würfel schneiden.

3. Für die Salatsauce Miracel Whip mit saurer Sahne, Essig, Öl, Knoblauch, Salz, Pfeffer, Basilikum, Schnittlauch und Thymian verrühren.

4. Tortellini, Schinken- und Tomatenwürfel mit der Sauce vorsichtig mischen und etwa 30 Minuten durchziehen lassen. Evtl. nochmals abschmecken.

Tipp: Der Tortellini-Salat kann als vegetarische Variante auch ohne Schinken zubereitet werden. Den Schinken dann durch 400 g frische, in Scheiben geschnittene Champignons ersetzen. Gut schmeckt es auch halb mit Schinken und halb mit Champignons kombiniert.

Tortellinisalat mit Rucola |

Raffiniert

8 Portionen

Pro Portion:
E: 12 g, F: 25 g, Kh: 44 g, kJ: 1772, kcal: 448

4 l	*Wasser*
4 TL	*Salz*
2 Pck. (je 250 g)	*getrocknete Tortellini mit Käsefüllung*
100 g	*abgezogene, gestiftelte Mandeln*
3 rote	*Paprikaschoten*

Für die Marinade:

3 EL	*Weißweinessig*
	Salz
	frisch gemahlener Pfeffer
	Zucker
5 EL	*Speiseöl*
5 EL	*Nussöl*
300 g	*Rucola (Rauke)*

Zubereitungszeit: 40 Min., ohne Abkühl- und Durchziehzeit

1. Wasser in einem großen Topf mit geschlossenem Deckel zum Kochen bringen. Salz und Tortellini zugeben und die Tortellini im geöffneten Topf bei mittlerer Hitze nach Packungsanleitung kochen lassen, dabei 4–5-mal umrühren.

2. Anschließend die Tortellini in ein Sieb geben, mit heißem Wasser abspülen und abtropfen lassen.

3. Mandeln in einer Pfanne ohne Fett goldbraun rösten, auf einem Teller abkühlen lassen und beiseite stellen. Paprika halbieren, entstielen, entkernen und die weißen Scheidewände entfernen. Die Schoten waschen, trockentupfen und in Würfel schneiden.

4. Für die Marinade Essig mit Salz, Pfeffer und Zucker verrühren und Speise- und Nussöl unterschlagen.

5. Tortellini mit den Paprikawürfeln in einer großen Schüssel mischen, Marinade hinzugeben und untermischen. Den Salat etwa 30 Minuten durchziehen lassen.

6. Rucola putzen, waschen, trockenschleudern und in mundgerechte Stücke zupfen. Rucola mit den Mandeln unter den Salat heben.

Tortenbrie, gefüllt

Einfach – gut vorzubereiten

16 Stück

Pro Stück:
E: 12 g, F: 39 g, Kh: 1 g, kJ: 1659, kcal: 396

125 g	*Walnusskerne*
je ½ Bund	*Petersilie, Schnittlauch, Basilikum, Dill*
250 g	*weiche Butter*
	Salz
	frisch gemahlener Pfeffer
1	*Tortenbrie (etwa 1 kg, nicht zu reif, Doppelrahmstufe)*

Zubereitungszeit: 25 Min., ohne Abkühlzeit

1. 16 Walnusskernhälften zum Garnieren beiseite legen. Restliche Walnusskerne grob hacken.

2. Kräuter abspülen, trockentupfen und einige Stängel zum Garnieren beiseite legen. Von den restlichen Kräutern die Blättchen und Spitzen von den Stängeln zupfen. Blättchen, Spitzen und Schnittlauch fein schneiden oder hacken.

3. Butter mit Kräutern und Walnusskernen verrühren. Buttermischung mit Salz und Pfeffer abschmecken.

4. Tortenbrie waagerecht halbieren. Untere Hälfte mit etwa zwei Drittel der Buttermischung gleichmäßig bestreichen. Obere Käsehälfte darauf legen, vorsichtig andrücken. Käse mindestens 1 Stunde kalt stellen.

5. Restliche Buttermischung in 16 kleinen Häufchen dekorativ auf der Käseoberfläche verteilen, mit Walnusskernen und beiseite gelegten Kräutern garnieren.

Beilage: Pumpernickel.

Tipp: Eine andere Füllung für den Brie: Briehälfte mit Preiselbeeren (aus einem Glas) bestreichen. 400 g Frischkäse verrühren, 250 ml Schlagsahne steif schlagen, unterheben, mit Salz, Pfeffer würzen. Die Hälfte der Frischkäsecreme auf die Preiselbeeren streichen, mit der oberen Briehälfte bedecken. Restliche Frischkäsecreme in einen Spritzbeutel geben, Tortenbrie damit verzieren.

Tortilla vom Blech mit Spargel I

Vegetarisch

12 Portionen

Pro Portion:
E: 11 g, F: 19 g, Kh: 11 g, kJ: 1109, kcal: 265

750 g	*fest kochende Kartoffeln*
2 rote	*Paprikaschoten (350 g)*
2	*Zwiebeln*
1 Bund	*glatte Petersilie*
2 Gläser	*Spargelabschnitte (Abtropfgewicht je 170 g)*
3 EL	*Olivenöl*
	Salz
	frisch gemahlener Pfeffer
2 EL	*Olivenöl*
1 gestr. TL	*Paprikapulver edelsüß*
15	*Eier (Größe M)*
250 ml (¼ l)	*Schlagsahne*

Zubereitungszeit: 45 Min.
Garzeit: 30–40 Min.

1. Kartoffeln schälen, abspülen, abtropfen lassen und in dünne Scheiben schneiden. Paprikaschoten halbieren, entstielen, entkernen und die weißen Scheidewände entfernen. Schoten waschen, abtropfen lassen und in Würfel schneiden.

2. Zwiebeln abziehen und in Würfel schneiden. Petersilie abspülen, trockentupfen, die Blättchen von den Stängeln zupfen. Einige Blättchen zum Garnieren beiseite legen, restliche Blättchen fein schneiden.

3. Spargelstücke in einem Sieb abtropfen lassen. 3 EL Olivenöl in einer großen Pfanne erhitzen. Die Kartoffeln dazugeben und von allen Seiten in etwa 10 Minuten goldbraun braten. Mit Salz und Pfeffer bestreuen, gehackte Petersilie unterheben. Kartoffeln in einer Fettfangschale (gefettet) verteilen.

4. Olivenöl in der Pfanne erhitzen. Zwiebel- und Paprikawürfel darin andünsten, mit Salz, Pfeffer und Paprikapulver würzen. Spargelstücke unterheben. Gemüse auf den Kartoffelscheiben verteilen.

5. Eier mit Sahne verschlagen, mit Salz, Pfeffer und Paprikapulver würzen. Eiersahne über das Gemüse gießen. Die Fettfangschale in den Backofen schieben.

Ober-/Unterhitze: etwa 180 °C (vorgeheizt)
Heißluft: etwa 160 °C (vorgeheizt)
Gas: Stufe 2–3 (vorgeheizt)
Garzeit: 30–40 Minuten.

6. Fettfangschale auf einen Kuchenrost setzen. Tortilla erkalten lassen, in kleine Stücke schneiden und mit den beiseite gelegten Petersilienblättchen garniert servieren.

Tipp: Die Tortilla vor dem Garen zusätzlich mit Pinienkernen oder schwarzen Olivenringen bestreuen. Tortilla mit Schnittlauch bestreut servieren.

Tortilla-Chips mit Avocado-Dip I

Schnell

12 Portionen

Pro Portion:
E: 5 g, F: 26 g, Kh: 28 g, kJ: 1514, kcal: 362

4 Knoblauchzehen
1 TL Salz
2 Limonen
4 reife Avocados
Chilipulver
frisch gemahlener Pfeffer
4 Fleischtomaten
2 Bund glatte Petersilie
3 Pck.
(je 150 g) Tortilla-Chips

Zubereitungszeit: 30 Min.

1. Knoblauch abziehen, mit Salz fein hacken und in eine Schüssel geben. Limonen auspressen und den Saft dazugeben.

2. Avocados halbieren, aufdrehen, Kern entfernen und mit einem Löffel das Fruchtfleisch herausholen, mit einer Gabel zerkleinern und mit Chilipulver und Pfeffer würzen.

3. Fleischtomaten kurze Zeit in kochendes Wasser legen, mit kaltem Wasser abschrecken, enthäuten und die Stängelansätze herausschneiden. Tomaten in kleine Würfel schneiden und unter das Avocadomus heben.

4. Petersilie abspülen, gut abtropfen lassen, Blättchen von den Stängeln zupfen, fein hacken und mit dem Avocadomus mischen.

5. Avocado-Dip in eine Schale geben und Tortilla-Chips in einer extra Schüssel dazureichen.

Tipp: Das Avocadomus wird nicht so schnell braun, wenn Sie den Kern der Avocado hineinlegen und erst kurz vor dem Servieren herausnehmen. Ansonsten sollte der Avocado-Dip erst kurz vor dem Verzehr zubereitet werden. Nach Belieben den Avocado-Dip in die Mitte einer runden Platte geben und Limonenscheiben darum legen.

Vegetarischer Eintopf | Preiswert

8 Portionen

Pro Portion:
E: 8 g, F: 6 g, Kh: 22 g, kJ: 737, kcal: 175

800 g	*Möhren*
800 g	*Kartoffeln*
800 g	*grüne Bohnen*
1	*Blumenkohl (etwa 1 kg)*
2	*große Zwiebeln*
800 g	*Tomaten*
2,5 l	*Gemüsebrühe*
50 g	*Butter*
	Salz
	frisch gemahlener Pfeffer
2 gestr. EL	*vegetarische Paste mit Kräutern*
1 Topf	*Basilikum*
2 EL	*gehackte Petersilie*

Zubereitungszeit: 60 Min.
Garzeit: etwa 20 Min.

1. Möhren putzen, schälen, waschen, abtropfen lassen und in Würfel schneiden. Kartoffeln waschen, schälen, abspülen, abtropfen lassen und ebenfalls in Würfel schneiden. Von den Bohnen die Enden abschneiden, Bohnen evtl. abfädeln, waschen, abtropfen lassen und in Stücke brechen oder schneiden.

2. Von dem Blumenkohl die Blätter und schlechten Stellen entfernen. Den Strunk herausschneiden. Blumenkohl waschen, abtropfen lassen und in kleine Röschen teilen. Zwiebeln abziehen und in kleine Würfel schneiden. Tomaten kreuzweise einschneiden, kurze Zeit in kochendes Wasser legen, in kaltem Wasser abschrecken, enthäuten und Stängelansätze herausschneiden. Tomaten in Achtel schneiden.

3. Brühe in einem großen Topf zum Kochen bringen. Möhren-, Kartoffelwürfel, Bohnenstücke und Blumenkohlröschen hinzugeben, zum Kochen bringen und zugedeckt etwa 20 Minuten garen. Tomatenachtel hinzufügen.

4. Butter in einem Topf zerlassen. Zwiebelwürfel darin andünsten und in den Eintopf geben. Mit Salz, Pfeffer und vegetarischer Paste würzen. Basilikum abspülen und trockentupfen. Die Blättchen von den Stängeln zupfen. Blättchen in Streifen schneiden und unterrühren.

5. Den Eintopf mit Salz und Pfeffer abschmecken, mit Petersilie bestreut servieren.

Vanille-Kirsch-Speise mit Eierlikör | Mit Alkohol

12 Portionen

Pro Portion:
E: 13 g, F: 6 g, Kh: 46 g, kJ: 1401, kcal: 335

2 Pck.	*Dr. Oetker Pudding-Pulver Vanille-Geschmack*
80 g	*Zucker*
1 l	*Milch*
2 Gläser	*Sauerkirschen (Abtropfgewicht je 370 g)*
750 g	*Magerquark*
60 g	*Zucker*
125 ml (⅛ l)	*frisch gepresster Orangensaft (von etwa 4 Orangen)*
375 ml (⅜ l)	*Eierlikör*
50 g	*Vollmilch-Raspelschokolade*

Zubereitungszeit: 30 Min., ohne Abkühlzeit

1. Aus Pudding-Pulver, Zucker und Milch nach Packungsanleitung einen Pudding kochen und erkalten lassen. Dabei ab und zu umrühren, damit sich keine Haut bildet, oder direkt auf die Puddingoberfläche eine Lage Frischhaltefolie legen.

2. Sauerkirschen in einem Sieb gut abtropfen lassen. Quark mit Zucker und Orangensaft verrühren.

3. Die Hälfte der Sauerkirschen in eine große, breite Glasschüssel geben. Erst die Hälfte des Puddings darauf geben und glatt streichen, dann die Hälfte des Quarks. Danach die restlichen Kirschen, den restlichen Pudding und Quark einschichten.

4. Eierlikör vorsichtig auf die obere Quarkschicht gießen und mit Raspelschokolade bestreuen. Die Speise bis zum Verzehr kalt stellen.

Tipp: Noch schneller geht es, wenn Sie 2 Becher (je 500 g) fertigen Vanillepudding aus dem Kühlregal verwenden.

Viktoriabarsch, gekräutert I

Etwas teurer

12 Portionen

Pro Portion:

E: 29 g, F: 21 g, Kh: 2 g, kJ: 1417, kcal: 338

1800 g	*Viktoriabarschfilet*
	Salz
	frisch gemahlener Pfeffer
	Worcestersauce
	Zitronensaft
3 Bund	*Kerbel*
3 Bund	*Petersilie*
3 Bund	*Dill*
600 g	*Kirschtomaten*
6 EL	*Pflanzenöl*
200 ml	*Gemüsebrühe oder Fischfond*
200 g	*Knoblauchbutter*

Zubereitungszeit: 80 Min.
Garzeit: etwa 25 Min.

1. Barschfilets unter fließendem kalten Wasser abspülen und trockentupfen. Barschfilets in Streifen oder Würfel schneiden und mit Salz, Pfeffer, Worcestersauce und Zitronensaft würzen.

2. Kerbel, Petersilie und Dill abspülen, trockentupfen und fein hacken. Kirschtomaten waschen, abtropfen lassen und die Stängelansätze herausschneiden.

3. Pflanzenöl in einer beschichteten Pfanne erhitzen und Barschfilets portionsweise von beiden Seiten kross darin anbraten. Barschfilets in einen großen Bräter legen. Kirschtomaten in dem Bratfett andünsten und mit in den Bräter geben. Kräuter darauf verteilen und Brühe oder Fischfond hinzugießen. Knoblauchbutter zerlassen und darüber träufeln.

4. Den Bräter auf dem Rost in den Backofen schieben.

Ober-/Unterhitze: etwa 200 °C (vorgeheizt)
Heißluft: etwa 180 °C (vorgeheizt)
Gas: Stufe 3–4 (vorgeheizt)
Garzeit: etwa 25 Minuten.

5. Das Fischgericht sofort servieren.

Vitello tonnato | Gut vorzubereiten

8–10 Portionen

Pro Portion:
E: 62 g, F: 59 g, Kh: 2 g, kJ: 3309, kcal: 792

1 ¼ l Wasser
750 g mageres Kalbfleisch (aus der Unterschale)
2 Zwiebeln
1 ¼ TL Salz
2 Lorbeerblätter
4 Gewürznelken

Für die Thunfischsauce:
2 Dosen Thunfisch im eigenen Saft (Abtropfgewicht je 185 g)
2 EL Zitronensaft
150 g Mayonnaise
150 g Crème fraîche
2 EL Kapern (aus dem Glas)
Salz
frisch gemahlener Pfeffer

Zubereitungszeit: etwa 30 Min., ohne Abkühlzeit

1. Wasser in einem Topf zum Kochen bringen. Kalbfleisch unter fließendem kalten Wasser abspülen. Zwiebeln abziehen und vierteln. Das Fleisch mit Salz, Lorbeerblättern, Nelken und Zwiebelvierteln in das kochende Wasser geben, wieder zum Kochen bringen und etwa 75 Minuten mit Deckel bei schwacher Hitze kochen. Das Fleisch in dem Kochsud erkalten lassen.

2. Für die Sauce Thunfisch gut abtropfen lassen und mit dem Zitronensaft pürieren. Mit Mayonnaise und Crème fraîche verrühren. 1½ Esslöffel der Kapern fein hacken und unter die Masse rühren. Mit Salz und Pfeffer würzen.

3. Das kalte Fleisch aus dem Kochsud nehmen, trockentupfen, in sehr dünne Scheiben schneiden (am besten mit einer Aufschnittmaschine) und auf eine tiefe Platte legen.

4. Die Sauce auf den Fleischscheiben verteilen, mit einigen Kapern bestreuen, aufrollen, feststecken und auf einer Platte anrichten.

Beilage: Dazu Baguette reichen. Nach Belieben mit Gurkenscheiben und Salatblättern garnieren.

Westfälische Schnitzel | Einfach

8–10 Portionen

Pro Portion:
E: 36 g, F: 18 g, Kh: 23 g, kJ: 1683, kcal: 400

2 mittelgroße Gemüsezwiebeln (je etwa 200 g)
8 Scheiben Schwarzbrot (etwa 500 g)
250 g westfälischer roher Schinken
1 Bund Schnittlauch
3 Fleischtomaten
8–10 Schweineschnitzel (je etwa 120 g)
Salz
frisch gemahlener Pfeffer
8 EL Speiseöl, z. B. Rapsöl
50 g Butter oder Margarine

Zubereitungszeit: 60 Min.

1. Zwiebeln abziehen, halbieren und in kleine Würfel schneiden. Schwarzbrot fein zerbröseln. Schinken ebenfalls in kleine Würfel schneiden.

2. Schnittlauch abspülen, trockentupfen und in Röllchen schneiden. Tomaten waschen, abtropfen lassen, kreuzweise einschneiden und kurz in kochendes Wasser legen. Tomaten mit kaltem Wasser abschrecken, enthäuten, halbieren und die Stängelansätze herausschneiden. Tomaten entkernen und in Würfel schneiden.

3. Schnitzel unter fließendem kalten Wasser abspülen und trockentupfen, mit Salz und Pfeffer bestreuen.

4. Speiseöl portionsweise in einer großen Pfanne erhitzen. Die Schnitzel portionsweise von beiden Seiten etwa 15 Minuten darin braten, herausnehmen, auf eine vorgewärmte Platte legen und warm stellen.

5. Butter oder Margarine in dem verbliebenen Bratfett zerlassen. Schinken- und Zwiebelwürfel darin andünsten. Brot- und Tomatenwürfel hinzugeben und kurz mit andünsten.

6. Schinken-Brot-Masse auf den Schnitzeln verteilen, mit Salz und Pfeffer bestreuen. Westfälische Schnitzel mit Schnittlauchröllchen bestreuen.

Wiener Saftrindergulasch I

Dauert länger

8–10 Portionen

Pro Portion:

E: 30 g, F: 22 g, Kh: 9 g, kJ: 1458, kcal: 349

1,2 kg	*Rindfleisch (aus der Hüfte)*
1 kg	*Zwiebeln*
100 g	*Butterschmalz*
30 g	*Paprikapulver edelsüß*
4	*Tomaten*
1 EL	*Tomatenmark*
2–3 EL	*Weißweinessig*
1½ l	*Fleischbrühe oder heißes Wasser*
10	*Pfefferkörner*
3	*Lorbeerblätter*
	Schale von
½	*Bio-Zitrone (unbehandelt)*
	Salz
½ EL	*Weizenmehl*
60 g	*Butterschmalz*
2	*Knoblauchzehen*
½ TL	*Kümmelsamen*
1 EL	*Majoranblättchen*
	frisch gemahlener Pfeffer

Zubereitungszeit: 90 Min.
Garzeit: etwa 110 Min.

1. Rindfleisch unter fließendem kalten Wasser abspülen, trockentupfen und von Sehnen und Häuten befreien. Rindfleisch in etwa 3 cm große Würfel schneiden.

2. Zwiebeln abziehen und in feine Streifen schneiden. Butterschmalz in einem Topf erhitzen, Zwiebelstreifen hinzufügen und unter ständigem Rühren goldgelb andünsten. Mit Paprika bestäuben.

3. Tomaten waschen, trockentupfen, vierteln, entkernen und die Stängelansätze herausschneiden. Tomatenviertel und Tomatenmark zu den Zwiebelstreifen geben. Den Topf wieder auf die Kochstelle stellen und die Zutaten kurz unter Rühren anrösten. Essig und Fleischbrühe oder Wasser hinzugießen. Pfefferkörner, Lorbeerblätter, Zitronenschale und Salz hinzugeben, zum Kochen bringen und in etwa 30 Minuten um ein Drittel einkochen lassen.

4. Anschließend durch ein feines Sieb in einen Topf geben, dabei die Zwiebeln richtig durchpressen, da sie die Sauce binden.

5. Rindfleischwürfel mit Mehl bestäuben. Butterschmalz in einem Topf erhitzen und Rindfleischwürfel evtl. in 2 Portionen von allen Seiten darin anbraten. Aufgefangene Saucenflüssigkeit hinzugießen, zum Kochen bringen und zugedeckt etwa 80 Minuten bei schwacher Hitze gar dünsten, evtl. etwas Wasser hinzufügen.

6. Knoblauch abziehen, zusammen mit Kümmel und Majoranblättchen fein hacken und zum Fleisch geben. Gulasch mit Salz und Pfeffer abschmecken.

Beilage: In Butter gebratene Bandnudeln, nach Belieben mit frisch gehackter Petersilie bestreut oder Petersilienkartoffeln.

Wildgulasch mit Pilzen | Mit Alkohol

8–10 Portionen

Pro Portion:
E: 28 g, F: 13 g, Kh: 5 g, kJ: 1066, kcal: 255

20 g	*getrocknete Steinpilze*
1 kg	*Wildfleisch, z. B. Reh, Hirsch, Wildschwein (ohne Knochen)*
120 g	*durchwachsener Speck*
2 EL	*Speiseöl*
4	*Zwiebeln*
2	*Knoblauchzehen*
1 TL	*gerebelter Thymian*
	Salz
	frisch gemahlener Pfeffer
500 ml (½ l)	*Fleischbrühe*
500 ml (½ l)	*dunkles Bier*
2 Bund	*glatte Petersilie*
2	*Lorbeerblätter*
500 g	*Champignons*
500 g	*Tomaten*
1 Becher (150 g)	*Crème fraîche*

Zubereitungszeit: 50 Min., ohne Einweichzeit
Garzeit: etwa 60 Min.

1. Steinpilze in kaltem Wasser nach Packungsanleitung einweichen.

2. Wildfleisch unter fließendem kalten Wasser abspülen, trockentupfen und in Würfel schneiden.

3. Speck in kleine Würfel schneiden. Speiseöl in einem Bräter erhitzen und Speckwürfel darin auslassen. Fleischwürfel dazugeben und von allen Seiten braun anbraten.

4. Zwiebeln und Knoblauch abziehen, in kleine Würfel schneiden, zu den Fleischwürfeln geben und mit anbraten. Mit Thymian, Salz und Pfeffer würzen. Brühe und Bier hinzugießen. Eingeweichte Steinpilze abtropfen lassen und hinzugeben. Petersilie abspülen, trockentupfen, zu einem Sträußchen zusammenbinden und mit den Lorbeerblättern ebenfalls hinzufügen. Die Zutaten zum Kochen bringen und zugedeckt etwa 60 Minuten garen.

5. Champignons putzen, mit Küchenpapier abreiben, evtl. abspülen, trockentupfen, halbieren und nach etwa 45 Minuten Garzeit zu dem Gulasch geben.

6. Tomaten waschen, kreuzweise einschneiden und einige Sekunden in kochendes Wasser legen. Tomaten kurz in kaltem Wasser abschrecken, enthäuten, vierteln, entkernen und Stängelansätze entfernen. Tomatenviertel kurz vor Beendigung der Garzeit zum Gulasch geben und mit erhitzen.

7. Lorbeerblätter und Petersiliensträußchen entfernen. Crème fraîche unterrühren, unter Rühren nochmals kurz aufkochen lassen. Gulasch mit Salz und Pfeffer abschmecken.

Beilage: Semmelknödel und grüner Blattsalat.

Winterlicher Salat mit Sülze I

Einfach

8 Portionen

Pro Portion:
E: 12 g, F: 11 g, Kh: 20 g, kJ: 989 , kcal: 237

1 Pck. (750 g)	*TK-Gourmet-Gemüse (z. B. Brokkoli, Erbsen)*
600 g	*gekochte Pellkartoffeln*
	Salz
2 große Stangen	*Porree (Lauch)*
350 g	*Wurstsülze oder Geflügelsülze*

Für die Sauce:

5–6 EL	*Salatmayonnaise*
6 EL	*Milch*
	Salz
	frisch gemahlener Pfeffer
1 TL	*mittelscharfer Senf*
etwas	*Zucker*

Zubereitungszeit: 50 Min., ohne Durchziehzeit

1. Gemüse in kochendes Salzwasser geben, in 5–10 Minuten bissfest garen, kurz in kaltem Wasser abschrecken und gut abtropfen lassen.

2. Kartoffeln noch warm pellen, etwas abkühlen lassen und dann vierteln, in Scheiben schneiden und mit etwas Salz bestreuen.

3. Porree putzen, längs halbieren, gründlich waschen, abtropfen lassen und in dünne Scheiben schneiden. Sülze in 1 cm große Würfel schneiden.

4. Für die Sauce Salatmayonnaise, Milch, Salz, Pfeffer, Senf und Zucker miteinander vermischen, unter die Salatzutaten heben, mit den Gewürzen gut abschmecken und etwa 30 Minuten durchziehen lassen. Vor dem Servieren nochmals abschmecken.

Tipp: Die Sauce kann ohne Salatmayonnaise zubereitet werden. Dann 6–7 Esslöffel Kräuteressig, Salz, Pfeffer und Zucker verrühren und 100 ml Sonnenblumen- oder Weizenkeimöl unterschlagen.

Würfelbraten | Einfach

12 Portionen

Pro Portion:
E: 32 g, F: 30 g, Kh: 9 g, kJ: 1826, kcal: 436

Für den Braten:

600 g Kasselerkotelett (ohne Knochen)
800 g Schweineschnitzel am Stück
1 Glas Tomatenpaprika in Streifen (Abtropfgewicht 165 g)
3 Eier (Größe M)
70 g Semmelbrösel
1 Pck. TK-Salatkräuter (25 g)
400 g feine ungebrühte Bratwurst

Für die Sauce:

1 Salatgurke
1 Topf Schnittlauch
300 g Mayonnaise
200 g Naturjoghurt
Salz
Paprikapulver rosenscharf

Zubereitungszeit: 40 Min.
Garzeit: etwa 40 Min.

1. Für den Braten Kasseler und Schnitzelfleisch unter fließendem kalten Wasser abspülen, trockentupfen und in 1–2 cm große Würfel schneiden. Tomatenpaprika in ein Sieb geben, kalt abspülen, abtropfen lassen und grob hacken.

2. Eier mit Semmelbröseln, Salatkräutern und Paprikawürfeln verrühren. Bratwurstbrät aus der Haut drücken und untermischen. Die Masse mit den Fleischwürfeln vermengen. Die Masse in eine Kastenform (30 x 11 cm, gefettet, mit Semmelbröseln ausgestreut) füllen und andrücken. Die Form auf dem Rost in den Backofen schieben.

Ober-/Unterhitze: etwa 200 °C (vorgeheizt)
Heißluft: etwa 180 °C (vorgeheizt)
Gas: Stufe 3–4 (vorgeheizt)
Garzeit: etwa 40 Minuten.

3. In der Zwischenzeit für die Sauce Gurke waschen, abtrocknen und die Enden abschneiden. Gurke halbieren. Eine Hälfte in dünne Scheiben schneiden und zum Garnieren beiseite legen. Restliche Gurke in feine Würfel schneiden. Schnittlauch abspülen, trockentupfen und in Röllchen schneiden.

4. Mayonnaise mit Joghurt und Gurkenwürfeln verrühren, mit Salz und Paprikapulver würzen.

5. Den garen Braten etwa 10 Minuten in der Form stehen lassen, dann aus der Form stürzen, umdrehen und mit Gurkenscheiben anrichten. Die Sauce mit Schnittlauchröllchen bestreut dazu servieren.

Ziegenfrischkäse mit Rucola-Pesto | Schnell

12 Stück

Pro Portion:
E: 38 g, F: 76 g, Kh: 23 g, kJ: 3975, kcal: 949

3	*Knoblauchzehen*
50 g	*Pinienkerne*
1 Bund	*Rucola (Rauke, etwa 100 g)*
1 TL	*Salz*
	frisch gemahlener Pfeffer
100 ml	*Olivenöl*
50 ml	*Traubenkernöl*
120 g	*fein geraspelter Parmesan oder Grana padano*
12	*kleine Ziegenkäse (je 40 g)*
10	*Cocktailtomaten*

Zubereitungszeit: 20 Min.

1. Knoblauchzehen abziehen. Pinienkerne in einer Pfanne ohne Fett rösten und abkühlen lassen.

2. Rucola waschen, trockenschleudern und fein schneiden. In einem Blitzhacker zuerst Knoblauch mit Salz und Pfeffer hacken, dann Rucola, Olivenöl, Traubenkernöl und Parmesan oder Grana padano hinzugeben und zu einer feinen Paste zerhacken.

3. Ziegenkäse auf einer Platte anrichten und Rucola-Pesto darauf verteilen.

4. Cocktailtomaten waschen, halbieren und auf der Platte verteilen.

Tipp: Mit Vollkornbrötchen oder Ciabatta servieren. Das klassische Pesto ist mit der gleichen Menge Basilikum statt Rucola zubereitet. Wenn es mal schneller gehen soll, kann ein Glas gekauftes Pesto verwendet werden.

Zwiebelkuchen-Häppchen |

Schnell

16–18 Stück

Pro Stück:
E: 3 g, F: 4 g, Kh: 7 g, kJ: 340, kcal: 81

1 Pck.	*(230 g; Ø etwa 32 cm) Pizza-Fertigteig (aus dem Kühlregal)*
1 Beutel	*Zwiebelsuppe*
250 g	*Schmand*
100 g	*Schafkäse*

Zubereitungszeit: 30 Min.
Backzeit: etwa 10 Min. je Blech

1. Den Pizzateig aus der Packung nehmen, auf die Arbeitsfläche legen und mit einem Glas (Ø etwa 7 cm) Platten daraus ausstechen. Die Teigreste nochmals ausrollen und ebenfalls ausstechen. Die Teigplatten auf Backbleche (mit Backpapier belegt) legen.

2. Zwiebelsuppenpulver und Schmand verrühren und auf die Teigplatten streichen.

3. Schafkäse in Würfel schneiden oder mit einer Gabel zerdrücken und auf der Schmandmasse verteilen. Die Backbleche nacheinander (bei Heißluft zusammen) in den Backofen schieben.

Ober-/Unterhitze: etwa 250 °C (vorgeheizt)
Heißluft: etwa 230 °C (vorgeheizt)
Gas: Stufe 4–5 (vorgeheizt)
Backzeit: etwa 10 Minuten je Blech.

4. Die Zwiebelkuchen-Häppchen heiß oder kalt servieren.

Abwandlung: Sie können den Belag auch ohne Zwiebelsuppe zubereiten. Dazu 200–250 g mittelgroße Zwiebeln abziehen, in Scheiben schneiden und in Ringe teilen. Die Zwiebelringe in 2 Esslöffeln Speiseöl etwa 5 Minuten zugedeckt dünsten (die Zwiebelringe sollen nicht braun werden) und abkühlen lassen. Die Zwiebelringe mit 2 gehäuften Esslöffeln Schmand verrühren und mit Salz, Pfeffer und Paprikapulver edelsüß würzen. Die Masse auf den Teigplatten verteilen und mit dem Schafkäse bestreuen.

Tipp: Anstelle von Pizza-Fertigteig können Sie auch 1 Beutel aus einer Packung Grundmischung Pizzateig verwenden. Den Teig nach Packungsanleitung zubereiten, dünn ausrollen und wie oben angegeben Platten daraus ausstechen.

Zwiebel-Sahne-Schnitzel |

Zum Vorbereiten
8 Portionen

Pro Portion:
E: 46 g, F: 40 g, Kh: 9 g, kJ: 2436, kcal: 583

1 kg Zwiebeln
8 Schweineschnitzel (je etwa 150 g)
Salz
frisch gemahlener weißer Pfeffer
6 EL Weizenmehl
80 g Butterschmalz
400 ml Schlagsahne
300 g geriebener mittelalter Gouda-Käse
1 Bund Schnittlauch

Zubereitungszeit: 50 Min., ohne Abkühlzeit
Garzeit: etwa 30 Min.

1. Zwiebeln abziehen, halbieren und in dünne Scheiben schneiden. Schnitzel unter fließendem kalten Wasser abspülen und trockentupfen. Mit Salz und Pfeffer bestreuen. Schnitzel in Mehl wenden.

2. Die Hälfte vom Butterschmalz in einer großen Pfanne erhitzen. Die Schnitzel darin in 2 Portionen von beiden Seiten anbraten, herausnehmen und in eine große flache Auflaufform legen.

3. Restliches Butterschmalz in der Pfanne zerlassen. Die Zwiebelscheiben darin glasig dünsten, etwas abkühlen lassen.

4. Zwiebelscheiben auf den Schnitzeln verteilen. Sahne darauf gießen. Schnitzel zugedeckt über Nacht in den Kühlschrank stellen.

5. Zwiebelschnitzel mit dem Käse bestreuen. Die Form auf dem Rost in den Backofen schieben.

Ober-/Unterhitze: etwa 200 °C (vorgeheizt)
Heißluft: etwa 180 °C (vorgeheizt)
Gas: Stufe 3–4 (vorgeheizt)
Garzeit: etwa 30 Minuten.

6. Schnittlauch abspülen, trockentupfen und in feine Röllchen schneiden. Die garen Sahne-Zwiebel-Schnitzel noch etwa 5 Minuten im ausgeschalteten Backofen ruhen lassen. Dann herausnehmen und mit Schnittlauch bestreut sofort servieren.

Beilage: Ofenfrisches Baguette.

Tipp: Statt Schweineschnitzel können auch Putenschnitzel verwendet werden.

Variante: Statt Zwiebeln 1 kg frische Champignons verwenden, dafür Champignons putzen, mit Küchenpapier abreiben, evtl. abspülen und trockentupfen. Champignons in Scheiben schneiden, in dem Bratfett anbraten und auf den Schnitzeln verteilen. Oder 100 g Schinkenspeck in Streifen schneiden, in dem Bratfett ausbraten, dann die Champignonscheiben hinzugeben, mit anbraten und zusätzlich 2 Esslöffel frische Petersilie unterheben.

Zwiebelsuppe, überbackene I

Klassisch

8 Portionen

Pro Portion:
E: 11 g, F: 20 g, Kh: 24 g, kJ:1433, kcal: 342

Für die Suppe:

1,2 kg Gemüsezwiebeln
je 1 kleine rote und grüne Paprikaschote
80 g Butter
250 ml (¼ l) trockener Weißwein
1,7 l Fleischbrühe
frisch gemahlener Pfeffer

Zum Überbacken:

250 g Baguette
170 g geriebener junger Gouda-Käse
50 g geriebener alter Gouda-Käse

Zubereitungszeit: 45 Min.
Überbackzeit: 5–10 Min.

1. Für die Suppe Zwiebeln abziehen, halbieren und in dünne Ringe schneiden. Paprika halbieren, entstielen, entkernen und die weißen Scheidewände entfernen. Die Schoten waschen, abtropfen lassen und in feine Streifen schneiden.

2. Butter in einem Topf zerlassen. Zwiebelringe und Paprikastreifen zugeben und zugedeckt etwa 10 Minuten bei schwacher Hitze dünsten. Wein und Fleischbrühe hinzugießen, unterrühren. Die Suppe noch etwa 10 Minuten weiter köcheln lassen und kräftig mit Pfeffer würzen.

3. Zum Überbacken Baguette in Scheiben schneiden und toasten. Suppe in hitzebeständige Suppentassen füllen. Suppentassen auf ein Backblech stellen. Jeweils 2 getoastete Baguettescheiben auf die Suppe geben und mit beiden Sorten Gouda bestreuen. Im Backofen oder unter dem heißen Grill (etwa 240 °C) kurz überbacken.

Ober-/Unterhitze: etwa 200 °C (vorgeheizt)
Heißluft: etwa 180 °C (vorgeheizt)
Gas: Stufe 3–4 (vorgeheizt)
Überbackzeit: 5–10 Minuten.

Tipp: Die getoasteten Baguettescheiben auf ein Backblech (gefettet) geben, mit Käse bestreuen und unter den vorgeheizten Grill schieben, bis der Käse geschmolzen ist. Die Baguettescheiben auf die Suppe legen.

Rezeptvorschläge für ein Balkon-Party-Buffet

Für ein Balkon-Party-Buffet benötigen Sie für 10-12 Personen:

1 x Rezept **Konfettisuppe,** Seite 155
1 x Rezept **Tatar-Häppchen,** Seite 270
1 x Rezept **Tortenbrie, gefüllt,** Seite 280
1 x Rezept **Porree-Curry-Salat,** Seite 210
1 x Rezept **Tiramisu,** Seite 272

Außerdem:

Sesam-, Mohn- und Käsebrötchen.

Vorbereitungen am Vortag:

Gemüsezutaten für die Konfettisuppe vorbereiten, blanchieren und abgedeckt kühl stellen.
Tortenbrie, gefüllt zubereiten.
Porree-Curry-Salat bis Punkt 2 zubereiten.
Tiramisu zubereiten und über Nacht in den Kühlschrank stellen.

Vorbereitungen am Tag der Party:

1–2 Stunden vorher:
Die Suppe zubereiten.
Tatarhäppchen zubereiten.
Tortenbrie, gefüllt mit Walnusskernen und Kräutern garnieren.
Porree-Curry-Salat fertig zubereiten und anrichten.
Tiramisu mit Kakao bestäuben.

Es eignen sich auch folgende zusätzliche Rezepte:

1 x Rezept **Tortillachips mit Avocado-Dip**, Seite 282
1 x Rezept **Gemüsepfeile „Robin Hood“,** Seite 85
1 x Rezept **Spargel-Schinken-Röllchen,** Seite 262
1 x Rezept **Sandwichplatte vegetarisch,** Seite 238
1 x Rezept **Vanille-Kirsch-Speise mit Eierlikör,** Seite 284

Außerdem:

Leichter Rot- und Weißwein, Mineralwasser, Limonade.

Rezeptvorschläge für ein Fingerfood-Party-Buffet

Für ein Fingerfood-Party-Buffet benötigen Sie für 10-12 Personen:

1 x Rezept **Mozzarellaspieße,** Seite 184
1 x Rezept **Spinat- und Weizenwraps,** Seite 267
1 x Rezept **Apfel-Fleisch-Spießchen,** Seite 9
1 x Rezept **Gorgonzola-Spinat-Sandwich,** Seite 238
1 x Rezept **Schwarzwälder-Kirsch-Creme,** Seite 253

Außerdem:

Käsestangen, Kräcker, Brötchenkonfekt, Nüsse und Salzmandeln.

Vorbereitungen am Vortag:

Schwarzwälder-Kirsch-Creme am Vortag zubereiten
und in Dessertschalen schichten, abgedeckt kalt stellen.

Vorbereitungen am Tag der Party:

3 Stunden vorher:
Spinat- und Weizenwraps zubereiten.
Apfel-Fleisch-Spießchen: Gehacktesbällchen und Speckwürfel vorbereiten.
Gorgonzola-Birnen-Sandwich zubereiten und kalt stellen.
2 Stunden vorher:
Mozzarellaspieße zubereiten.
Schwarzwälder-Kirsch-Creme mit Sahne, Kirschen und Schokolade garnieren.
1 Stunde vorher:
Apfel-Fleisch-Spießchen vorbereiten und zur entsprechenden Zeit unter den Grill schieben.
Gorgonzola-Birnen-Sandwich in kleine Sandwiches schneiden und anrichten.

Es eignen sich auch folgende zusätzliche Rezepte:

1 x Rezept **Ricotta-Rucola-Sandwich,** Seite 238
1 x Rezept **Schwarzbrothäppchen,** Seite 252
1 x Rezept **Schwarzbrottaler mit Goudaröllchen,** Seite 252
1 x Rezept **Pizzastreifen,** Seite 208
1 x Rezept **Schokobananen am Spieß,** Seite 249

Außerdem:

Prosecco, Weißwein, Mineralwasser, Limonade.

Rezeptvorschläge für ein Halloween-Party-Buffet

Für ein Halloween-Party-Buffet benötigen Sie für 10-12 Personen:

1 x Rezept **Kürbis-Eintopf,** Seite 158
1 x Rezept **Kartoffel-Kürbis-Salat,** Seite 139
1 x Rezept **Filetduo,** Seite 57
1 x Rezept **Kartoffel-Hack-Pizza,** Seite 138
1 x Rezept **Quarkschichtspeise,** Seite 219

Außerdem:
Kürbis- und Kartoffelbrot.

Vorbereitungen am Vortag:
Kürbis-Eintopf bis Punkt 6 vor- und zubereiten.
Kartoffel-Kürbis-Salat bis Punkt 3 vor- und zubereiten.
Kartoffel-Hack-Pizza bis Punkt 1 vorbereiten.

Vorbereitungen am Tag der Party:
3 Stunden vorher:
Filetduo bis Punkt 2 vorbereiten.
Kartoffel-Hack-Pizza vorbereiten, kühl stellen
und zur entsprechenden Zeit in den Backofen schieben.
2 Stunden vorher:
Quarkschichtspeise zubereiten und kalt stellen.
1 Stunde vorher:
Kürbis-Eintopf zu Ende zubereiten und abschmecken.
Kartoffel-Kürbis-Salat zu Ende zubereiten, abschmecken und anrichten.
Filetduo zu Ende zubereiten, in Scheiben schneiden und anrichten.

Es eignen sich auch folgende zusätzliche Rezepte:

1 x Rezept **Leberkäsehäppchen,** Seite 168
1 x Rezept **Käsespießchen mit fruchtigen Dips,** Seite 148
1 x Rezept **Scharfer Tortellonisalat,** Seite 242
1 x Rezept **Hähnchenbrustfilet im Speckmantel,** Seite 106
1 x Rezept **Kürbis-Fisch-Gratin,** Seite 159

Außerdem:
Apfelsaft, Apfelschorle, Orangenlimonade, Bier.

Rezeptvorschläge für ein Meeres-Party-Buffet

Für ein Meeres-Party-Buffet benötigen Sie für 10-12 Personen:

1 x Rezept **Fischeintopf, mediterraner,** Seite 59
1 x Rezept **Heringssalat, geschichtet,** Seite 113
1 x Rezept **Kabeljaufilet „Italienische Art“,** Seite 129
1 x Rezept **Fischgulasch mit Sauerkraut,** Seite 61
1 x Rezept **Erdbeer-Sekt-Dessert,** Seite 47

Außerdem:

Vollkornbaguette, Französisches Landbrot.

Vorbereitungen am Vortag:

Erdbeer-Sekt-Dessert bis Punkt 2 vorbereiten.

Vorbereitungen am Tag der Party:

3 Stunden vorher:
Heringssalat, geschichtet zubereiten.
2 Stunden vorher:
Fischgulasch mit Sauerkraut bis Punkt 3 vorbereiten.
1,5 Stunden vorher:
Kabeljaufilet „Italienische Art zubereiten und zur entsprechenden Zeit in den Backofen schieben.
Erdbeer-Sekt-Dessert zu Ende zubereiten und anrichten.
1 Stunde vorher:
Fischeintopf, mediterraner zubereiten.
30 Minuten vorher:
Fischgulasch mit Sauerkraut zu Ende zubereiten.

Es eignen sich auch folgende zusätzliche Rezepte:

1 x Rezept **Viktoriabarsch, gekräutert,** Seite 285
1 x Rezept **Helgoländer Fischtopf,** Seite 111
1 x Rezept **Linsensuppe mit Räucherfisch,** Seite 169
1 x Rezept **Thunfisch-Kartoffel-Salat,** Seite 271
1 x Rezept **Herings-Kartoffel-Salat,** Seite 112

Außerdem:

Leichter Weiß- und Rotwein, Sekt, Mineralwasser.

Rezeptvorschläge für ein Mittelmeer-Party-Buffet

Für ein Mittelmeer-Party-Buffet benötigen Sie für 10-12 Personen:

1 x Rezept **Tortellinisalat mit Rucola,** Seite 279
1 x Rezept **Vitello tonnato,** Seite 286
1 x Rezept **Mallorquinische Kohlsuppe,** Seite 172
1 x Rezept **Cannelloni mit Ricotta-Spinat-Füllung,** Seite 32
1 x Rezept **Himbeer-Tiramisu,** Seite 117

Außerdem:
Walnuss-Ciabatta, Fladenbrot.

Vorbereitungen am Vortag:
Tortellinisalat mit Rucola bis Punkt 5 zubereiten und kühl stellen.
Vitello tonnato bis Punkt 3 vorbereiten und kühl stellen.
Mallorquinische Kohlsuppe bis Punkt 4 vorbereiten, Tomatenwürfel noch nicht hinzugeben. Die Suppe kühl stellen.
Cannelloni mit Ricotta-Spinat-Füllung bis Punkt 4 vorbereiten, abgedeckt kühl stellen.

Vorbereitungen am Tag der Party:
3 Stunden vorher:
Himbeer-Tiramisu zubereiten und kurz vor dem Servieren mit Kakao bestäuben und garnieren.
1 Stunde vorher:
Vitello tonnato zu Ende zubereiten.
Cannelloni mit Ricotta-Spinat-Füllung zu Ende zubereiten.
30 Minuten vorher:
Tortellinisalat mit Rucola zu Ende zubereiten.
Mallorquinische Kohlsuppe erhitzen, die Tomatenwürfel zugeben, die Suppe zu Ende zubereiten.

Es eignen sich auch folgende zusätzliche Rezepte:

1 x Rezept **Antipasti-Buffet,** Seite 6
1 x Rezept **Pflaumen im Speckmantel,** Seite 203
1 x Rezept **Pfefferonen „italienisch“,** Seite 201
1 x Rezept **Tomatenpizza,** Seite 275
1 x Rezept **Lasagne all Arrabiata,** Seite 166

Außerdem:
Rot- und Weißwein, Prosecco, Mineralwasser.

Rezeptvorschläge für ein Kinder-Party-Buffet

Für ein Kinder-Party-Buffet benötigen Sie für 10-12 Personen:

1 x Rezept **Gemüsepfeile „Robin Hood“**, Seite 85
1 x Rezept **Gemüse-Crêpes,** Seite 79
1 x Rezept **Karnevalssalat,** Seite 135
1 x Rezept **Spinatlasagne,** Seite 256
1 x Rezept **KiBa-Quark,** Seite 151

Außerdem:

Kleine Partybrötchen, Käsebaguette, Kräuterquark.

Vorbereitungen am Vortag:

Karnevalssalat zubereiten und kalt stellen.
Gemüse-Crêpes backen, abkühlen lassen und einzeln mit Backpapier aufeinander schichten, in Alufolie verpackt kalt stellen. Gemüsefüllung vorbereiten, nur etwa 2 Minuten dünsten.

Vorbereitungen am Tag der Party:

3–4 Stunden vorher:
Gemüsepfeile zubereiten und abgedeckt kühl stellen.
KiBa-Quark zubereiten und abgedeckt kalt stellen.
2 Stunden vorher:
Spinatlasagne zubereiten und zum entsprechenden Zeitpunkt in den Backofen schieben.
1–2 Stunden vorher:
Karnevalssalat abschmecken und anrichten.
Gemüse-Crêpes nebeneinander mit Backpapier abgedeckt auf Backblechen im Backofen bei etwa 180 °C aufbacken. Gemüsefüllung zu Ende dünsten und abschmecken. Die Crêpes damit füllen und anrichten.

Es eignen sich auch folgende zusätzliche Rezepte:

1 x Rezept **Tomaten, gefüllte,** Seite 274
1 x Rezept **Minifrikadellen-Auflauf,** Seite 177
1 x Rezept **Salami-Pfirsich-Pizza,** Seite 236
1 x Rezept **Spaghetti mit schneller Bologneser Sauce,** Seite 260
1 x Rezept **Giraffencreme,** Seite 91

Außerdem:

Verschiedene Obstsäfte, Apfelschorle, Mineralwasser.

Rezeptvorschläge für ein Länder-Party-Buffet

Für ein Länder-Party-Buffet benötigen Sie für 10-12 Personen:

1 x Rezept **Gemüsetopf, Katalanischer,** Seite 89
1 x Rezept **Italienischer Spaghettisalat,** Seite 125
1 x Rezept **Eisbergsalat, „Alaska“,** Seite 44
1 x Rezept **Schnitzel „Utrechter Art“,** Seite 248
1 x Rezept **Pizza Hawaii,** Seite 206

Außerdem:
Olivenfladen, Walnussbrot.

Vorbereitungen am Vortag:
Katalanischer Gemüsetopf bis Punkt 4 zubereiten, aber nur 15 Minuten garen.
Italienischer Spaghettisalat bis Punkt 3 vorbereiten.
Schnitzel „Utrechter Art“ bis Punkt 2 vorbereiten.

Vorbereitungen am Tag der Party:
3 Stunden vorher:
Pizza Hawaii zubereiten und leicht abgekühlt servieren.
2 Stunden vorher:
Italienischer Spaghettisalat zu Ende zubereiten
und den Salat mit der Thunfischsauce servieren.
1 Stunde vorher:
Katalanischer Gemüsetopf zu Ende garen.
Eisbergsalat „Alaska“ zubereiten.
Schnitzel „Utrechter Art“ zu Ende zubereiten.

Es eignen sich auch folgende zusätzliche Rezepte:

1 x Rezept **Reissalat „Balkan“,** Seite 226
1 x Rezept **Indisches Currygemüse,** Seite 121
1 x Rezept **Mexikanischer Bohnen-Geflügel-Topf,** Seite 176
1 x Rezept **Spanische Bauernsuppe,** Seite 261
1 x Rezept **Griechische Lammsteaks,** Seite 95

Außerdem:
Sangria, italienischer Weißwein.

Rezeptvorschläge für ein Mitbring-Party-Buffet

Für ein Mitbring-Party-Buffet benötigen Sie für 10-12 Personen:

1 x Rezept **Präsidentensuppe,** Seite 212
1 x Rezept **Möhren und Grissini mit Parmaschinken,** Seite 180
1 x Rezept **Schichtsalat mit Bohnen,** Seite 243
1 x Rezept **Fladenbrotpizza, türkische,** Seite 63
1 x Rezept **Herrencreme,** Seite 114

Außerdem:

Vollkornbrot oder Fladenbrot sowie Kräuterbutter.

Vorbereitungen am Vortag:

Präsidentensuppe bis Punkt 2 zubereiten.
Möhren und Grissini mit Parmaschinken bis Punkt 2 zubereiten, über Nacht kalt stellen.
Schichtsalat mit Bohnen zubereiten, kalt stellen.
Herrencreme bis Punkt 4 zubereiten (aber nur 500 ml (½ l) Schlagsahne mit je 2 Päckchen Sahnesteif und Dr. Oetker Vanillin-Zucker steif schlagen und unterheben).

Vorbereitungen am Tag der Party:

3 Stunden vorher:
Fladenbrotpizza, türkische bis Punkt 3 vorbereiten.
1 Stunde vorher:
Präsidentensuppe zu Ende zubereiten und anrichten.
Möhren und Grissini mit Parmaschinken zu Ende zubereiten und anrichten.
Fladenbrotpizza, türkische zu Ende zubereiten.
Herrencreme: Die restliche Schlagsahne mit je 1 Päckchen Dr. Oetker Sahnesteif und Vanillin-Zucker steif schlagen, die Creme damit und mit der zurückgelassenen Schokolade verzieren und mit Cocktailkirschen garnieren.
30 Minuten vorher:
Schichtsalat mit Bohnen mit Petersilienblättchen und Frühlingszwiebeln garnieren.

Es eignen sich auch folgende zusätzliche Rezepte:

1 x Rezept **Gemüse-Carpaccio,** Seite 78
1 x Rezept **Staudenselleriesalat,** Seite 269
1 x Rezept **Party-Reistopf,** Seite 199
1 x Rezept **Kalbfleisch-Parma-Röllchen,** Seite 130
1 x Rezept **Herrentorte, pikant,** Seite115

Außerdem:

Sekt, Bier, Rot- und Weißwein, Mineralwasser.

Rezeptvorschläge für ein Mittags-Familien-Party-Buffet

Für ein Mittags-Familien-Party-Buffet benötigen Sie für 10-12 Personen:

1 x Rezept **Curry Suppentopf,** Seite 39
1 x Rezept **Gemüse-Kartoffel-Salat mit Lachs,** Seite 83
1 x Rezept **Schweinelendchen in Kräuter-Käse-Sauce,** Seite 257
1 x Rezept **Gemüsegulasch in Zitronensahne,** Seite 81
1 x Rezept **Marmorpudding,** Seite 174

Außerdem:

Partybrötchen, Ciabatta.

Vorbereitungen am Vortag:

Curry Suppentopf bis Punkt 3 vorbereiten.
Schweinelendchen in Kräuter-Käse-Sauce bis Punkt 2 vorbereiten.
Gemüsegulasch in Zitronensahne bis Punkt 4 zubereiten,
aber nur etwa 5 Minuten garen, abkühlen lassen, kalt stellen.
Marmorpudding bis Punkt 6 zubereiten und kalt stellen.

Vorbereitungen am Tag der Party:

2 Stunden vorher:
Gemüse-Kartoffel-Salat mit Lachs zubereiten.
1 Stunde vorher:
Schweinelendchen in Kräuter-Käse-Sauce zu Ende zubereiten
und zur entsprechenden Zeit in den Backofen schieben.
Marmorpudding zu Ende zubereiten und anrichten.
30 Minuten vorher:
Curry Suppentopf zu Ende zubereiten.
Gemüsegulasch in Zitronensahne zu Ende garen und anrichten.

Es eignen sich auch folgende zusätzliche Rezepte:

1 x Rezept **Champignon-Zucchini-Auflauf,** Seite 34
1 x Rezept **Möhrencremesuppe mit Käseklößchen,** Seite 181
1 x Rezept **Spinatlasagne,** Seite 265
1 x Rezept **Kartoffelteigpizza mit Parmaschinken,** Seite 146
1 x Rezept **Herrencreme,** Seite 114

Außerdem:

Apfelsaftschorle, Limonade, Mineralwasser.

Rezeptvorschläge für ein Nudel-Party-Buffet

Für ein Nudel-Party-Buffet benötigen Sie für 10-12 Personen:

1 x Rezept **Farfalle-Salat mit Zitronenhähnchen,** Seite 50
1 x Rezept **Nudeln vom Blech,** Seite 186
1 x Rezept **Scharfer Tortellonisalat,** Seite 241
1 x Rezept **Spinatnudeln,** Seite 266
1 x Rezept **Italienischer Spaghettisalat,** Seite 125

Außerdem:
Baguette, Weißbrot.

Vorbereitungen am Vortag:
Scharfer Tortellonisalat bis Punkt 2 vorbereiten und kühl stellen.

Vorbereitungen am Tag der Party:
3 Stunden vorher:
Nudeln vom Blech zubereiten und zur entsprechenden Zeit in den Backofen schieben.
Spinatnudeln bis Punkt 4 vorbereiten.
Italienischer Spaghettisalat bis Punkt 6 vorbereiten.
2 Stunden vorher:
Farfalle-Salat mit Zitronenhähnchen zubereiten.
1 Stunde vorher:
Scharfer Tortellonisalat zu Ende zubereiten.
30 Minuten vorher:
Spinatnudeln zu Ende zubereiten.
Italienischer Spaghettisalat abschmecken und anrichten.

Es eignen sich auch folgende zusätzliche Rezepte:

1 x Rezept **Lasagne-Gemüse-Röllchen,** Seite 167
1 x Rezept **Nudelsalat mit Basilikumvinaigrette,** Seite 187
1 x Rezept **Penne-Brokkoli-Salat,** Seite 200
1 x Rezept **Quark-Nudel-Auflauf,** Seite 218
1 x Rezept **Scharfe Lasagne,** Seite 241

Außerdem:
Rot- und Weißwein, Bier, Mineralwasser, Limonade.

Rezeptvorschläge für ein Party-Buffet mit Gerichten aus dem Ofen:

Für ein Party-Buffet mit Gerichten aus dem Ofen benötigen Sie für 10-12 Personen:

1 x Rezept **Tortilla vom Blech mit Spargel,** Seite 281
1 x Rezept **Hackfleisch-Pizza,** Seite 102
1 x Rezept **Heiße Partyscheiben,** Seite 110
1 x Rezept **Hirtentopf,** Seite 118
1 x Rezept **Apfelauflauf,** Seite 8

Außerdem:

Party-Brötchen-Sonne, Fladenbrot.

Vorbereitungen am Vortag:

Tortilla vom Blech mit Spargel zubereiten, kalt stellen.
Hackfleisch-Pizza bis Punkt 3 vorbereiten.
Hirtentopf zubereiten, abkühlen lassen, kalt stellen.

Vorbereitungen am Tag der Party:

2 Stunden vorher:
Heiße Partyscheiben bis Punkt 2 vorbereiten.
Apfelauflauf zubereiten und lauwarm servieren.
1 Stunde vorher:
Hackfleisch-Pizza bei der angegebenen Backtemperatur abgedeckt etwa 20 Minuten erhitzen. Dann ab Punkt 4 zu Ende zubereiten.
Hirtentopf langsam erhitzen.
30 Minuten vorher:
Tortilla vom Blech mit Spargel in Stücke schneiden und mit Petersilienblättchen garnieren.
Heiße Partyscheiben zu Ende zubereiten.

Es eignen sich auch folgende zusätzliche Rezepte:

1 x Rezept **Spinatlasagne,** Seite 265
1 x Rezept **Tortellini-Mangold-Auflauf,** 277
1 x Rezept **Kabeljaufilet, italienische Art,** Seite 129
1 x Rezept **Kaninchen mit Backobst,** Seite 132
1 x Rezept **Reis-Gemüse-Gratin,** Seite 226

Außerdem:

Radler, Limonade, Apfelschorle.

Rezeptvorschläge für ein Salat-Party-Buffet:

Für ein Salat-Party-Buffet benötigen Sie für 10-12 Personen:

1 x Rezept **Bierknacker-Salat,** Seite 15
1 x Rezept **Chinesischer Reisnudelsalat,** Seite 40
1 x Rezept **Kartoffel-Spitzkohl-Salat mit Kasseler,** Seite 144
1 x Rezept **Sechser-Salat,** Seite 258
1 x Rezept **Spätzle-Linsen-Salat,** Seite 263

Außerdem:
Vollkornbrot, Weißbrot.

Vorbereitungen am Vortag:
Chinesischer Reisnudelsalat bis Punkt 5 vorbereiten.
Kartoffel-Spitzkohl-Salat mit Kasseler bis Punkt 1 vorbereiten.

Vorbereitungen am Tag der Party:
3 Stunden vorher:
Spätzle-Linsen-Salat zubereiten.
2 Stunden vorher:
Kartoffel-Spitzkohl-Salat mit Kasseler zu Ende zubereiten.
Sechser-Salat zubereiten.
1,5 Stunden vorher:
Bierknacker-Salat zubereiten.
1 Stunde vorher:
Chinesischer Reisnudelsalat zu Ende zubereiten.
30 Minuten vorher:
Spätzle-Linsen-Salat nochmals abschmecken und anrichten.

Es eignen sich auch folgende zusätzliche Rezepte:

1 x Rezept **Brathähnchen-Salat,** Seite 27
1 x Rezept **Dänischer Heringssalat,** Seite 42
1 x Rezept **Farfalle-Schichtsalat,** Seite 51
1 x Rezept **Radieschensalat mit Cocktailwürstchen,** Seite 220
1 x Rezept **Tortellini-Salat,** Seite 278

Außerdem:
Bier, Radler, Limonade.

Rezeptvorschläge für ein schnelles Party-Buffet

Für ein schnelles Party-Buffet benötigen Sie für 10-12 Personen:

1 x Rezept **Frischkäse-Pesto-Kugeln,** Seite 68
1 x Rezept **Brokkoli-Käse-Suppe,** Seite 29
1 x Rezept **Chicken Wings, mariniert,** Seite 35
1 x Rezept **Kartoffel-Hack-Pizza,** Seite 138
1 x Rezept **Götter-Schichtspeise,** Seite 94

Außerdem:
Schwarzbrot, Walnussbrot.

Vorbereitungen am Vortag:
Frischkäse-Pesto-Kugeln bis Punkt 3 vorbereiten, aber noch nicht formen.
Brokkoli-Käse-Suppe bis Punkt 2 vorbereiten, aber den Käse noch nicht hinzufügen.
Chicken Wings, mariniert zubereiten.
Götter-Schichtspeise bis Punkt 4 vorbereiten.

Vorbereitungen am Tag der Party:
3 Stunden vorher:
Kartoffel-Hack-Pizza vorbereiten und zur entsprechenden Zeit in den Backofen schieben.
1 Stunde vorher:
Götter-Schichtspeise zu Ende zubereiten.
30 Minuten vorher:
Frischkäse-Pesto-Kugeln zu Ende zubereiten.
Brokkoli-Käse-Suppe erhitzen und zu Ende zubereiten.

Es eignen sich auch folgende zusätzliche Rezepte:

1 x Rezept **Bohnenauflauf nach Cowboy-Art,** Seite 18
1 x Rezept **Eierigel,** Seite 43
1 x Rezept **Farmerkartoffeln,** Seite 52
1 x Rezept **Frühlingsgratin,** Seite 69
1 x Rezept **Gnocchi-Sauerkraut-Auflauf,** Seite 62

Außerdem:
Weißwein, Bier, Limonade.

Rezeptvorschläge für ein Weihnachts-Party-Buffet

Für ein Weihnachts-Party-Buffet benötigen Sie für 10-12 Personen:

1 x Rezept **Räucherfisch-Rahmsuppe,** Seite 224
1 x Rezept **Fenchel auf Möhren-Orangen-Salat,** Seite 53
1 x Rezept **Rindfleischtopf mit Rotwein,** Seite 229
1 x Rezept **Schweinebraten mit Kräuterkruste,** Seite 254
1 x Rezept **Orangen-Tiramisu,** Seite 194

Außerdem:
Salzkartoffeln, Baguette.

Vorbereitungen am Vortag:
Räucherfisch-Rahmsuppe bis Punkt 4 vorbereiten, abkühlen lassen, kalt stellen.
Fenchel auf Möhren-Orangen-Salat bis Punkt 3 vorbereiten, kalt stellen.
Rindfleischtopf mit Rotwein zubereiten, abkühlen lassen, kalt stellen.
Orangen-Tiramisu zubereiten.

Vorbereitungen am Tag der Party:
2,5 Stunden vorher:
Schweinebraten mit Kräuterkruste zubereiten.
30 Minuten vorher:
Räucherfisch-Rahmsuppe erhitzen und zu Ende zubereiten.
Fenchel auf Möhren-Orangen-Salat zu Ende zubereiten.
Rindfleischtopf mit Rotwein langsam erhitzen und nochmals abschmecken.
Orangen-Tiramisu mit Kakaopulver bestäuben.

Es eignen sich auch folgende zusätzliche Rezepte:

1 x Rezept **Atlantikzungenröllchen „Kreolische Art“,** Seite 11
1 x Rezept **Entenbrustragout mit Orangen,** Seite 45
1 x Rezept **Kaninchen mit Oliven und Tomaten,** Seite 133
1 x Rezept **Kartoffelsuppe mit Weißwein,** Seite 145
1 x Rezept **Erdbeer-Sekt-Dessert,** Seite 47

Außerdem:
Rotwein, Weißwein, Bier, Apfelsaft, Mineralwasser.

Rezeptvorschläge für ein WG-Party-Buffet

Für ein WG-Party-Buffet benötigen Sie für 10-12 Personen:

1 x Rezept **Hot-Chicken-Pizza,** Seite 119
1 x Rezept **Mozzarella-Nudel-Salat,** Seite 184
1 x Rezept **Salsa-Suppe,** Seite 237
1 x Rezept **Chili con carne,** Seite 36
1 x Rezept **Schokokuss-Schichtspeise,** Seite 250

Außerdem:
Ciabatta, Fladenbrot, Tortilla-Chips.

Vorbereitungen am Vortag:
Salsa-Suppe zubereiten, abkühlen lassen, kalt stellen.
Chili con carne zubereiten, abkühlen lassen, kalt stellen.

Vorbereitungen am Tag der Party:
3 Stunden vorher:
Mozzarella-Nudel-Salat zubereiten.
2 Stunden vorher:
Hot-Chicken-Pizza zubereiten.
Schokokuss-Schichtspeise zubereiten.
30 Minuten vorher:
Salsa-Suppe und Chili con carne langsam erwärmen, abschmecken, mit Petersilie bestreut anrichten.

Es eignen sich auch folgende zusätzliche Rezepte:

1 x Rezept **Quark-Kartoffel-Suppe,** Seite 217
1 x Rezept **Tortilla vom Blech mit Spargel,** Seite 281
1 x Rezept **Pizza Hawaii,** Seite 206
1 x Rezept **Kartoffelauflauf,** Seite 136
1 x Rezept **Brot mit Käsefüllung,** Seite 30

Außerdem:
Bier, Weißwein, Rotwein.

Rezeptvorschläge für ein Winter-Party-Buffet

Für ein Winter-Party-Buffet benötigen Sie für 10-12 Personen:

1 x Rezept **Jägersuppe,** Seite 127
1 x Rezept **Kasseler-Filet-Topf, geschmort,** Seite 149
1 x Rezept **Schichtsalat mit Forellenfilets,** Seite 244
1 x Rezept **Rosenkohlauflauf mit Bratwurstklößchen,** Seite 230
1 x Rezept **Quarkauflauf mit Äpfeln,** Seite 216

Außerdem:
Bauernbrot.

Vorbereitungen am Vortag:
Jägersuppe bis Punkt 4 zubereiten, abkühlen lassen, kalt stellen.
Kasseler-Filet-Topf, geschmort bis Punkt 4 zubereiten, abkühlen lassen, kalt stellen.
Rosenkohlauflauf mit Bratwurstklößchen bis Punkt 2 vorbereiten.

Vorbereitungen am Tag der Party:
2,5 Stunden vorher:
Quarkauflauf mit Äpfeln zubereiten und lauwarm servieren.
2 Stunden vorher:
Schichtsalat mit Forellenfilets zubereiten.
Rosenkohlauflauf mit Bratwurstklößchen fertig zubereiten
und zur entsprechenden Zeit in den Backofen schieben.
30 Minuten vorher:
Jägersuppe langsam erwärmen und zu Ende zubereiten.
Kasseler-Filet-Topf, geschmort langsam erwärmen,
Crème fraîche und Paprika verrühren, hinzufügen, abschmecken.

Es eignen sich auch folgende zusätzliche Rezepte:

1 x Rezept **Puten-Pilz-Gulasch,** Seite 214
1 x Rezept **Kartoffel-Schicht-Torte,** Seite 143
1 x Rezept **Winterlicher Salat mit Sülze,** Seite 290
1 x Rezept **Rinderchili,** Seite 227
1 x Rezept **Schokoladenpudding,** Seite 251

Außerdem:
Bier, Limonade, Mineralwasser.

Aufläufe und Gratins

Buffetvorschläge

Desserts

Dips & Käse

Häppchen & Snacks

Partyrezpete mit Fleisch & Geflügel

Partyrezpete mit Fisch

Partysuppen & Partytöpfe

Pastagerichte

Pizzen & Co.

Salate

Vegetarische Partyrezepte

Umwelthinweis Dieses Buch wurde auf chlorfrei gebleichtem Papier gedruckt. Die Einschrumpffolie – zum Schutz vor Verschmutzung – ist aus umweltfreundlichem und recyclingfähigem PE-Material.

Bitte beachten Sie bei Gasherden die Gebrauchsanweisung des Herstellers. Wenn Sie Anregungen, Vorschläge oder Fragen zu unseren Büchern haben, rufen Sie uns unter folgender Telefonnummer an (0521) 155-2580 oder 52 06 58 oder schreiben Sie uns: Dr. Oetker Verlag KG, Am Bach 11, 33602 Bielefeld oder besuchen Sie uns im Internet unter: www.oetker.de

Redaktion Jasmin Gromzik, Miriam Krampitz

Innenfotos Thomas Diercks, Hamburg (S. 12, 17, 23, 28, 30, 32, 36, 43, 50, 56, 59, 65, 66, 75, 76, 78, 80, 83, 86, 88, 90, 93, 99, 100, 102, 108, 110, 111, 112, 116, 117, 118, 122, 123, 125, 127, 130, 132, 133, 135, 135, 138, 140, 144, 146, 148, 153, 156, 157, 159, 160, 161, 162, 168, 169, 170, 178, 182, 183, 185, 186, 187, 188, 190, 204, 208, 209, 210, 215, 216, 220, 222, 229, 235, 239, 241, 243, 246, 249, 258, 259, 260, 263, 265, 267, 270, 279, 280, 287, 293)
Ulli Hartmann, Halle/Westf. (S. 6, 8, 9, 10, 11, 16, 20, 24, 25, 29, 31, 33, 40, 44, 45, 46, 47, 48, 49, 51, 53, 54, 58, 62, 64, 67, 68, 69, 71, 72, 73, 77, 79, 81, 82, 84, 85, 91, 95, 97, 101, 103, 104, 106, 107, 121, 124, 129, 131, 137, 139, 143, 145, 147, 149, 151, 154, 165, 166, 167, 173, 174, 179, 184, 191, 193, 194, 199, 201, 205, 212, 213, 214, 221, 226, 227, 228, 231, 232, 238, 240, 244, 245, 248, 250, 251, 252, 255, 256, 257, 276, 278, 285, 291)
Ulrich Kopp, Sindelfingen (S. 38, 52, 89, 284)
Bernd Lippert (S. 13, 14, 22, 39, 60, 70, 74, 87, 155, 163, 164, 176, 217, 223, 224, 237, 261, 262, 273)
Antje Plewinski, Berlin (S. 141)
Christiane Pries, Borgholzhausen (S. 195, 218, 233)
Hans Joachim Schmidt, Hamburg (S. 18, 19, 42, 57, 63, 92, 94, 109, 119, 134, 150, 152, 177, 192, 236, 242, 264, 266, 268, 274, 275, 277, 286)
Axel Struwe, Bielefeld (S. 26)
Norbert Toelle, Bielefeld (S. 21, 34, 61, 96, 98, 105, 114, 158, 172, 175, 202, 219, 225, 234, 247, 253, 254, 272, 281, 288, 289)
Brigitte Wegner, Bielefeld (S. 15, 27, 35, 37, 41, 55, 113, 115, 126, 128, 142, 180, 181, 189, 196, 197, 200, 269, 271, 282, 283, 290, 292)

Rezeptberatung Annette Elges, Bielefeld

Titelgestaltung kontur:design GmbH, Bielefeld
Grafisches Konzept MDH Haselhorst, Bielefeld

Satz MDH Haselhorst, Bielefeld

Druck und Bindung Mohn media Mohndruck GmbH, Gütersloh

ISBN: 978-3-7670-0506-9